소멸하는 일본
최후의 해법

copyright ⓒ 2025, 정영효
이 책은 한국경제신문 한경BP가 발행한 것으로
본사의 허락 없이 이 책의 일부 또는 전체를 복사하거나
전재하는 행위를 금합니다.

저출산·초고령화 국가 일본에서 찾는 한국의 생존 전략

소멸하는 일본 최후의 해법

정영효 지음

한국경제신문

※ 일러두기
이 책은 〈한국경제신문〉에 연재된 '정영효의 인사이드 재팬'과 유튜브 채널 〈한경 글로벌마켓〉
(www.youtube.com/@hkglobalmarket)에 업로드된 '정영효의 도쿄나우' 콘텐츠를 바탕으로 집
필했습니다.

들어가는 글
●

1998년 나가노 동계올림픽 개최지였던 나가노현의 하쿠바촌. 북알프스의 압도적인 적설량과 다양한 슬로프를 갖춘 대형 스키장이 있어 일본 스키어들의 성지로 손꼽히는 이곳의 스키장 리프트는 요즘 일본인들이 아니라 대만과 동남아에서 온 젊은이들이 주축이 되어서 운영한다.

리프트 정지선에서 탑승 규칙을 안내하고 빗자루로 의자 위에 쌓인 눈을 쓸어내는 단순 업무만이 아니다. 운전 박스에 앉아 고령자나 어린이 스키어가 탑승할 때는 리프트 운행 속도를 조절하거나 멈추는 것도 이들의 몫이다.

처음 이 광경을 봤을 때는 '눈도 내리지 않는 나라 사람들이 스키장 안전시설을 제대로 운영할 수 있을까?'라는 의문이 들었지만, 태어나서 처음 눈을 본다는 이들이 반짝이는 눈으로 눈밭에서 일하는 모습을 보다 보면 그보다 먼저 미소가 절로 나온다.

스키 강사들은 대부분 일본인인데, 의외로 60~70대 노인들이 많다. 지난겨울 장남의 스키 강습을 맡았던 가토 선생님은 원래 봄, 여름, 가을에는 오사카에서 치과 교정의로서 진료하다 겨울 한 철만 하쿠바에 방을 빌려서 살면서 스키 강습을 한다. 스키에 매료되어 20대부터 50년째 이어 온 일종의 부업이다.

일본 최대 스키장 중 하나인 자오온천스키장의 최고령 강사 사토 선생님도 본업은 아들과 함께 자신의 성을 딴 사토 농원을 경영하는 것이지만, 겨울이 되면 차로 1시간 거리인 자오온천스키장에서 취미 삼아 스키 강습을 한다.

이런 풍경을 보고 있으면 가슴이 따뜻해지면서도 한편으로는 '젊은 일본인들은 다 어디로 가고 왜 이 스키장에는 고령 스키 강사 아니면 외국인 리프트 운영요원만 남아 있을까?'라는 생각도 절로 든다. 이 의문의 해답은 통계에서 얻을 수 있다.

하쿠바의 2024년 말 고령화율은 약 34%다. 전체 인구 8,307명 가운데 2,826명이 65세 이상 노인이다. 일본 최고 고령 지역이라는 타이틀을 달성할 뻔했지만, 젊은 외국인 인구가 11.6%를 차지한 덕분에 수치가 다소 낮아졌다. 하쿠바는 일본에서도 외국인 거주 비율이 가장 높은 지역 가운데 하나다.

이처럼 노인과 외국인 근로자가 없으면 인프라 자체가 돌아가지 않는 현실은 2,000여 곳에 달하는 일본의 스키장이나 지방의 이야기만이 아니다.

일본인의 필수 생활 인프라인 편의점도 마찬가지다. 2025년 2월 말 기준 일본 4대 편의점(세븐일레븐, 패밀리마트, 로손, 미니스톱) 종업원의 약 13%는 외국인이다. 이들은 대부분 대도시의 편의점에서 일한다. 도쿄 도심 편의점의 심야 시간대 종업원 중에서 일본인을 찾아보기 어려운 이유다.

그나마 편의점은 외국인 근로자의 힘을 빌려서라도 유지가 되는 경우다. 지금 일본은 대도시 도심 한가운데서도 사람을 구하지 못해 생활 인프라가 뚝 끊기는 사례가 속출하고 있다.

필자의 집은 도쿄 도심 3구 가운데 하나인 주오구다. 집 바로 앞에 정차하는 버스 노선인 '하루미 라이너' 노선은 필자가 긴자나 유라쿠초, 도쿄역으로 갈 때 아주 유용하게 이용하던 수단이었다. 2023년 9월 14일, 도쿄 한복판을 달리던 이 노선이 갑자기 폐지됐을 때 받은 충격은 지금도 생생하다. 시간당 2~3편씩 운행하던 노선이 주말이면 12시부터 15시까지 3시간은 아예 운행하지 않게 되었고, 막차 시간은 18시 4분으로 당겨졌다. 이유는 단 하나, '버스 운전기사가 부족해서'였다.

그동안 숱하게 들어왔던 일본의 인력난을 지방 건설 현장이나 농어촌 지역의 문제로만 여겼었는데, 이렇게 갑자기 필자의 일상으로 역습해올 줄은 몰랐다.

　필자의 단골 라멘 가게였던 게이오대학교 앞 아자부라멘도 최근 점원을 구하지 못해 기한 없는 임시 휴업에 들어갔다. 일본인 지인들이 이자카야에서 "요즘은 생맥주 한 잔 주문하는 데도 30분이 걸릴 판이야"라며 쓴웃음 짓는 일이 잦아진 것도 최근의 상황이다.

　이런 일을 겪고 나서 2024년 4월 한국에 귀국한 후로는 만나는 사람마다 붙잡고 "지금부터라도 인력난에 대비하지 않는다면 우리나라는 순식간에 망할 것이다"라고 호소했다. 대재앙의 현장에서 참사를 겪고 혼자 살아남은 생존자의 절박한 심정이었다.

　관련 전문가들 역시 필자의 의견과 우려에 공감했다. 조동철 KDI(Korea Development Institute) 원장님, 이지선 한국교통연구원 연구위원님도 "인력난은 대한민국의 잠재성장률을 갉아먹는 요인"이자 "일본의 '물류 2024년 문제(2024년 4월부터 트럭 운전기사의 노동 시간 상한제가 시작되면서 운송 인력이 줄어들며 발생한 물류 대란 우려. 물동량은 늘어나는 데 반해 고령화와 인력난으로 배송 지연 및 비용 상승이 불가피해져 일본 내 유통 전반에 충격을 주는 구조적 문제로 꼽힌다)' 역시 곧 우리나라에도 닥칠 문제"라고 경고했다.

　그러나 이런 상황에서도 지인들의 반응은 대체로 담담했다. 이른바 '어떻게든 되겠지'라는 식이었다. 필자가 보기에 이들이 이 문제를 심각하게 받아들이지 않는 이유는 크게 두 가지에서 기인했다.

　첫 번째 이유는 진짜로 그동안 '어떻게든 됐기' 때문이다. 우리가 어떤 나라인가? 6·25 전쟁도, 오일쇼크도, IMF 외환위기도, 글로벌 금융위기도, 코로나19 팬데믹도 성공적으로 견뎌내고 극복한 나라다. 다들 망했다고 했지만, 어떻게든 버텨냈다. 대다수의 사람이 이번 위기 역시 그런 차원에서 생각하는 경향이 강했다.

두 번째 이유는 본인의 문제로 직접적으로 와닿지 않았기 때문이다. 2025년 대한민국에서 인력난이라니? 청년 고용률이 50%도 안 되는 나라, 정년을 5년 연장하는 문제를 놓고도 노인과 청년이 서로의 일자리가 줄어든다며 드잡이질하는 나라에서 사람이 없어서 나라의 인프라가 돌아가지 않는 상황은 도저히 상상조차 못 하는 것이다.

하지만 실상 우리나라의 일자리 관련 상황은 일본과는 정반대다. 우리나라의 일자리 문제는 인력난이 아니라 일자리난에 가깝다. 즉, 취업자들 대부분이 대기업·정규직 등 소위 양질의 일자리만 따지기 때문에 발생하는 현상이다.

인력난의 차원에서 보면 우리나라 역시 큰 위기 상황이다. 이미 건설 현장, 중소기업 등의 뿌리 업종, 서비스 업종, 농어촌의 일손은 오래전부터 인력이 매우 부족한 상황에 처해 있다.

이 책은 지금까지는 일부 산업 현장이나 농어촌의 이야기처럼 여러분이 다른 세상의 이야기라거나 아직은 먼 미래라고 생각하는 인력난이 실은 당장 내일이라도 우리의 소중한 일상을 덮칠 수 있다는 명백한 사실을 경고하기 위해서 썼다.

인력난은 단순히 일손이 없어서 아쉽고 불편한 수준에서 끝나는 문제가 아니다. 우리의 사회 인프라를 직접적으로 망가뜨려서 당연한 것처럼 누려 왔던 우리네 일상을 파괴하는 초대형 재난이 된다. 이 책은 바로 그 점을 알리고자 한다.

필자와 필자의 가족이 직접 겪은 인력난이 바로 그러했다. 사회 인프라를 모세혈관부터 서서히 괴사시키듯 덮쳐 왔다. 실제로 일상이 파괴되기 전까지는 징후조차 실감하기 어렵다는 점에서는 말기까지 통증조차 느끼지 못하는 암과도 같았다.

물론 필자는 우리나라가 또다시 '어떻게든' 해낼 것이라고 믿는다. 하지만 막상 초대형 인력난, 즉 '인구 감소의 쓰나미'가 우리 일상을 덮쳤을 때 그 '어떻게든'을 어떻게 찾을 것인가에 대해서는 고민스럽다.

당장 6개월 뒤면 트럭 운전기사가 10만 명가량 부족해져 쌀값이나 과일·채소 값이 20~30%씩 오르고, 3~5년 뒤면 택배 물량의 3분의 1이 멈추는 상황에서 과연 우리는 어떤 대책을 어떻게 마련해야 할 것인가?

그럴 때 이를 먼저 겪고 극복해낸 사례가 있다면 귀중한 교훈이 된다. 다행히도 우리 바로 옆 나라 일본은 우리처럼 닥치면 어떻게든 해내는 나라가 아니라 한참 전부터 위기를 호들갑스럽게 강조하며 차근차근 문제에 대처하는 데 도가 튼 나라다. 또한 그 과정에서 잘한 일, 잘못한 일을 기록하고, 되새기는 데도 둘째가라면 서러워할 나라다.

이런 일본이 먼저 겪은 사례를 잘만 활용하면 최고의 정답 노트이자 오답 노트가 될 것이다. 그래서 일본의 시행착오와 돌파구를 '몰래 베끼는' 심정으로 이 책을 썼다.

닥치면 어떻게든 해내는 우리나라가 틀림없이 곧 다가올 인력난이라는 재난을 최소한의 시행착오와 비용으로 넘어서는 데 단 1g의 도움이라도 될 수 있다면 이 기록에 바친 시간과 노력이 절대 아깝지 않을 것이다.

2025년 9월 세종시에서
정영효

차 례

- 들어가는 글   005

1부. 인구 감소, 현실이 된 위기

1장. 무서운 속도로 사라지는 일본의 노동 인구   020
운전도, 건설도, 그 어디에도 일할 사람이 없다

- 이자카야까지 무너뜨린 인력 공백의 충격   025
- 외국인 노동자마저 떠나는 일본의 현실   029
- 자연재해보다 무서운 일본의 인력 위기   033
- 인력 부족 리스크 극복에 사활 건 일본 기업들   036
- 사라진 아르바이트생을 대체하는 로봇   039
- 외국인 손에 맡겨진 일본의 운전대   042
- 입사하면 학자금도 갚아주는 일본 기업들   045
- 대기업 골라서 가는 일본 청년들   048
- 주 2일 출근, 월 40만 엔, 프리랜서가 뜬다   051

2부. 인구 감소의 역습이 바꾼 일본 사회

2장. 금값을 불러도 없어서 못 파는 일본 관광 산업　056
수요와 공급 법칙을 무시한 일본 호텔의 배짱 요금

- 1박 110만 엔도 금세 완판되는 일본 관광 산업　059
- 관광대국 전략으로 전환한 일본 정부　062
- 외국인 차별 요금제, 일본의 두 얼굴　064

3장. 파업하지 않던 일본 노동계가 변했다　068
단 하루 파업에 충격받은 일본 사회

- 시민들이 백화점 파업을 응원한 이유　071
- 을에서 갑으로 변한 일본의 노동자　074
- 세븐일레븐의 파격 개편　078

4장. 인력난이 쏘아 올린 최저임금 전쟁　081
지바에서 도쿄로 출근하는 아르바이트생

- 같은 프랜차이즈, 지역마다 다른 가격　083
- 최저임금 격차가 키운 지방의 위기　085
- 세계 꼴찌 수준인 일본의 최저임금　088

5장. 인력 부족이 불러온 '물류 2024년 문제', 해결책은 있을까　091
SF 같은 현실, 인프라 대수술에 나선 일본

- 택배가 멈추는 날이 온다　095
- 무료 배송이 사라지는 일본　097
- 잘나가던 직업도 외면받는 현실　099

- 일본에서 당일 배송이 사라져가는 이유 102
- 차박을 택한 일본의 트럭 기사들 104
- 60년 만에 바뀐 트럭 최고속도 제한 106
- 한 대로 두 대 몫을, 물류의 묘수 109
- 돈키호테는 정말 모든 물건이 저렴할까 112
- 의외의 성과를 거둔 식품 기업의 물류 협업 115
- 트럭 대기시간을 25%가량 줄인 기술 118
- 편의점 도시락 배송, 횟수가 줄었다 120
- 한겨울 수학여행? 3월 이사는 부자의 특권? 123
- '더 빠르게, 더 싸게'는 끝났다 125
- 로켓 배송도 사치가 되는 날이 온다 128

3부. 한일 저출산·고령화 실태

6장. 일본에 역전패당한 한국
노인이 폐지를 줍는 나라, 일본이 걱정하는 한국
134

- 1조 엔보다 더 무서운 고령화 비용 138

7장. 일본이 보여주는 오답 노트
4명 중 1명이 평생 독신인 일본 남성
143

- 도쿄가 노인 대국이 되어가는 이유 147

- 출산율은 높은데 인구는 왜 줄어드는가　　　151

4부. 인력난에 대한 일본 정부와 기업의 대응

8장. 예상했던 재난인데 왜 못 막았나　　　156
광고 속 과거가 현재보다 활기찼던 이유

- 우수한 해외 인재를 놓치는 이유　　　160
- 열정 없는 직원은 급여도 줄어든다　　　165

9장. 일본 기업 '대폐업' 시대　　　168
127만 개 기업이 문 닫을 위기

- 청년이 사장이 되어서 기업을 인수하는 시대　　　176

10장. 좌절과 성공, 일본 지자체의 극복기　　　186
사람이 떠난 마을이 다시 살아난 이유

- 인구 680명, 가장 작은 마을의 생존기　　　191
- 젊은 이주민들을 불러온 특별한 전략　　　195
- '육아 천국'으로 소문난 시골 마을의 부활　　　199
- 한 번만 가본 사람은 없다는 마을　　　201
- 히가시카와가 도쿄 못지않은 문화 시설을 누리는 비결　　　205
- 일본 공무원의 이유 있는 자신감　　　209
- 한 사람이 만들어낸 '육아 전문 도시' 나가레야마　　　212

- 하루 100엔으로 아이 등·하원까지, 파격 정책의 비밀 215
- 3040 맞벌이 부부가 반한 도시 218
- 셋째는 기본, 넷째를 고민하는 '기적의 마을' 221
- 육아하며 돈 벌 수 있는 나기초 마을의 비결 225
- 출산율 증가로 이어지는 마을의 '품앗이 육아' 227

11장. 기업이 이끄는 일본의 저출산 극복 230
출산율 2.5명 달성한 기업의 변화

- 일본 저출산 극복 주체는 기업 231
- 남성 육아휴직 '의무화'한 이유 233
- 야근 없애고 새벽 출근 실시한 기업의 변화 235
- 10년 만에 기적을 이룬 일본 기업 사례 237
- 삼성 따라 했더니 연봉이 올랐다 240
- 같은 제도, 다른 성과의 비밀 242
- 부처가 사라지는 것이 목표인 이유 244

5부. 한국과 일본의 미래를 위한 제언

12장. 틀을 깨는 일본의 대책들 250
인구 감소 쓰나미의 방파제가 된 서점과 도서관

- 일본에서 땅값이 제일 비싼 동네의 선택 259
- 나가노 패러독스 270
- 고령화 대비 도시 프로젝트, 현실이 되다 276

13장. 원격의료로 지방 소멸 막는다 — 280
원격의료를 반대하던 의사들이 돌아선 이유

- 원격의료의 예상 밖 효과들 — 284
- 일본 원격의료의 완결판, 드론 의약품 배송 — 287
- 원격의료 해결사로 등장한 일본 대기업들 — 290
- 반면교사가 필요한 한국 — 293

- 나가는 글 — 296

1부.

인구 감소, 현실이 된 위기

1장

무서운 속도로 사라지는
일본의 노동 인구

운전도, 건설도, 그 어디에도 일할 사람이 없다

오늘날 일본 기업이 가장 무서워하는 것은 지진이나 쓰나미가 아니다. 바로 인력난이다. 글로벌 회계·컨설팅 기업 딜로이트토마츠가 2022년 10월 일본에 본사를 둔 상장 기업 3,500여 곳에 '가장 먼저 대처해야 할 리스크'를 물었더니 1위가 '인재유출 또는 인재확보 어려움에 따른 인력 부족(39%)'이었다. 다음으로는 '원자재와 국제 유가 급등(30%)', '이상기온, 대규모 자연재해(20%)'가 뒤를 이었다. 지난번 조사에서는 자연재해가 1위였다. 일본 정부 통계도 다르지 않다.

일본 기업들이 느끼는 인력난은 사상 최고조에 이른 것으로 나타났다. 내각부와 재무성이 2023년 9월 발표한 기업 경기 예측 조사에 따르면 전 산업의 인력난 체감 지수가 24.0으로 사상 최고치를 기록했다. 인력난 체감 지수는 "근로자가 부족하다고 느낀다"라고 답한 기업의 비율에서 "근로자가 남아돈다"라고 답한 기업의 비율을 빼서 산출한다. 수치가 높을수록 기업이 인력난을 심각하다고 느끼는 것이다. 일본의 인력난 체감 지수는 2011년 3분기 이후 49분기 연속 플러스(+)를 나타냈다. 비제조업의 인력난 체감 지수는 27.7로 사상 최고치를 기록했다. 제조업도 16.4로 11분기 연속 플러스를 나타냈다.

특히 코로나19 팬데믹 이후 근로자가 노동시장을 대거 이탈한 여행·레저 관련 업종의 인력난은 유례없이 심각하다. 여행 등 생활 관련 서비스 업종의 인력난 체감 지수는 60.0에 달했다. 유원지와 영화관 등 오락업과 숙박·외식업의 체감 지수도 각각 51.1과 47.3이었다.

저출산·(초)고령화로 인구 감소가 시작되면서 일본은 모든 분야에서 인력난을 겪고 있다. 1947~1949년 사이에 태어난 베이비붐 세대(단카이 세대. 제2차 세계대전 이후 1947년부터 1949년 사이에 베이비붐으로 태어난 세대)가 모두 75세를 넘는 2025년부터는 인력난이 더욱 극심해질 전망이다. 뒤에서 서술하겠지만, 어느 조사에 따르면 2030년 일본은 전체적으로 644만여 명의 인력이 부족할 전망이다.

2019년 상반기 인력난은 138만 명이었다. 10여 년 만에 인력 부족이 4.6배나 심각해진다는 뜻이다. 서비스업은 400만 명, 의료와 복지 분야는 187만 명의 일손이 부족할 것이라는 분석이다.

"일할 사람이 없다!"라는 말은 더는 기업이나 가게 사장의 엄살 섞

〈표 1-1〉 도쿄역 ↔ 하루미 도에이 버스 2025년 4월 주말 시간표(감편 이후)

운행 시각	운행 횟수(주말)	비고
06:00	1회	(기존 시간당 2~3회 → 1회)
08:00	1회	(기존 시간당 2~3회 → 1회)
10:00	1회	기사 부족에 따른 감편
12:00	1회	기사 부족에 따른 감편
14:00	1회	감편
16:00	1회	감편
18:00	1회	감편
20:00	1회	감편

출처: 도에이 버스 공식 웹사이트

인 넋두리가 아니다. 말 그대로 '일할 사람'이 사라진, 참으로 심각한 상황이 도래했다. 일본의 인력난은 무척 심하며, 한 가게나 기업이 아닌 전체적인 사회망이 붕괴되고 나라의 기반이 흔들리는 지경을 걱정해야 할 만큼 치명적인 상태라고 할 수 있다.

〈표 1-1〉은 2025년 4월 기준 일본의 어느 버스 운행 시간표다. 주말에는 하루 8편만 운행하는 이 버스는 인적 드문 시골을 다니는 버스가 아니다. 도쿄 한복판인 도쿄역과 주오구 하루미를 오가는 버스의 시간표다.

2023년 초까지만 해도 이 버스는 주말에도 시간당 2~3편씩 배차되었다. 운행 편이 갑자기 줄어든 시기는 같은 해 9월 14일부터다. 이용객이 줄어서가 아니라 운전기사가 부족해서다. 이 노선을 운영하는 도에이 버스 회사만의 특수한 사정도 아니다. 최근 일본 전역에서는 이처럼 운전기사가 없어 기존 버스 노선을 폐지하거나 운행 편수를 줄이는 사례가 급격히 늘고 있다.

오사카부 돈다바야시에서 86년째 버스 노선을 운영 중인 곤고자동차는 2023년 12월 20일 자로 폐업을 선언했다. 히로시마 중심부에서 노면전차와 버스를 운행하는 7개 대중교통 기업은 2023년 4월부터 운행 시간표를 조정해 운행 편수를 6%가량 줄였다.

한편 도쿄 도심인 미나토구 게이오대학교 정문 근처의 라멘 가게는 2023년 10월부터 임시 휴업에 들어갔다. "직원을 구하지 못해 휴업합니다"라는 안내문이 내걸렸다. 미나토구 주변에서 5개의 점포를 운영하는 이 가게는 심야에도 영업을 했다. 낮에는 학생들의 배를 채워주고 밤에는 한잔 걸친 채 귀가하던 직장인들의 속을 다스려주는 라멘 가게로 꾸준한 인기를 누렸지만, 인력난에는 두 손 두 발 들 수밖에 없었다. 이 외에도 휴업까지는 아니지만 최근 일손 부족으로 영업 시간을 단축하는 음식점들을 도쿄 번화가에서도 흔히 볼 수 있다.

이뿐만이 아니다. 2030년 부산 엑스포 유치를 위해 총력전을 벌였던 한국과 대조적으로, 일본은 이미 따놓은 엑스포조차 제대로 치르지 못할 수도 있다는 우려로 애를 먹었다. 2025년 오사카·간사이 엑스포 개회 직전까지도 행사장을 제때 완공하지 못했기 때문이다. 일본 건설사들이 인력난과 낮은 채산성을 이유로 행사장 건설 사업체 선정을 위한 입찰을 매번 외면했기 때문이다.

일부 생산현장의 인력난 정도로 여겼던 인구 감소의 여파가 일상생활과 경제 인프라를 유지하기 어렵게 만드는 재난으로 커졌다. 앞선 사례에서 확인했듯이 일본 경제는 코로나19 팬데믹 이후로 인력 부족의 제약을 심각하게 받고 있다. 인력난을 복싱에 비유하자면 저출산과 고령화라는 원투 펀치를 직격으로 맞은 셈이다. 고령자들이 대거 은퇴하면서 노동 인구는 줄어드는데, 저출산의 여파로 일할 사람이 새롭게 충원되지 않는다.

일본버스협회는 2030년이면 일본 전역의 버스 운전기사가 9만 3,000여 명에 그쳐 최소 필요 인력보다 3만 6,000여 명 부족할 것으로 내다봤다. 후생노동성에 따르면 2022년 버스 운전기사의 평균 연령은 약 53세다. 상당수의 버스 운전기사가 10년 이내에 정년을 맞이한다는 뜻이다.

이처럼 업계는 전반적으로 인력난에 허덕이는데도 버스 운전기사가 되겠다는 사람은 적다. 은퇴할 고령 운전기사의 빈자리를 채워야 할 젊은 세대들이 운전대 잡기를 꺼리기 때문이다. 2022년 버스 운전기사의 연간 소득은 399만 엔가량으로 전체 산업 평균보다 98만 엔가량 낮았다.

건설시장에도 인구 감소의 역습이 몰아친다. 총무성 노동력 조사에 따르면 건설업 종사자는 1997년 685만여 명에서 2022년 479만여 명으로 30% 이상 줄었다. 특히 주목할 만한 점은 이 가운데 55세 이상이 36%에 달한다는 사실이다. 일본건설업연합회에 따르면 2022년 건설업계의 연간 노동시간은 1,986시간가량으로 전체 산업 평균(1,718시간)보다 268시간가량 더 길었다. 건설업계 역시 현역 근로자들 상당수가 은퇴를 앞두고 있지만, 새로 충원되는 노동력은 턱없이 부족하다.

일할 사람이 없어서 공사 기간이 길어지고 비용은 늘어나는 부작용은 이미 현실로 다가왔다. 국토교통성이 발주하고 다이세이건설 등이 시공하는 아이치현의 댐 건설공사는 2023년 5월 시공계획을 변경했다. 공법 변경 등의 영향까지 반영한 결과, 공사 기간은 기존보다 8년 정도 늘어나고 공사비는 2,400억 엔가량에서 3,200억 엔가량으로 800억 엔가량 증가했다.

우리나라도 강 건너 불구경할 상황이 아니다. 건설근로자공제회에 따르면 2024년 건설 현장에서 일하는 외국인 근로자 수는 11만 8,735명으로 전체 현장 근로자의 16.2%에 달했다. 2020년(12.9%)에 비해 4년 만에 외국인 근로자 비중이 15%를 넘은 것이다. 이는 합법적 체류 자격을 가진 외국인 근로자에 한정한 통계로, 불법 체류자를 포함하면 42만여 명까지 늘어날 것으로 추산된다. 건설 현장에서 "외국인 없이는 건물 한 동 지을 수 없다"라는 자조가 나오는 현상은 결코 엄살이 아니다.

이자카야까지 무너뜨린 인력 공백의 충격

지금 일본을 덮친 '인구 감소의 역습'은 대중교통과 건설업에만 국한된 문제가 아니다. 관광·레저·외식업의 인력난은 더욱 심각하다. 코로나19 팬데믹 동안 근로자들이 노동시장을 이탈해 버렸기 때문이다. 팬데믹의 직격탄을 맞은 관광·레저·외식업종이 가장 먼저 인력을 줄이기 시작했고, 이를 겪은 해당 업종의 근로자들은 다른 업종으로 옮겨갔다. 그 결과 이자카야마다 아르바이트생을 구하기 어렵다고 아우성을 친다.

시장조사 기업 데이코쿠데이터뱅크의 2023년 7월 조사에 따르면 1만 1,265개 조사 대상 기업 가운데 "정규직 인력이 부족하다"라고 답한 비율은 51.5%로, 2018년 11월경 기록했던 사상 최고치(53.9%)에 근접한 수준이었다. "비정규직 인력이 부족하다"라는 응답률 역시 30.5%로 2018년 12월 최고 기록(34.9%)에 이어 두 번째로 높았다.

특히 정규직 근로자를 구하는 기업 가운데 정보·서비스업의 74.0%, 료칸(일본의 전통적인 여객 및 숙박 시설)·호텔업의 72.6%가 인력난을 겪는 것으로 나타났다. 음식점의 83.5%, 료칸·호텔업의 68.1%는 비정규직 근로자를 구하지 못해 애를 먹고 있다.

직원 부족으로 상품과 서비스를 제공하지 못해 폐업하는 기업의 수도 사상 최고치를 기록했다. 2023년 상반기에 발생한 '인력난 도산'은 110건으로, 2022년 같은 기간보다 1.8배 늘었다. 2023년에는 건설(34건)과 운수(20건) 두 업종이 전체 도산의 40%를 차지했다. 특히 운수업종 인력난 도산은 1년 사이 2배로 늘었다.

2019년 상반기 일본의 노동 수요는 공급을 60만 명가량 웃돌았다.

단순 계산하면 일손이 약 60만 명 부족하다는 뜻이다. 일본 정부는 향후 5년 내 노동력 부족 규모가 130만 명을 넘어설 것으로 전망하고 있다. 5년 동안 2배 이상 늘어난 수치보다 무서운 사실은, 인력난이 훨씬 더 가파른 속도로 확산되고 있다는 점이다.

일본의 인사·조직 컨설팅 및 인재정보 연구기관인 파솔종합연구소와 주오대학교가 공동으로 발표한 〈노동시장 미래통계〉에 따르면 2030년 일본에서는 644만여 명의 인력이 부족할 전망이다. 제조업은 38만여 명, 의료·복지 분야와 정보·서비스업은 각각 187만여 명과 400만여 명의 일손이 부족할 것으로 예상하고 있다.

일본의 인재정보 기업인 리크루트웍스연구소에 따르면 2040년에는 부족한 인력이 1,100만여 명으로 급증한다. 건설업종의 인력은 22%, 보건·의료 전문직은 17.5%가량 부족할 전망이다.

고령화가 가속화될수록 간병 인력난도 심각해진다. 2023년 4월 국립사회보장·인구문제연구소가 발표한 〈장례인구추계〉에 따르면 일본의 인구는 2056년에 이르면 1억 명 선을 밑돌 전망이다. 즉, 31년 후에는 1966년 수준으로 돌아간다는 뜻이다. 2020년 28.6%였던 65세 이상 인구 비율은 2070년에는 38.7%까지 오를 예정이다.

후생노동성은 일본의 고령 인구가 가장 많아지는 2040년대에 이르면 69만여 명의 간병 인력이 부족할 것으로 예상한다. 간병 인력을 2019년(211만여 명)보다 30% 이상 더 확보해야 한다는 뜻이다. 또한 경제산업성은 2030년에는 일본의 디지털 인재가 113만여 명으로 늘어나지만, 여전히 수요보다는 최대 79만 명가량 부족하리라 전망하고 있다.

지금은 전체 노동력에서 부족한 인력의 비율이 약 3%다. 이 정도 수치라면 업무 효율성을 강화하는 등의 노력으로 어떻게든 버틸 수 있는 수준이다. 그러나 2030년이 되면 부족률은 10%를 넘어버리며, 특히 정보·서비스업은 20%를 넘을 전망이다. 단순히 '남은 사람들이 더 최선을 다하는 것'만으로는 사회를 지탱할 수 없다는 말이다.

전문가들은 대책을 세우지 않으면 충격적인 미래를 맞닥뜨린다고 입을 모아 경고한다. 제때 보수하지 않은 도로는 구멍투성이가 되어 사고를 초래하고 이동 시간을 더 걸리게 할 것이며, 병원 앞에는 진료 순서를 기다리는 환자들의 행렬이 더욱 길게 늘어서리라는 우려인 것이다.

악화된 상황은 여기서 그치지 않는다. 심각한 인력난으로 납기일을 맞추느라 업무 시간 내내 바빠 허덕대던 제조업체 근로자들이 퇴근 후 목을 축이러 들어간 이자카야에서는 종업원이 없어서 생맥주 한 잔 주문하기도 힘들어질 수 있다.

갈수록 늘어나는 노인들은 돌봐주는 이가 없어 제대로 간병받지 못한 채 쓸쓸히 세상을 떠나가는 한편, 기업은 IT(Information Technology, 정보기술) 인재 부족으로 아날로그의 늪에서 벗어나지 못하고 허우적대는 미래가 머지않았다는 전문가들의 전망이 비슷한 길을 걷는 우리에게도 한층 더 무겁게 다가온다.

외국인 노동자마저 떠나는 일본의 현실

일본의 인력난은 이제 한두 개의 업종이나 지역에 국한되는 수준이 아니다. 전국에 걸쳐 전방위적으로 일어나는 현상이다.

총무성의 노동력 조사에 따르면 2025년 2월 기준 일본의 취업인구는 6,768만여 명이다. 불과 6년 새 2019년 수준(6,750만여 명)으로 줄었다. 그동안 지속해서 인구가 줄어드는데도 일본이 취업인구를 늘릴 수 있었던 것은 여성과 고령자들을 노동시장으로 끌어들인 결과다. 2008년 이후 여성과 60세 이상 근로자는 각각 360만여 명, 390만여 명씩 늘었다.

이런 보완에도 불구하고 인력난이 갑자기 심각해진 이유는 여성과 고령자로 부족한 일손을 근근이 보완하던 구조 자체가 한계에 다다랐기 때문이다. 육아를 병행해야 하는 여성은 대부분 파트타임(시간제) 근무로 일하고, 고령자 또한 풀타임(전일제) 근무를 피한다. 전후 최대 규모의 베이비붐 세대인 '단카이 세대'가 모두 75세를 넘어서는 2025년부터는 고령 근로자가 급속히 감소한다.

반면 풀타임으로 한창 일할 나이대인 25~44세 근로자는 2013년 이후 290만 명가량 줄었다. 10년 만에 인천광역시 수준의 인구(287만여 명)가 통째로 사라진 셈이다.

여기서 끝이 아니다. 한창 일할 나이대의 근로자는 더 빠른 속도로 줄어들고 있다. 국립사회보장·인구문제연구소에 따르면 2020년

7,509만여 명인 15~64세 생산연령 인구는 2040년에는 6,213만여 명으로 감소한다. 즉, 생산연령 인구는 2030년까지는 연평균 43만여 명씩 줄어들지만, 2030년 이후 10년 동안은 연평균 86만여 명씩 줄어든다. 감소 속도가 2배 빨라진다는 이 예측대로라면, 5년 뒤부터는 매년 광역시 하나만큼의 현역 세대가 사라지고 만다.

일본의 대표적인 민간 경제연구소인 다이이치생명경제연구소의 호시노 다쿠야 선임 이코노미스트는 "근로자 수가 줄어들면 실질 국내총생산(Gross Domestic Product, GDP)이 2030년대에는 0%대로, 2040년대에는 마이너스(-)권으로 떨어질 것"이라고 분석했다.

2070년에 이르면 일본의 총인구는 8,700만여 명까지 줄어들 전망이다. 2017년 당시의 전망에 비해 인구 1억 명 선이 무너지는 시기가 3년가량 늦춰졌다. 다만 이는 외국인 인구가 매년 16만여 명씩 늘어난다는 가정을 전제한 예상이다. 일본인만 놓고 보면 오히려 2017년 전망보다 1년 더 빠른 2048년에 이미 인구 1억 명 선이 무너진다.

2070년에는 일본 인구 9명당 1명이 외국인일 것이다. 외국인 근로자 없이는 일본 사회와 경제를 유지하기 어렵다. 지금도 건설 현장과 일부 서비스업은 외국인 노동자들이 지탱하고 있다.

그러나 이제는 그런 외국인 노동자 시장조차 인력난의 공포에 사로잡혀 있다. 엔저 현상으로 외화 기준 수입이 줄어들자 외국인 노동자들이 일본을 떠나고 있기 때문이다. 일본의 외국인 노동자 가운데 가장 큰 비중을 차지하는 나라는 베트남이다. 2023년 베트남 경제는 7%가량 성장했다. 2024년 상반기 베트남 근로자의 월평균 수입은 750만 동(약 4만 6,800엔)으로 2023년 같은 기간보다 7.4% 증가했다.

일본경제연구센터는 2032년이면 베트남인의 현지 급여 수준이 일본의 50% 수준을 넘어설 것으로 전망한다. 생활비 등을 감안하면 더는 베트남인들이 돈을 벌기 위해 일본까지 올 이유가 없어진다. 게다가 전 세계가 저렴한 근로자들을 모셔가려고 경쟁 중인 상황이다.

2023년 미국의 다국적 기업 맨파워그룹이 41개국 고용주를 대상으로 실시한 조사에서 "인력난을 체감한다"라고 답한 비율은 77%로 사상 최고치를 기록했다. 2006년 조사를 시작한 이래로 37%p가 늘었다. 일본 기업의 인력난 체감률은 78%로 20%p 올랐지만, 중국은 81%로 57%p 급증했다. 일본보다 더 급한 상황에 처해 있고, 더 많은 급여를 줄 경쟁국이 있다는 뜻이다.

일본 정부 산하 기관이 2022년 말 인도네시아에서 숙박 분야의 특정 기능인을 선발하고자 실시한 시험의 결과는 처참했다. 2,000명을 뽑는데 200명도 응시하지 않은 것이다. 같은 조건이라면 동남아 노동자들은 돈을 더 많이 주는 한국이나 중국을 택한다는 방증이다.

이처럼 현재 일본은 새로운 외국인 노동자 인력 충원도 힘든 데다가 가뜩이나 부족한 인재를 지키기도 버거운 상황이다. 컨설팅 기업 머서는 2022년을 기준으로 국가별 고도 전문인력의 평균 연 수입을 비교했다. 미국은 2019년보다 16% 늘어난 19만 7,281달러, 중국은 14% 늘어난 11만 5,615달러였다. 반면 일본 전문인력의 연 수입은

8만 7,595엔으로 오히려 6%가량 줄었다. 엔저 현상 탓이다. 즉, 미국 기업은 일본의 전문인력을 자국인의 반값에 쓸 수 있는 셈이다.

2024년 말부터 일본 구마모토현에 대규모 반도체 공장을 운영 중인 TSMC는 2023년 일본인 직원 370명을 채용했다. 2022년 초를 기준으로 일본에서 대학교를 졸업한 신입직원의 초임은 28만 엔이다. 반면 비슷한 규모의 구마모토현 기업 평균 초임은 21만 373엔이었다.

2015년부터 인구 감소가 시작된 일본이 앞으로 심각한 인력난에 시달릴 것이라는 사실은 누구나 예상했다. 하지만 대부분의 일본인에게 그 전망은 자신과는 별 관련 없는, 먼 이야기일 뿐이었다. 우려가 현실로 다가오기까지는 어느 정도 시간이 걸릴 줄 알았다. 적어도 이렇게 갑자기, 예고도 없이 일상에 깊숙하게 찾아올 줄은 대부분 몰랐다.

또한 인력난이 발생한다 해도 국가나 사회, 산업, 기업 같은 큰 틀에서의 이야기일 줄만 알았다. 오히려 경쟁이 줄어들 테니 잘됐다는 의견도 적지 않았다. 이렇게 일상생활에서 먹고사는 문제를 직접 강타하는 재난을 예상한 사람은 거의 없었다.

무엇보다도 가장 무서운 사실은 이러한 인구 감소의 역습이 시작에 불과하다는 점이다.

청년실업률이 높은 한국은 인력난과 크게 상관없다고 오해할지도 모르겠지만, 절대 그렇지 않다. 우리나라도 인구 감소의 역습이

코앞으로 다가온 상황이다. 한국고용정보원이 2024년 3월 발표한 〈2022~2032년 중장기 인력수급 전망〉에 따르면 인구 감소의 영향으로 우리나라의 경제활동인구는 2030년부터, 취업자 수는 2029년부터 각각 감소한다. 이에 따라 2033년까지 추가로 필요한 인력은 82만 1,000여 명에 달할 전망이다. 서울 등 대도시에서도 버스와 택시업계는 이미 인력난에 시달리고 있다. 우리보다 먼저 이 재난을 실제로 맞닥뜨린 일본 정부와 기업은 과연 반격에 나설 수 있을까? 우리가 지금 인력난의 역습에 대처하는 일본을 주목해야 하는 이유다.

자연재해보다 무서운 일본의 인력 위기

필자는 2023년 10월 2일부터 13일까지 도쿄 신주쿠역에서 진행된 자율주행버스 탑승 체험 현장에 참가했다. 자율주행버스는 신주쿠역 서쪽 출구에서 출발해서 도쿄도청 제1, 제2청사를 돌아 다시 신주쿠역 서쪽 출구까지 약 3km를 13분 동안 달렸다. 운전기사가 핸들에서 손을 뗄 수 있지만, 운행 내내 주변을 주시하고 상황에 따라서는 직접 운전도 하는 '레벨2' 수준의 자율주행이다.

   운영 기업인 퍼시픽컨설턴트와 게이오버스는 최고 시속이 50km라고 설명했지만 이날 버스의 최고속도는 시속 27.6km였다. 출발, 좌회전, 우회전 같은 기본적인 주행은 자동이었지만, 급커브를 돌아야

〈표 1-2〉 자율주행차 레벨 분류 및 특징

레벨	명칭	주요 특징	운전자 역할	예시
0	비자동화	• 모든 주행 작업 수동 수행 • 기본적 안전 기능 포함	전적인 제어	기본 경고 시스템
1	운전자 보조	• 조향 또는 가속/감속 중 하나 자동화 • 특정 주행 모드에서만 작동	주요 제어 담당	• 크루즈 컨트롤 • 차선 유지 보조
2	부분 자동화 (핸즈 오프, hands off)	• 조향과 가속/감속 동시 자동화 • 특정 주행 모드에서 작동	• 주행 환경 모니터링 • 필요시 개입	• 테슬라 오토파일럿 • GM 슈퍼 크루즈
3	조건부 자동화 (아이즈 오프, eyes off)	• 특정 조건에서 모든 동적 주행 작업 수행 • 시스템의 제어권 이양 요청 가능	시스템 요청 시 제어권 이양	아우디 A8 트래픽 잼 파일럿
4	고도 자동화 (마인드 오프, mind off)	• 특정 조건에서 완전 자율 주행 • 운전자 개입 불필요	대부분 상황에서 개입 불필요	웨이모 자율주행 택시
5	완전 자동화 (드라이버 오프, driver off)	• 모든 도로 조건과 환경에서 자율 주행 • 운전대, 페달 없는 설계 가능	탑승자로서의 역할	상용화 사례 없음

출처: 국제자동차기술자협회(Society of Automotive Engineers International, SAE International)

하는 코너와 주차는 운전기사가 수동으로 조작했다.

자율주행버스는 도쿄도가 2021년 3월 마련한 〈미래의 도쿄전략〉을 통해 결정한 교통수단이다. 도쿄도는 "도 인구가 2030년 1,424만 명을 정점으로 감소할 전망이어서 인력난 같은 인구 문제를 정면으로 마주할 필요가 있기 때문"이라고 도입 사유를 설명했다.

일본에서 유동 인구가 가장 많은 신주쿠역에서 자율주행버스를 시범 운행한 것은 물론 그 자체로 의미가 있지만, 글로벌 수준에서 보면 도쿄의 시도는 상당히 늦은 편이다. 서울은 2023년 11월 말부터 청계천 등 5개 지역에서 무인 자율주행버스를 시범 운행 중이다. 미국 샌프란시스코 등지에서는 이미 세계 첫 24시간 무인 로보택시인 웨이모가 운행되고 있다. 운전자가 필요 없는 100% 자율주행 택시다.

미국과 중국의 자율주행 교통수단은 최첨단 기술의 경연장을 연상케 하는 반면, 일본의 자율주행 교통수단은 운전기사 부족을 해결하기 위한 고육책의 성격이 강하다. 그러나 〈표 1-2〉에서 보듯 레벨 2 수준의 자율주행은 운전자가 있어야 한다. 운전 인력 부족의 근본 해결책이 될 수 없다는 뜻이다.

자율주행은 5단계로 나뉜다(0단계 제외). 레벨1은 기본적인 핸들 조작, 감속과 가속을 자동차가 담당하는 단계다. 레벨2는 '핸즈 오프(부분 자동화)' 단계다. 레벨3은 '아이즈 오프(조건부 자동화)', 레벨4는 '마인드 오프(고도 자동화)'다. 최종 단계인 레벨5는 운전자가 필요 없는 완전 자율주행인 '드라이버 오프(완전 자동화)'다. 미국은 이미 레벨5 단계를 상용화했지만, 일본은 2023년에 이르러서야 도쿄 도심에서 레벨2를 시범 운행했다.

군마현의 현청 소재지 마에바시시에서는 도쿄보다 앞서 레벨4 수준의 자율주행버스를 시범 운행하고 있다. 하지만 레벨4 역시 운전자가 필요한 데다 실용화 시기는 빨라야 2025년으로 예상되지만 그마저도 계속 늦어지고 있다.

마에바시시가 인구 감소와 운전기사 부족을 해결하기 위해 자율주행버스 실험을 시작한 시기는 2018년이다. 당시만 해도 세계적으로 앞선 수준이어서 화제를 모았지만, 거기까지였다. 마에바시시가 운행 실험만 다섯 차례 진행한 지난 5년 동안 자율주행 기술은 눈부시게 발전했고, 마에바시시의 자율주행버스는 어느새 뒤처진 기술이 되고 말았다.

지금까지 2040년에 이르면 일손이 1,100만 명가량 부족할 것으로 예상되는 일본의 인력난 실태를 살펴봤다. 이처럼 자연재해보다 무서운 인력난에 일본 기업들은 어떻게 대응하고 있을까?

인력 부족 리스크 극복에 사활 건 일본 기업들

일본은 인구 감소의 여파로 2040년에 이르면 일손이 1,100만 명가량 부족할 전망이다. 일본 기업들도 '가장 먼저 대처할 리스크'로 자연재해보다 '인력 부족'을 꼽을 정도로 인력난을 심각한 위기로 받아들이고 있다.

그렇다면 기업들은 지진이나 쓰나미보다 무서운 인력난의 위기에 어떻게 대응하고 있을까? 우선 무작정 일할 사람을 늘리는 것만이 인력난 해결의 능사가 아니라는 사실을 이해할 필요가 있다. 일손이 가장 부족한 서비스업이 특히 그렇다.

서비스업은 제조업에 비하면 생산성이 떨어지고 그만큼 급여도 낮은 분야다. 서비스업 종사자를 늘리면 늘릴수록, 안 그래도 경제협력개발기구(Organization for Economic Cooperation and Development, OECD) 중하위권인 노동 생산성은 더 떨어지고 경제 전반에서 물가가 하락하는 현상인 디플레이션(deflation)은 만성화한다. 그렇기에 재교육(리스쿨링)을 통해 서비스업종에 종사하는 인력을 정보기술(IT) 같은 고부가가치 산업으로 이동시키는 '노동 유동화'는 일본 경제의 매우 중요한 과제다.

이런 사정을 고려하면 일본 기업들이 인력난을 해결하는 방법은 크게 두 가지로 요약할 수 있다. 첫째, '기존의 근로자가 더 많이 일하도록' 만들거나(노동 생산성 향상) 둘째, '사람을 쓰지 않고도 사업을 운영할 수 있도록' 만들어야 한다. 일본의 1인당 노동 생산성은 4만 3,595달러로, OECD 평균(4만 9,063달러)보다 낮은 24위다. 파솔종합연구소는 근로자의 생산성을 4.2% 향상시키면 298만여 명분의 노동력 부족을 보완할 수 있다고 분석한다.

신주쿠와 마에바시시의 자율주행버스 실험은 일손을 최소화하면서 교통 인프라를 유지하려는 시도다. 하지만 실험 단계를 벗어나지 못하는 수준의 자율주행버스가 코앞에 닥친 인력난을 해소하리라 기대하기는 어렵다. 일본의 버스 회사들이 기존 근로자의 생산성을 높이는 데 필사적인 이유다. 일본 2대 도시인 요코하마시의 버스 회사들은 버스 2대를 연결한 굴절버스를 도입해 운전기사 1명이 실어나르는 승객을 2배로 늘리는 방법을 택했다. 113명을 태울 수 있는 굴절버스는 정원이 일반 버스의 2배다.

가나자와주오교통과 도큐버스는 2024년부터 굴절버스 12대를 도입해 요코하마 시내 주요노선을 운행하기로 했다. 가나자와주오교통은 "지난 3년간 운전기사가 300명 이상 줄었으므로 운행 편수를 줄이는 것만으로는 한계가 있다. 수송 능력을 유지하기 위해 굴절버스를 도입했다"라고 사유를 설명했다. 후쿠오카시의 니시니혼철도와 니가타현의 니가타교통도 굴절버스를 도입해 급한 불을 끄기로 했다.

인력난이 가장 심각한 외식·숙박업에서도 비슷한 시도가 진행되고 있다. 종업원 1명이 여러 사람의 몫을 맡는 '멀티태스킹(multitasking)'이 대표적인 사례다.

2023년 8월 나가노현에 문을 연 벳소온천 미도리야는 10개의 객실에 글램핑 시설, 3개의 대절 온천까지 있는 종합 숙박 시설이다. 그런데도 직원은 4명뿐이고 그중 2명은 시간제 근로자다. 단 4명의 직원이 접객과 음식 제공, 객실 및 온천 관리, 청소 등 모든 업무를 처리한다.

어떻게 이런 일이 가능할까? 멀티태스킹과 정보기술의 발전 덕분이다. 미도리야에는 숙박 시설의 얼굴인 프런트와 프런트 뒤편에 담당 직원이 상주하는 사무실이 없다. 체크인과 숙박비 결제, 주류 주문까지 고객 스스로 스마트폰으로 해결할 수 있다. 객실 열쇠 대신 스마트폰 QR코드를 사용해 프런트를 없앨 수 있었다.

식사는 본사에서 조리한 요리를 냉동 및 냉장 상태로 받는다. 미도리야에서는 가열한 요리를 접시에 담기만 하면 된다. 온천에서 사용한 수건을 담는 바구니에는 센서를 장착해 직원이 상주하지 않고도 수건을 제때 채워넣을 수 있도록 했다.

취업난이 더 익숙한 우리에게 인력난 대응에 필사적인 일본 기업들의 모습은 호들갑스러워 보일 수도 있다. 하지만 이미 외국인 의존도가 높은 건설업과 일부 제조업뿐 아니라 우리 일상에서도 인력난은 시작됐다.

한국보건사회연구원에 따르면 2030년까지 우리나라에서 간호사는 15만 8,000여 명이 부족할 것으로 예상된다. 한국고용정보원은 2033년까지 보건복지서비스 분야에서 11만여 명의 인력이 추가로 필요하다고 전망했다. 고령화는 세계에서 가장 빠른 속도로 진행되는데, 그에 따른 돌봄 인력(간병인 포함) 수요 증가를 공급이 따르지 못하는 결과다. 돌봄, 의료 인력의 부족은 서비스업 전반에 걸쳐 인력난을 심화시킬 것으로 예상된다. 그래서 우리는 일본 기업들의 분투를 더욱더 눈여겨봐야 한다.

사라진 아르바이트생을 대체하는 로봇

카페 프랜차이즈 프론토를 운영하는 프론토코퍼레이션은 2022년 6월 도쿄 마루노우치에 스파게티 전문점 '에비노스파게티'의 문을 열었다. 이 가게의 조리 담당은 조리 로봇 'P-로보(P-Robo)'다. P-로보는 스파게티 한 접시를 45초 만에 만들 수 있다. 종업원은 완성된 스파게티를 접시에 담기만 하면 된다.

⟨사진 1-1⟩ P 로보

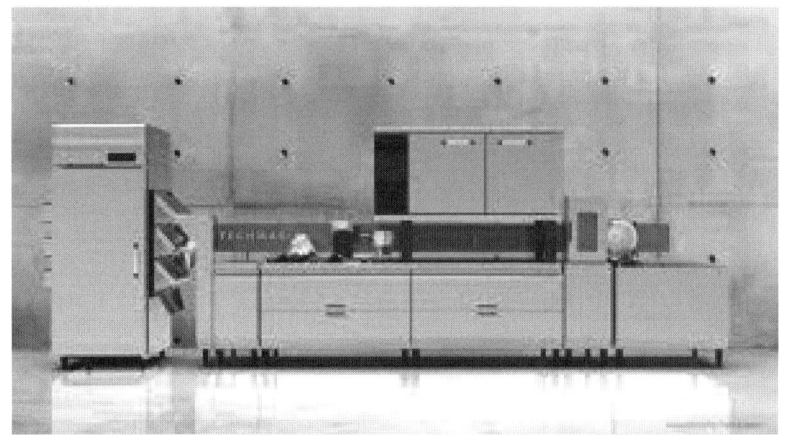

출처: 테크매직

이제 일본의 식당에서도 서빙 로봇은 흔하게 볼 수 있으며, 한 걸음 더 나아가 조리용 로봇도 속속 도입되고 있다. 구하기 힘든 아르바이트생보다 로봇이 더 저렴한 시대가 열린 것이다.

P-로보를 개발한 스타트업 테크매직의 시라키 유지 사장은 "터치패널 주문 등 작업 일부만 기계화하면 인력 부족이 해소되지는 않는다"라고 지적한다. 예를 들어서 점원이 4명 있는 가게에서 기계화·자동화를 통해 각각의 담당 업무를 20% 줄여도 운영 인력을 3명으로 줄일 수는 없다. 반면 로봇이 조리를 전담하는 에비노스파게티는 동일한 규모의 주방과 비교해 필요한 인원을 1~2명 줄일 수 있다.

P-로보의 본체 가격은 1,600만 엔이다. 6년 할부로 구입할 경우 유지비와 소프트웨어 라이선스 비용 등을 포함해 월 45만 엔가량이 든다. 한 달에 30일, 하루 12시간씩 가동하면 P-로보의 시급

은 1,250엔이라는 계산이 나온다. 주방 인원을 1~2명 줄여 종업원 1.5인분을 해낸다는 점까지 고려하면 실질적인 시급은 833엔이다.

리크루트웍스연구소에 따르면 2023년 8월 도쿄도의 외식업 아르바이트 평균 시급은 1,202엔이다. 수도권과 오사카, 나고야 등 3대 도시권의 평균 시급은 1,156엔이니 P-로보가 가뜩이나 구하기 힘든 아르바이트생보다 30%가량 더 싼 셈이다. 프론토는 2027년까지 P-로보를 50개 점포에 도입할 계획이다. 로봇이 조리를 전담하는 우동, 소바 가게도 속속 등장하고 있다.

무인 서점과 무인 편의점 등도 계속 늘고 있다. 2023년 9월 26일에는 도쿄 아카사카의 다메이케산노역에 '혼타스 다메이케산노 메트로피아점'이 문을 열었다. 일본 최초의 지하철 역사 내 완전 무인 서점이다. 일본인들이 가장 많이 사용하는 SNS(Social Network Service) 메신저인 라인으로 고객의 출입을 관리하고, 계산은 셀프 계산대를 이용한다. 여러 대의 방범 카메라로 점포를 실시간으로 감시할 수 있다.

2016년 이후 5년간 도쿄의 지하철 역사 안이나 역 주변에 새로 문을 연 서점은 60여 곳이다. 반면 폐점한 서점은 120곳으로 개업 서점의 2배에 달했다. 출판유통전문 기업 니혼출판판매는 인건비 급등과 임대료 부담이 그 원인이라고 설명한다.

완전 무인 서점은 아주 작은 공간에도 매장을 낼 수 있어 임대료를 극한의 수준까지 낮출 수 있다. 혼타스 다메이케산노 메트로피아

점도 50㎡(약 15평)의 공간에 300여 종류의 단행본과 잡지 4,500여 권을 진열하고 있으며, 월 매출 목표는 500만 엔이다.

외국인 손에 맡겨진 일본의 운전대

생산성 향상, 자동화·기계화를 통한 인력 의존도 축소 등으로 인력난에 대처하는 일본 기업들이 최후의 수단으로 꺼내 든 카드는 일손을 만들어내는 것이다. 특히 일본국토교통성은 2024년에 특정기능제도에 버스 운전기사를 포함한 자동차 운송업을 추가했으며, 2025년 현재 해당 제도가 시행되어 외국인 근로자의 버스 운전기사 등 자동차 운송업 취업이 가능해졌다.

특정기능제도는 일본인만으로는 인력을 확보하기 어려운 산업 분야에 일정 수준 이상의 전문성과 기능을 가진 외국인을 받아들일 목적으로 2019년 4월부터 시행 중인 재류 자격이다. 간병, 빌딩 청소, 건설, 자동차 정비, 숙박, 농업, 어업, 외식업 등 12개 분야가 지정되어 있다.

지금까지는 외국인이 일본에서 운전기사로 일하려면 영주권을 갖고 있거나 일본인과 결혼해야만 가능했다. 폐쇄적인 일본 사회가 교통 인프라를 외국인에게 맡기려고 시도하는 이유는 일손 부족으로 버스와 택시 운행이 중단될 판이기 때문이다. 이 때문에 운송업계가 외국인 운전기사를 허용해달라고 정부에 먼저 요청하는 상황이다.

일본버스협회 시미즈 이치로 회장은 "정부와 협력해 외국인 운전기사의 활용 가능성을 검토하고 싶다"라고 밝혔다. 일본 최대 운송업계 단체인 전일본트럭협회도 "일본인 운전기사만으로는 운송업계를 유지하기 어렵다"라고 호소했다. 전국법인택시연합회도 사정은 마찬가지다. 2005년 40만 명이었던 일본의 택시 운전기사 숫자는 2021년 20만 명으로 반토막 났다.

정부의 규제 완화를 기다리지 못하고 일찌감치 영주권이 있는 외국인 운전기사를 채용하는 버스와 택시 회사도 있다. 도쿄의 대형 택시 회사인 히노마루교통은 6년 전부터 외국인 운전기사를 채용하기 시작해 현재 83명이 재직 중이다.

하지만 인력난을 해소하기 위한 일본 기업들의 다양한 시도들은 그 한계도 뚜렷하다. 앞에서 살펴본 무인 편의점은 비싼 설치비용 때문에 예상만큼 보편화하지 못하고 있다. 조리 로봇의 시장 규모는 1억 엔 수준에 머물러 있다. 시장조사 기업 후지경제가 분석한 부진 사유는 이렇다. "일본인들에게 '요리는 사람이 하는 서비스'라는 인식이 뿌리 깊게 박혀 있기 때문"이다.

외국인 운전기사를 늘리기도 쉽지 않다. 일본에서 트럭 운전기사가 되려면 제1종 면허, 버스와 택시는 제2종 면허가 필요하다. 제1종 면허는 외국에서 딴 운전면허를 일본 운전면허로 전환해 주는 제도가 있지만 제2종 면허는 이런 전환 제도가 없어서 다시 시험을 치러야 하는데, 이 시험은 일본어로만 진행된다. 손님을 상대하는 업종인 만큼 어학 능력을 요구하는 것이다. 50분간 95문제를 풀어 100점 만점에 90점 이상을 맞아야 합격이다. 외국인에게는 상당히 높은 장벽이다.

야마다 히데토시 히노마루교통 사내 연구소장은 그 결과를 이렇게 설명한다. "일본인이 면허를 따서 택시 업무를 시작하기까지 걸리는 기간은 평균 8주지만, 외국인은 11주가 걸린다. 11주도 중국인 같은 한자 문화권 출신을 합한 평균 기간이며, 비한자 문화권 출신자는 기간이 더 걸린다."

우리나라에서도 외국인 운전기사가 모는 노선버스와 택시를 탈 날이 머지않았다. 한국교통안전공단에 따르면 2023년 말을 기준으로 서울 개인택시 운전기사의 약 78.2%가 60세 이상 고령자였다. 법인 택시 운전기사도 60세 이상이 약 69.7%, 65세 이상은 약 45.3%였다.

버스 운전기사도 마찬가지다. 2025년 1월 기준 서울의 마을버스 운전기사 중 약 62%가 60세 이상 고령자다. 주52시간 근무제와 고령 운전기사 은퇴로 노선버스 운전기사 수요는 늘고 있지만, 전체 운전기사 숫자는 감소 추세다. 서울시는 이미 미얀마와 캄보디아 출신 외국인 운전기사 도입을 검토하고 있다.

지금까지 살펴본 멀티태스킹, 생산성 향상, 자동화·기계화 등 일본 기업의 대처법은 한국에서도 이미 일상화한 방법들로 딱히 새로운 면이 없다. 무엇보다 인력난을 잠시 누그러뜨릴 수는 있어도 근본적인 해결책은 될 수 없다.

인구 감소의 역습에 맞서는 일본 기업도 근본적인 해결책이 마땅 찮다는 점을 가장 곤혹스러워하고 있다. 기술이 아무리 눈부신 속도로 발전해도 '인구 감소 쓰나미'의 속도에는 미치지 못하는 탓이다. 인구 감소의 역습이 본격적으로 시작된 일본에서 "기술이 좀 더 발전할 때까지, 좀 더 근본적인 해결책이 나올 때까지 최대한 버텨보자!"라는 비장감이 감도는 이유다.

입사하면 학자금도 갚아주는 일본 기업들

종합설비 기업 도에넥은 일본 중부 지역의 전력 공급을 담당하는 주부전력의 자회사다. 우리나라로 치면 한국전력공사의 자회사로 볼 수 있다. 2023년 기준 근로자 수는 4,808명에 이르고 매년 2,000억 엔 안팎의 매출과 100억 엔 안팎의 영업이익을 올리는 알짜 대기업이다. 본사는 나고야 시내에 있고 주식은 도쿄증시 최상위 시장인 프라임시장에 상장되어 있다. TV와 라디오 광고에도 적극적이어서 결코 인지도가 낮은 기업이 아니다. 직원 평균 연령은 약 41.53세, 평균 근속연수는 약 19.37년으로 '늙은 기업'이라고도, 직원들의 애사심이 부족한 기업이라고도 할 수 없다.

그런데도 도에넥에는 주홍 글씨처럼 붙어 있는 딱지가 있다. 바로

'건설업종'이라는 점이다. 일본에서도 '3D 업종'의 대표 격인 건설업은 젊은 인재들이 꺼리는 분야다.

도에넥은 이러한 기피 현상을 타파하고자 2023년부터 학자금 대출 변제 제도를 도입했다. 직원들이 대학생 시절에 빚진 학자금 대출 일부를 기업이 대신 갚아주는 제도다. 지원 금액은 매월 최대 1만 엔이다. 2024년 4월 도에넥은 200명의 대졸 예정자를 채용했는데 이미 50명이 이 제도를 이용했다. 도에넥의 미야케 다쓰야 채용그룹장은 "저출산으로 (일자리보다 취업 희망자 수가 적은) 취업자 우위 시장이 거세지고 있다. 인재를 미리 확보하기 위해 학자금 대출 변제 제도를 도입했다"라고 사유를 설명했다.

히로시마의 중견 건설 기업 미야타건설이 내건 조건은 더욱더 파격적이다. 입사 예정인 대졸 신입사원이 매월 갚아야 하는 대출금의 50%까지 총 200만 엔을 대신 갚아준다. 미야타건설의 대졸 신입직원 초임 월급은 23만 엔으로 비슷한 조건의 타 기업에 비해 절대 나쁘지 않다. 하지만 건설 기업 입사를 기피하는 현상 때문에 매년 5명 정도의 신입을 뽑으려 해도 실제 채용 인원은 1~2명에 그쳤다. 빚을 대신 갚아준다는 파격적인 조건을 내걸게 된 배경이다. 미야타건설 관계자는 "이 제도를 통해 우리 기업이 조금이라도 구직자들 사이에서 관심을 받았으면 좋겠다"라고 말했다.

오이타현의 건설 기업인 헤이와건설도 2023년 대졸 신입사원을 대상으로 학자금 총 상환액의 50%까지 최대 250만 엔을 대신 갚아주는 제도를 마련했다. 이 기업이 제도를 도입한 이유 역시 "대졸 구직자들이 우리 기업을 바라만 봐주신다면…"이다.

직원 학자금 변제는 보통 일본학생지원기구(Japan Student Services Organization, JASSO)의 '장학금 상환 지원제도(학자금 변제 제도)'를 이용한다. 기업이 JASSO에 자사 직원이 상환할 금액을 송금하면 JASSO가 직원 대신 대출금을 갚아주는 방식이다.

2021년 4월 이 제도를 시작할 때만 해도 65곳에 불과했던 이용 기업은 2023년 7월 말 972곳으로 늘었다. 이용자 수도 2021년 813명에서 2022년 1,708명, 2023년 7월 말에는 2,057명으로 증가했다. 기업들이 빚을 대신 갚아주면서까지 신입사원 모시기에 나설 정도로 일본의 인력난은 심각하다. '빚을 대신 갚아준다'라는 조건을 신입사원 모집에 내걸 수 있게 된 것은 문부과학성 산하기관인 JASSO의 제도적인 지원 덕분이다.

JASSO의 학자금 변제 제도가 생기기 전까지 대출금을 대신 갚아주려는 기업은 직원의 급료에 상환 금액을 얹어주는 수밖에 없었다. 하지만 상환 금액을 얹어주는 만큼 고스란히 소득도 늘어나므로 사원이 내야 하는 소득세와 사회보험료 부담도 덩달아 커졌다. 그러나 JASSO의 학자금 변제 제도를 활용하면 기업이 직원 대신 내주는 대출 상환금은 원칙적으로 보수에 포함되지 않는다. 당연히 직원이 부담할 소득세와 사회보험료도 오르지 않는다. 기업으로서도 대신 갚아준 대출금을 손금(손실) 처리할 수 있어 세금 부담을 줄일 수 있다.

대기업 골라서 가는 일본 청년들

종합상사와 메가뱅크(초대형 시중은행)처럼 일본의 대학 졸업자들에게 가장 인기 있는 기업들이 벌이는 인재 쟁탈전도 치열하다. 경쟁이 얼마나 뜨거운지 '영구동토'로 묘사되던 일본의 지독한 임금 정체를 녹여버릴 정도다.

일본 3대 메가뱅크는 전통적으로 문과 출신 졸업생들이 가장 선호하는 직장이다. 메가뱅크의 대졸 초임 월급은 오랫동안 20만 엔 수준에 묶여 있었다. 다른 업종의 초임 수준도 크게 다르지 않다. 인사원에 따르면 2022년 4월 민간 기업의 대졸 사무직 평균 초임은 20만 7,878엔이었다.

일본의 임금이 얼마나 오르지 않았는지 보여주는 통계가 있다. 미국의 컨설팅 기업 머서의 조사 결과, 2021년 일본 대기업 부장의 연 수입은 싱가포르나 미국뿐 아니라 태국, 말레이시아보다 적은 것으로 나타나 일본인들을 쓴웃음 짓게 했다.

이듬해 조사에서도 일본 대기업 부장의 평균 연 수입은 12만 8,351달러로 미국의 약 42%에 그쳤다. 입사 3년 차 사원의 연 수입 역시 미국의 약 47%에 불과했다. 중국과 비교하면 7년 차에 급여가 역전되고 부장급은 중국의 50% 수준에 그치는 것으로 나타났다.

이렇게 만년 정체 상태이던 일본의 임금 수준을 변하게 만든 요인은 인력난이다. 메가뱅크 2위인 미쓰이스미토모은행은 2023년

입행 대졸자들의 초임을 25만 5,000엔으로 5만 엔(약 24%) 올렸다. 무려 16년 만의 임금 인상이었다. 미쓰이스미토모은행 관계자는 임금을 올린 이유를 "학생들의 가치관이 다양해진 데다가 인재의 유동성이 높아지고 있기 때문"이라고 설명했다. 급여를 올리지 않으면 신입 행원을 뽑기 힘들다는 뜻이다.

미쓰이스미토모가 움직이면서 나머지 메가뱅크들도 손을 놓고 있다가는 우수한 신입 행원을 뺏길 처지에 이르렀다. 1위 미쓰비시 UFJ은행이 즉각 5만 엔을 인상했고, 3위 미즈호은행은 2024년 초임을 5만 5,000엔 올렸다. 메가뱅크 관계자는 "고액의 보수를 제시하는 종합상사와 컨설팅 기업에 밀리지 않는 급여 수준이어야 채용 경쟁에서 지지 않는다"라고 설명했다.

이처럼 20여 년 만에 월급을 대폭 올렸지만, 우수한 인재들이 메가뱅크로 몰릴 것으로 기대하기는 어렵다. 메가뱅크의 라이벌 격인 종합상사도 가만히 있지 않기 때문이다. 일본 최대 종합상사인 미쓰비시상사는 2024년 4월 입사한 대졸 신입직원의 초임을 30만 5,000엔으로 1년 전보다 5만 엔 올렸다. 나머지 종합상사들도 인재 쟁탈전에서 뒤지지 않으려고 임금 인상 도미노 게임을 벌이고 있다.

우수한 신입직원을 뽑으려 급여를 올렸는데 모두가 월급을 올리면서 인상 효과는 사실상 사라진 셈이다. 당장 종합상사보다 또다시 월급이 5만 엔 적어진 메가뱅크 등 금융업계는 인건비 부담 증가를 감수하고 임금을 추가로 올려야 할지 고민이다.

종합상사와 메가뱅크조차 신입사원의 임금 인상 경쟁을 벌일 정도로 심각한 일본의 인력난은 어느 정도인 걸까? 리크루트웍스연구소에 따르면 2024년 3월 대학교 졸업 예정자의 구인배율은 1.71배로 2023년 졸업자의 1.58배보다 0.13p 상승했다. 이는 코로나19 팬데믹 이전 수준이다. 대학교를 졸업하는 학생은 일자리 1.71개 가운데 하나를 골라서 갈 수 있다는 의미다.

도쿄의 한 명문 사립대학교 교수는 "중상위권 대학교 졸업생들이라면 대기업 3~4개 가운데 하나를 골라서 갈 수 있을 정도로 취업 상황이 좋다"라고 말했다.

반면 2025년 3월 기준 한국의 15~29세 청년층 고용률은 44.5%에 불과하다. 실업률은 7.5%에 달한다. 일도, 구직활동도 하지 않는 상태를 나타내는 '쉬었음' 역시 45만 5,000여 명으로 역대 최대 규모를 나날이 갱신하고 있다.

다만 우리나라의 낮은 청년층 고용률은 다른 나라에 비해 늦은 사회 진출 시기와 누구나 원하는 정규직·고임금의 '좋은 일자리'가 부족해서이지, 일자리 자체가 없어서라고 말하기는 어렵다. 이처럼 청년층은 "일할 곳이 없다"라고 아우성치지만, 중소·중견 기업들은 사람을 못 구해 발을 동동 구르는 '노동 미스매치(불일치)'가 극심한 실정이다.

결국 우리도 인력난에서 자유로운 상황은 아닌 것이다.

주 2일 출근, 월 40만 엔, 프리랜서가 뜬다

전자 부품기업인 오키전기공업은 2024년 4월 직급 정년 제도를 폐지했다. 지금까지는 56세까지 임원으로 승진하지 못한 관리직은 직급 정년이 지나면 직급을 떼는 동시에 급여가 최대 15%가량 감소했다. 그러나 앞으로는 60세까지 직급을 유지할 수 있고, 급여도 동일하게 지급하기로 했다.

60세가 넘더라도 관리직에 남을 수 있는 길도 열렸다. 오키전기공업 관계자는 "중도 채용시장의 경쟁이 나날이 격렬해져 젊은 사원 채용과 시니어 근로자 유지라는 두 가지 궤도를 병행해야 한다"라고 설명했다.

인력난이 심각해지면서 일본에서는 최고 인기 직장인 메가뱅크와 종합상사까지 대졸 초임을 20여 년 만에 인상하며 인력 쟁탈전에 뛰어들었다. 신입직원의 임금이 이렇게 오르는데 기존 직원의 급여가 오르지 않을 리 없다. 지금까지 춘계 임금협상의 대상 밖이었던 관리직과 고령 근로자들에게까지 임금 인상의 도미노 효과가 파급되고 있다. 오키전기공업이 대표적인 예다.

노동정책연구·연수기구의 오기노 노보루 연구원은 "인력난을 계기로 영구동토 같았던 대졸 초임 인상과 관리직 및 시니어 직원의 처우개선이 동시에 이뤄지기 시작했다"라고 분석했다.

그러나 이렇게까지 하는데도 자체 인력만으로 경영활동을 100%

달성하는 데 한계를 느끼는 기업들이 속출하고 있다. 특히 전문인력 부족이 심각해지면서 경영 계획 수립과 인사제도 관리 같은 핵심 업무까지 외부 프리랜서에게 의존하는 일본 기업들이 점점 늘고 있다. 〈니혼게이자이신문〉은 일본 기업들이 업무를 전문 프리랜서에게 의뢰한 건수가 2023년 총 11만 3,000여 건으로 2018년(2만 8,000여 건)보다 4배 이상 늘었다고 보도했다.

컨설팅 기업 서큘레이션의 조사에 따르면 기업들이 전문 프리랜서에게 의뢰한 업무 내용(복수 응답)은 '채용·교육'이 27%로 가장 많았고 '중기 경영 계획·조직 전략 수립'이 25%로 뒤를 이었다. '인사제도 설계·노무'는 21%로 3위였다. 기업을 운영하는 핵심 업무인 경영기획과 인사까지 외부인에게 맡기는 것이다.

일본 최대 인쇄업체인 다이닛폰인쇄는 2021년부터 전문 프리랜서를 활용하고 있다. 현재 5명의 프리랜서에게 해외전략 입안 등을 의뢰한다. 다이닛폰인쇄 관계자는 "사내 인력의 지식만으로는 얻을 수 없는 기술 혁신을 창출할 수 있다"라고 말했다. 일본 3대 복사기 제조사인 코니카미놀타도 신규 사업 확장에 전문 프리랜서를 활용하고 있다.

정규직 핵심 인력이 도맡던 경영기획과 인사까지 외부 프리랜서가 맡기 시작한 이유는 전문 지식을 가진 인재가 부족하기 때문이다. 〈니혼게이자이신문〉은 "대졸 신입직원을 일괄 공채하는 일본의 채용 관행 때문에 전문적인 업무 능력을 보유한 인재가 적다. 전직이나 이직도 활발하지 않아 중도 채용을 통해서도 필요한 인재를 확보하기 어렵다"라고 분석했다.

반면 미라이웍스와 파솔캐리어 등 5대 전문인재 중개기업에 등록한 전문 프리랜서 수는 2018년 8만 7,000여 명에서 2023년 23만여 명으로 3배 가까이 늘었다. 부업을 허용하는 기업이 늘어난 것도 전문 프리랜서의 수를 늘리는 요인으로 분석된다. 일본 최대 경제 단체인 일본경제단체연합회(게이단렌)에 따르면 근로자 수 5,000명 이상인 기업의 80%가 부업을 허용하고 있다.

프리랜서 중개업체인 랜서스에 따르면 2021년 일본의 프리랜서 숫자는 1,577만여 명으로 2015년보다 약 70% 증가했다. 전체 근로자 수의 20%를 넘으면서, 기업들이 프리랜서에게 의존하지 않고는 필요 인력을 조달할 수 없게 되었다.

일반적으로 전문 프리랜서는 프로젝트별로 출근 일수와 보수를 정해 수개월에서 1년 단위로 계약한다. 주 2일 출근하면서 사업 전략 입안을 담당하는 프리랜서는 월평균 약 40만 엔을 벌 수 있다.

도시샤대학교 오타 하지메 교수는 "저출산·고령화로 인력난은 더욱 심각해질 것이다. 자체적으로 키운 정규직 인재에 외부 인재를 적절히 활용하는 능력이 기업의 성장을 좌우하는 시대가 열렸다"라고 말했다.

2부.

인구 감소의
역습이 바꾼
일본 사회

금값을 불러도 없어서 못 파는 일본 관광 산업

수요와 공급 법칙을 무시한 일본 호텔의 배짱 요금

엔화 가치(100엔당)가 1,000원을 밑도는 '엔저(低)'가 장기화되면서 일본 여행이 인기다. 하지만 '억' 소리 나게 오른 항공료와 호텔 숙박 비용이 일본행을 망설이게 하는 것 또한 현실이다.

도쿄의 특급호텔은 코로나19 팬데믹 이전보다 약 50%, 일반 비즈니스호텔은 2~3배가량 숙박비용이 올랐다. 시장조사 기업 메트로엔진에 따르면 도쿄 도심(23구)의 호텔 가격(2인 1실 기준)은 팬데믹 이전인 2019년의 3만 9,053엔에서 2023년 8월 6만 9,281엔으로 약 77% 상승했다.

교토는 3만 9,000엔에서 7만 3,143엔으로 약 88% 뛰었다. 오사카와 후쿠오카, 삿포로도 20~30%가량 요금이 올랐다. 한국인이 즐겨 찾는 일본 관광지 중 호텔 숙박료가 내려간 곳은 오키나와의 나하시(약 -18%) 정도에 불과하다.

　항공료가 떨어지지 않는 이유는 일본을 찾는 한국인 관광객이 급증했지만, 항공편은 그만큼 늘어나지 않아서라는 설명이 가능하다. 그렇다면 일본의 호텔 숙박비용도 공급이 수요를 따르지 못해서 급등한 걸까? 실제 상황은 반대다. 일본의 호텔 역시 대부분 가격 변동제를 실시한다. 수급 상황에 따라 가격이 오르내린다는 뜻이다.

　일본정부관광국(Japan National Tourism Organization, JNTO)에 따르면 2023년 10월 일본을 찾은 외국인 관광객은 251만 6,500여 명으로 2019년 10월보다 약 0.8% 늘어났다. 월간 기준으로 처음 코로나19 팬데믹 이전 수준을 넘었다. 외국인 관광객의 호텔 수요는 팬데믹 이전 수준에 못 미쳤거나 이제야 비슷해졌다는 뜻이다. 일본인의 자국 여행 수요도 비슷한 수준으로 회복되고 있다.

　반면 호텔 숫자는 팬데믹 전보다 훨씬 늘었다. 2020년 도쿄올림픽 개최를 위해 숙박 시설을 대폭 늘린 영향이다. 2014년 1만 710여 곳이었던 일본 전역의 호텔은 10년 만인 2023년 1만 4,260여 곳으로 약 1.3배 늘었다. 올림픽 개최 도시인 도쿄는 2014년 800곳이 채 되지 않던 호텔이 현재 1,600여 곳으로 2배 이상 늘었다.

　숙박료가 제일 많이 오른 교토도 200여 곳에서 600여 곳으로 공급이 3배 증가했다. 인기 관광지 가운데 유일하게 숙박료가 떨어진 오키나와 역시 400여 곳에서 1,200여 곳으로 3배 늘었다. 일본에서는 지금도 호텔 신축 붐이 한창이다. 불가리도쿄와 아만의 자매 브랜드 '쟌느도쿄' 등 외국계 고급 호텔도 잇따라 일본에 진출했다.

종합하자면 일본의 호텔 공급은 약 1.3배 늘고 수요는 그대로인데 가격이 1.5배 가까이 뛴 것이다. 게다가 도쿄와 교토는 공급이 약 2~3배 늘었는데도 가격은 2배가량 치솟았다.

일본의 호텔 숙박비용은 왜 수요와 공급의 법칙을 거스르는 걸까? 여기에도 '인구 감소의 역습'인 인력난이 도사리고 있다. 현재 일본에서 인력난을 가장 심각하게 겪는 업종은 관광·레저·외식업이다. 코로나19 팬데믹 동안 근로자들이 노동시장을 이탈했기 때문이다. 팬데믹의 직격탄을 맞은 관광·레저·외식업종이 가장 먼저 인력을 감축하자 해당 업종의 근로자들이 다른 업종으로 옮겨간 결과다.

호텔 객실 수는 크게 늘었는데 일할 사람은 부족해지자 일본의 호텔은 수요와 공급의 법칙을 아예 무시하기로 했다. 특별 할인행사 등을 실시해 무리하게 가동률을 올리기보다 객단가(客單價)를 높인 것이다.

가격이 오르면 수요는 줄어드는 것이 경제의 기본 원리다. 하지만 최근 일본에서는 가격과 수요의 반비례 법칙이 먹히지 않는다. 외국인 관광객들이 일본의 호텔 숙박비용을 비싸게 여기지 않기 때문이다. 팬데믹 이전부터 일본의 숙박료는 외국에 비해 저렴했던 데다 2022년부터 2023년 동안 1년 사이에 엔화 가치가 20%가량 떨어진 영향이다.

일본관광청의 조사에 따르면 일본을 찾은 외국인 관광객들의 숙박비 지출 규모는 코로나19 팬데믹 이전과 비교하면 50%가량 늘었다. 호텔 숙박비 단가가 올랐고 한국, 중국인 관광객보다 체류 기간이 긴 미국과 유럽의 관광객 비중이 증가한 덕분이다.

2024년 일본을 찾은 외국인 관광객은 3,800만여 명으로 사상 최대 규모를 기록했다. 일본의 인력난이 해결되지 않는 한 일본 호텔들의 배짱 영업은 계속될 가능성이 크다.

1박 110만 엔도 금세 완판되는 일본 관광 산업

'인구 감소의 역습' 인력난은 일본의 관광 정책마저 바꿔놓고 있다. 현재 일본 관광 산업은 '종업원이 부족해도 찾아오는 사람이 넘쳐서 배짱 영업하는 식당'과 비슷한데, 이 배짱 영업이 의외로 잘 통하고 있다.

일본에서 가장 박력 있는 축제로 손꼽히는 '아오모리 네부타 마쓰리(전통축제)'에는 2022년부터 100만 엔짜리 박스석이 최초로 등장했다. 최대 8명이 지역 전통음식과 술을 즐기면서 바로 눈앞에서 거대한 네부타(아오모리 지역 특유의 축제 차량)의 행진을 관람할 수 있는 특등석이다.

네부타 마쓰리가 아무리 유명하다지만 반나절 남짓 구경에 한화로 1,000만 원 가까운 거금을 쓰는 사람이 있을까 싶었는데, 2023년에는 준비한 6석이 연일 매진되었다. 4명이 이용할 수 있는 20만 엔짜리 박스석 16개도 모두 팔렸다.

일본 3대 축제 가운데 하나인 '교토 기온 마쓰리'에는 좌석 하나 가격이 40만 엔인 프리미엄 관람석이 생겼다. 이 좌석 역시 2023년 84석 중 65석이 팔렸고 2024년에도 각각 15만 엔, 20만 엔짜리 프리미엄 관람석을 판매했다. 에히메현 오즈시의 오즈성을 통째로 빌리는 '캐슬 스테이'는 1박에 110만 엔을 넘는 고가 상품인데도 인기를 끌고 있다.

터무니없어 보이기까지 하는 이 가격대의 관광 상품들은 주로 외국인 관광객과 부유층이 타깃이다. 팬데믹 이후로 단순히 둘러보고 먹어보는 관광을 넘어선 체험형 관광이 인기를 끌면서 이러한 변화가 나타났다.

도쿄 긴자의 고급 기모노 가게 '긴자모토지'에서는 젊은 중국인 커플이 한자리에서 기모노와 오비(기모노의 허리띠) 800만 엔어치를 구매해 화제가 되었다. 미국에서 온 여성도 300만 엔짜리 방문복을 구매했다. 긴자모토지의 모토지 게이타 사장은 "10월에 매장을 찾은 외국인 관광객은 코로나19 팬데믹 이전보다 2배가량 늘었는데 매출은 10배 이상 늘며 사상 최고치를 기록했다"라고 말했다.

나가노현 사쿠시의 300년된 양조장인 '기쓰쿠라주조'는 부지 내에 '구라비토스테이'라는 사케 제조 체험형 숙박 시설을 운영하고 있다. 8개뿐인 방은 다다미 2.5~5.5조(畳) 크기다. 평수로 치면 작은 방은 1평이 조금 넘고 큰방이래야 3평이 채 안 되는 좁은 숙소다. 그런데도 2박 3일에 13만 9,800엔의 가격인 프로그램의 예약이 2025년 10월까지 다 찼다. 이 가운데 40%가 외국인이다.

코로나19 팬데믹으로 고사 위기에 몰렸던 대형 백화점을 살린 것도 외국인 관광객이다. 일본 최대 백화점 그룹인 미쓰코시이세탄홀딩스의 면세 매출은 2023년 7월 이후로 2018년 기록한 사상 최고 기록을 매달 경신하고 있다. 2023년 10월 매출은 97억 엔가량으로 2018년 같은 달의 약 1.4배에 달했다. 객단가도 약 1.6배 늘었다. 미쓰코시이세탄홀딩스의 호소야 도시유키 사장은 "2018년의 매출 기록이 중국 관광객의 싹쓸이 쇼핑 덕분이었던 반면, 2023년 매출 기록 행진은 명품 소비가 늘어난 덕분"이라고 말했다.

2023년 10월에는 신칸센 여행을 즐기는 외국인 관광객에게 청천벽력 같은 소식도 전해졌다. 일본 최대 철도 기업인 JR(Japan Railway) 그룹은 10월 1일부터 외국인 관광객이 정해진 기간에 신칸센을 포함한 JR 열차를 무제한 이용할 수 있는 JR패스의 가격을 2배 가까이 올렸다.

7일권의 경우 기존 2만 9,650엔(JR 지정 판매점·대리점 구매가)에서 5만 엔으로, 21일권은 기존 6만 450엔에서 10만 엔으로 가격이 대폭 인상된 것이다. 도호쿠 지역의 JR 열차를 5일간 무제한 탈 수 있는 JR 이스트패스 가격도 2만 엔에서 3만 엔으로 50% 올랐다. 이렇게 가격을 대폭 올렸는데도 인기는 식을 줄 모른다. JR은 2024년 매출 목표 200억 엔을 초과 달성했다.

일본 최대 항공사인 ANA(All Nippon Airways, 전일본공수)홀딩스의 2024년 상반기 국제선 매출은 2023년 같은 기간보다 2.2배가량 늘었다. 이는 반기 기준 사상 최고 수치다. 여행객 숫자는 여전히 코로나19 팬데믹 이전의 60~70% 수준에 머물러 있지만, 항공권의 단가가 50% 오른 덕분에 도달할 수 있었던 기록이다.

인력난 때문에 항공사들이 인력을 늘리기 어렵지만, 현재 상황은 굳이 인력을 늘려가며 항공권 가격을 떨어뜨릴 이유도 없다. 일본관광청에 따르면 2023년 3분기 외국인 관광객의 소비 규모는 1조 3,904억 엔으로 2019년 같은 기간보다 17.7%가량 늘었다.

관광대국 전략으로 전환한 일본 정부

일본을 찾는 부유층 외국인 관광객 덕분에 보통 사람들은 엄두도 못 낼 가격대의 상품이 내놓는 족족 팔리자, 정부도 전략을 바꿨다. 일본 정부는 2023년 6월 확정한 〈관광입국 추진 기본 계획〉을 통해 관광 전략을 외국인 관광객을 최대한 많이 끌어들이는 양 중심 전략에서 관광객 1인당 소비 규모를 늘리는 질 중심 전략으로 전환하기로 했다.

물론 양을 포기한 것은 아니다. 2019년 일본을 찾은 외국인 관광객은 3,188만여 명으로 역대 최다였다. 일본 정부는 2019년의 기록을 2025년까지 깨뜨린다는 목표를 세웠는데 1년 이른 2024년에 목표를 달성했다. 나아가 2030년까지 6,000만 명의 외국인 관광객을 불러들인다는 야심 찬 목표도 세웠다. 2030년에 이르면 중국, 이탈리아와 맞먹는 세계 5대 관광대국으로 올라서겠다는 것이다.

관광객 숫자보다 주목할 부분은 관광객 소비 규모 목표다. 일본 정부는 2025년 외국인 관광객 1인당 소비 규모를 평균 20만 엔으로 2019년보다 약 20% 늘린다는 목표를 세웠다. 외국인 관광객이 매년 일본에서 5조 엔가량을 쓰고 가게 만든다는 구상이다.

구체적으로 살펴보면, 부유층을 적극 유치해 가동률보다 객단가에 초점을 맞춤으로써 목표를 달성한다는 계획이다. 마쓰리 프리미엄 좌석, 캐슬 스테이 등 초고가 여행 상품이 대표적인 사례다. 2019년 한 차례 일본 방문에 100만 엔 이상을 쓰고 간 '고부가가치 관광객'은 29만여 명으로 전체 외국인 관광객의 1%에도 못 미쳤다. 하지만 이들의 소비 규모는 전체의 약 11.5%(5,500억 엔)에 달했다.

단순 관광보다 사업 목적으로 일본을 찾는 외국인을 적극 유치하는 전략도 양보다 질을 높이는 효과적인 방법이다. 비즈니스 여행자들의 씀씀이가 일반 관광객보다 크기 때문이다. 일본 정부는 2025년까지 사업 목적으로 일본을 찾는 외국인의 소비 규모를 약 8,600억 엔까지 늘리기로 했다. 역대 최대 규모였던 2019년보다 20%가량 많은 액수다.

스포츠 경기나 공연 관람, 학술회의 참석을 위해 방문하는 외국인 관광객들에게도 관심이 크다. 컨벤션 산업을 키우겠다는 계획인데 '컨벤션 관광객'들 역시 돈을 아끼지 않는 경향이 강하기 때문이다. 일본 정부는 컨벤션 관광객을 2019년보다 약 15% 많은 270만 명까지 늘릴 계획이다.

목표를 달성하기 위해 일본이 공을 들이는 분야가 국제회의 유치다. 2022년 일본이 개최한 국제회의는 228건으로 12위에 그쳤지만, 정부는 2030년까지 일본을 세계 5대 국제회의 개최국으로 만든다는 목표를 세웠다.

외국인 차별 요금제, 일본의 두 얼굴

양보다 질을 중시하겠다는 일본 정부의 전략에 여론도 우호적이다. 최근 일본에서는 '오버 투어리즘(관광 공해)'을 호소하는 사례가 부쩍 늘었기 때문이다. 외국인 관광객 때문에 주민들이 대중교통 이용조차 어려운 교토(1km^2당 관광객 수 6.9만여 명), 가마쿠라(1km^2당 관광객 수 57.3만여 명)같이 오버 투어리즘이 심각한 지역들도 있다.

일본의 럭셔리 리조트 체인인 호시노리조트의 호시노 요시하루 사장은 "오버 투어리즘은 관광지의 브랜드 가치를 떨어뜨리는 심각한 과제다. 방치하면 관광 만족도가 저하되고 장기적으로 집객력(손님 유인력)이 줄어든다"라고 경계심을 표현했다.

일본 정부가 외국인 관광객의 소비 목표로 내세운 5조 엔은 일본 GDP의 약 0.8%다. '잃어버린 30년'의 장기 침체로 신음하는 일본에 5조 엔의 부가가치는 절대 적지 않다. 하지만 "겨우 0.8% 때문에 이해관계자가 아닌 사람들까지 피해를 봐야 하는가?"라며 반감을 품는 일본인들도 많다.

엔화 가치가 급락하면서 커진 일본인들의 소외감이 이런 정서를 더욱더 부채질하고 있다. 일본에서는 최근 '서비스 분야의 젠트리피케이션(gentrification, 원주민의 상권 내몰림)' 현상이 일어나고 있다. 일본으로 몰려드는 외국인들이 물가를 올려놓는 바람에 정작 내국인들은 사고 싶은 재화나 서비스를 구매하지 못하는 것이다.

눈이 휘둥그레지는 가격의 숙박 시설과 체험형 관광 프로그램을 외국인들이 "가성비가 훌륭하다!"라며 즐기는 동안, 일본인들은 낮은 가격대의 제품과 서비스를 소비하는 이중가격 현상이 굳어지고 있다. 하나의 나라에 2개의 경제권이 존재하는 셈이다.

오버 투어리즘 대책은 관광 공해를 해소하는 동시에 일본인의 소외감까지 달래주는 일거양득의 효과를 거둘 수 있다는 분석도 있다. 〈니혼게이자이신문〉은 일본 정부가 오버 투어리즘으로 몸살을 앓는 인기 관광지 20여 곳을 선정해 대책 마련에 필요한 비용의 3분의 2를 8,000만 엔 한도로 지원할 계획이라고 보도했다. 혼잡한 정도에 따라 입장료와 교통 요금을 조절하는 탄력요금제와 관광객을 덜 혼잡한 시간대로 분산하는 효과가 기대되는 입장객 수 제한 제도 등을 도입하는 방안이 유력하게 검토된다.

일부에서는 동남아 국가들이 운영하는 이중가격제를 대안으로 제시하기도 한다. 외국인에게는 더 비싼 요금을 받아 지역 인프라를 유지하고 수요를 억제하는 한편, 일본인에게는 저렴한 가격의 서비스를 제공하자는 취지다. 네팔과 캄보디아는 자국민에게 무료인 광장과 유적지의 입장료를 외국인에게는 받고 있다. 태국도 상당수 시설에 외국인 요금을 따로 운영한다. 말레이시아의 수족관은 주민등록증에 해당하는 증명서를 보여주면 자국민은 할인을 받는 방식의 이중가격제를 시행 중이다.

오랫동안 일본 관광 정책의 교과서는 프랑스였다. 즉, 자국민이 바캉스를 즐기기 위해 만들어놓은 관광 인프라의 토대 위에 외국인 관광객을 끌어들이는 방식이었다. 일본의 물가가 세계적으로 높은 수준이었을 때 '서비스 젠트리피케이션'이나 이중가격제는 상상하기 힘들었던 일이다. 〈니혼게이자이신문〉은 "앞으로 일본의 관광 전략이 외국인에게 의존해 성장하는 신흥 개도국의 마케팅을 많이 참고하게 될 것"이라고 전망했다.

인력난과 오버 투어리즘이라는 두 가지 과제를 동시에 해결하기 위해 일본 정부는 관광업 종사자를 늘리는 대신 돈 잘 쓰는 관광객을 더욱 적극적으로 유치하는 방향으로 관광 전략을 세우고 있다.

이것이 일본의 호텔 숙박비와 항공료가 비싸지는 주요 원인이다.

코로나19 팬데믹 이전까지 일본을 가장 많이 방문하는 외국인 관광객은 중국인이었다. 2024년 말 기준 중국인 관광객의 숫자는 여전히 코로나19 팬데믹 이전의 40% 수준에 머물러 있다. 중국인 관광객까지 가세한다면 그렇지 않아도 부담스러운 일본의 숙박료와 항공료가 앞으로 더 오를 가능성도 있다.

파업하지 않던 일본 노동계가 변했다
단 하루 파업에 충격받은 일본 사회

1962년은 문화 예술의 해다. 〈007〉 시리즈가 시작했고 비틀스와 밥 딜런이 데뷔했다. 1962년에 태어난 배우도 유독 많다. 최민식, 톰 크루즈, 데미 무어, 짐 캐리, 조디 포스터, 랄프 파인즈, 양조위, 주성치가 모두 이 해에 태어났다. 한국이 낳은 세계적인 소프라노 조수미와 일본이 배출한 세계적인 영화감독 고레에다 히로카즈도 1962년생이다.

2024년에 환갑을 맞은 이들은 세상의 온갖 신기한 일, 진귀한 일을 다 겪었겠지만, 못 본 것이 하나 있다. 바로 일본 백화점의 파업이다. 일본의 백화점 파업은 1962년 한신백화점이 마지막이다. 이후 61년 동안 일본인들은 백화점 파업을 경험한 적이 없었다. 그러나

2023년 8월 31일 도쿄 북서 지역 도심인 이케부쿠로를 대표하는 백화점 '세이부 이케부쿠로 본점'이 파업을 실시하면서 1962년생 문화예술인들은 살아생전에 일본의 백화점 파업도 지켜볼 수 있었다.

대부분의 일본인은 백화점의 파업을 경험한 적이 없던 터라 파업 소식을 접한 첫 반응은 "왜?"보다 "에?"가 훨씬 많았다. 일본의 모든 대중매체가 연일 관련 소식을 톱뉴스로 다뤘는데도 평소처럼 백화점을 찾았다가 발길을 돌리는 고객들도 적지 않았다.

이날 파업은 기습적인 것도, '요구사항이 관철될 때까지' 하는 식의 장기적인 것도 아니었다. 세이부 이케부쿠로 본점이 소속된 소고·세이부노조(노동조합)는 거의 한 달 전부터 사측에 파업권 행사를 예고했고 오랜 줄다리기 끝에 실시한 파업은 8월 31일 단 하루, 그것도 본점에서만 실시되었다. 나머지 9개 지점은 모두 정상적으로 영업했다. 외국인들 입장에서는 '겨우 하루 파업하려고 한 달 가까이 이 난리를 쳤단 말인가?' 싶을 정도였다.

이처럼 일본은 파업과 거리가 먼 나라다. 2022년 일본에서 반나절을 넘긴 파업은 33건에 불과했다. 일본노동정책연구·연수기구에 따르면 파업에 따른 근로(노동)손실일수가 미국은 연간 약 150만 일, 영국과 독일은 약 20만 일인 것에 비해 일본은 1,388일(2021년 기준)에 그쳤다.

최근 20년을 되돌아봐도 일본인의 일상생활에 영향을 미쳤음직한 파업은 2004년 프로야구 구단 축소에 반발해 선수노조가 실시한 파업과 2019년 도호쿠고속도로 상행선 사노서비스에어리어(고속도로 휴게소)에서 매점을 운영하던 종업원의 파업 정도다.

일본의 노조는 파업을 '회피해야 하는 것'이라고 인식한다. 일본 최대 노동조합인 렌고의 요시노 도모코 회장도 7월 기자회견에서 소고·세이부의 파업에 대한 의견을 묻는 말에 "파업은 헌법이 인정한 권리다. 단 전술(파업 시행 여부)은 개별 노조의 판단으로, 렌고는 이를 지켜볼 것"이라는 원론적인 이야기만 했다. "렌고의 모든 역량을 결집해 전폭적으로 지지할 것"과 같은 발언은 기대하기 어려웠다.

8월 31일 단 하루 동안의 파업을 강행하기까지의 과정에서도 '파업은 피해야 하는 것'이라는 분위기가 드러난다. 파업을 강행하려는 노조와 이를 막으려는 기업 모두 협상의 설득 수단은 '자칫하면 폐를 끼칠 수 있다'였다.

기업은 노조에 "파업을 강행하면 고객과 거래처에 폐를 끼친다"라고 설득하고, 노조는 기업에 "요구사항을 들어주지 않으면 고객과 거래처에 폐를 끼친다"라고 받아쳤다. 파업이 불가피해진 8월 30일 소고·세이부노조가 발표한 성명서와 세이부 이케부쿠로 본점 1층 입구에 붙은 파업 안내문에도 일본 특유의 정서가 녹아 있다.

소고·세이부노조는 "정말로 제멋대로의 결정입니다만 8월 31일 전관 임시 휴관을 하게 되었습니다. 세이부 이케부쿠로의 명성에 누를 끼쳤습니다. 고객과 거래처 분들께 폐를 끼쳐드려 정말 죄송합니다"라고 사죄했다. 파업 안내문이라기보다 팀원들이 제일 바쁜 시기에 눈치를 보면서 내는 연차 신청서 같다.

고객의 반응도 크게 다르지 않다. 15년 가까이 이케부쿠로 본점을 이용한 49세 여성 회사원은 〈요미우리신문〉에 "정말 파업할 줄은 몰랐다. 세이부는 이케부쿠로의 얼굴이므로 주민들도 걱정하고 있다. 백화점의 가치가 떨어지지 않도록 진행하기를 바란다"라고 말했다.

이래저래 2023년 8월 31일은 일본인들에게는 도쿄 도심 백화점이 파업을 했다는 사실에, 일본에 있는 외국인들은 단 하루 동안의 파업에 국민이 저토록 민감하게 반응한다는 사실에 경악한 하루였다.

시민들이 백화점 파업을 응원한 이유

61년 만의 백화점 파업이 이토록 주목받는 이유는 전환점을 맞은 일본 사회와 경제의 변화가 이날 하루에 만화경처럼 응축되어 있기 때문이다.

파업의 발단은 소고·세이부 백화점의 매각이었다. 소고·세이부 대주주는 일본 최대 편의점인 세븐일레븐이다. 세븐일레븐의 지주회사인 세븐앤아이홀딩스는 2022년 2월 소고·세이부를 미국 사모펀드(Private Equity Fund, PEF) 운영사인 포트리스인베스트먼트에 매각하기로 결정했다. 인수 가격은 2,500억 엔이었다.

계약서상으로는 2023년 2월 1일 소고·세이부의 매각을 완료할 계획이었지만, 노조와 토지 소유권자의 동의를 얻지 못하면서 매각 일정이 두 차례나 연기되었다. 이 바람에 인수 가격이 2,500억 엔에서 2,200억 엔으로 300억 엔가량 떨어졌다. 세븐앤아이홀딩스 입장에선 3,000억 원 가까이 손해를 본 셈이다.

PEF는 인수한 기업의 가치를 높인 뒤 되팔아 수익을 내는 투자 기업이다. 포트리스인베스트먼트는 소고·세이부의 기업 가치를 높이려는 방안으로 일본 3위 전자제품 전문 대리점인 요도바시카메라와 손을 잡았다. 세이부 이케부쿠로 본점의 절반가량에 요도바시 매장을 입점시키기로 한 것이다. 이케부쿠로 본점을 백화점이면서 전자제품에 특화한 전문점으로 변신시켜 수익성을 높이려는 구상이었다. 하지만 백화점 직원들과 테넌트(임대 매장)는 물론이고 직접적인 이해관계자가 아닌 지역자치단체와 지역 주민들까지 맹렬하게 반발했다.

먼저 직원 입장에서는 정리해고를 걱정할 수밖에 없었다. 이케부쿠로 본점의 절반가량이 요도바시카메라의 매장으로 변신하면 그만큼의 인력이 불필요하기 때문이다.

세이부 이케부쿠로 본점에 테넌트로 입주해 있는 루이뷔통, 에르메스, 구찌 등 명품 브랜드들도 포트리스인베스트먼트의 계획에 반발했다. 매장 절반이 요도바시카메라인 세이부 이케부쿠로 본점은 전자 양판점이지, 더는 백화점이 아니라는 이유에서다. 이케부쿠로 본점이 속한 지자체인 도시마구청과 지역 주민들도 백화점이 양판점으로 전락하는 데 반대했다. 이런 이유로 파업에 나선 노조의 요구사항도 임금 인상이 아닌 고용유지와 '백화점 영업 지속'이었다.

그러나 세븐앤아이홀딩스는 파업에도 아랑곳하지 않고 같은 날 임시 이사회를 열어 소고·세이부의 매각을 완료했다. 9월 1일 소고·세이부의 대주주는 포트리스인베스트먼트로 바뀌었고 세이부 이케부쿠로 본점은 영업을 재개했다. 이상이 61년 만의 백화점 파업의 전말이다.

소고·세이부의 파업은 61년 만의 파업이라는 점 외에도 기업을 매각하려는 오너에게 매각 이후의 고용과 영업 지속 보장을 요구하는 내용이라는 점에서 매우 이색적인 사건으로 조명받았다. 일본에서 파업은 임금 인상이나 근무 환경 개선을 요구하는 최후의 수단이라는 인식이 워낙 강하기 때문이다.

다른 나라에서는 기업 매각으로 일자리가 불안해진 직원들이 집단행동에 나서는 일이 흔한 풍경이다. 일본보다 PEF 운용사에 의한 기업 인수·합병(Merger and Acquisition, M&A)이 활발한 한국만 하더라도 기업 매각 결정과 노조의 단체행동은 거의 정해진 절차처럼 순서대로 이어진다.

인수한 기업을 파는 기업도, 사는 PEF도 계약서에는 보통 "기존 종업원의 고용을 3~5년간 보장한다"라는 사항을 계약서에 넣는다. 우리나라에는 위로금이라는 독특한 문화도 있다. 대주주가 바뀌면서 직원들이 받은 충격을 위로한다는 명목으로 지급하는 보너스다.

이 때문인지 PEF에 인수를 당한 기업의 직원들이 오히려 M&A를 반기는 경우도 없지 않다. 임원들은 갈리겠지만, 일반 직원들은 PEF가 인수할 때 한 번, 몇 년 뒤 되팔 때 또 한 번, 위로금을 총 두 번 받을 수도 있기 때문이다.

을에서 갑으로 변한 일본의 노동자

앞서 언급한 2023년 8월 31일 도쿄 북서 지역 도심인 이케부쿠로를 대표하는 백화점 '세이부 이케부쿠로 본점'의 파업은 1962년 한신백화점 파업 이후 61년 만의 백화점 파업이었다. 비록 단 하루에 불과했지만, 61년 만의 백화점 파업이 일본 사회와 경제계에 주는 파장은 상당히 크고 오래갈 전망이다. 이 파업은 일본 사회와 노동시장 역학 관계의 변화를 상징하기 때문이다.

일본에 파업이 흔하지 않은 이유에 대해서는 어김없이 대립과 갈등을 피하려는 민족 특유의 문화, 조직에 순종적인 일본인 특유의 기질 때문이라는 분석이 따른다.

하지만 일본인도 경제적인 동물이라는 점에서는 다른 나라들과 크게 다르지 않다. 후생노동성에 따르면 1974년만 해도 일본에서는 5,197건의 파업이 벌어졌다.

툭하면 파업을 벌이던 일본이 파업하지 않는 나라로 변한 까닭은 근로자가 철저히 '을(乙)'의 처지가 됐기 때문이다. 1990년 버블(거품) 경제 붕괴 이후 일본 기업들은 대기업, 중소기업을 가리지 않고 도산했다. 근로자들은 일자리를 지키기도 급급했다.

철밥통의 대명사이던 은행원들마저 잘리던 시기였으니 당연히 노조는 파업 같은 강경 수단을 선택하기가 어려워졌다. 이에 따라 노동조합 렌고의 정책 우선순위도 임금 인상보다는 기업 존립으로 바뀌었다. 2019년 인터뷰한 렌고의 고위 간부는 "임금 인상보다 업무 수행방식 개혁 등 복리후생을 늘리는 데 초점을 맞추고 있다"라고 말했다.

파업을 꺼리는 노사문화는 한때 일본식 경영의 장점으로 여겨지기도 했다. 하지만 노조의 약체화는 임금을 30년 가까이 제자리걸음 하게 만들어 일본의 디플레이션을 만성화시킨 측면도 있다. 2023년 8월 미국 재무부는 노조의 존재가 임금을 10~15% 올린다는 분석을 발표했다.

코로나19 팬데믹을 기점으로 일본에서 기업과 근로자의 역학관계는 다시 바뀌고 있다. 저출산, 고령화로 인한 인력난이 고질병이 되고 세계적인 인플레이션으로 인해 더는 직원을 낮은 임금으로 붙잡아두기 어려워진 것이다.

팬데믹 기간 비정규직 및 파트타임 근로자들이 시장을 대거 이탈한 서비스업의 인력난은 매우 심각한 수준이다. 자연스럽게 근로자의 목소리가 커졌다. 그 분기점이 바로 도쿄 도심 백화점에서 벌어진 61년 만의 파업이다.

　이미 일본 전문가들은 소고·세이부노조의 파업을 계기로 지난 30년 가까이 노동쟁의를 피해 온 일본 노조의 움직임이 달라질 것으로 전망한다. 기업 매각에 반대한다는, 예전 같으면 상상도 못할 이유로 파업을 하는 마당에 임금 인상, 근무 환경 개선을 요구하는 파업을 못 하겠냐는 것이다.

　61년 만의 파업이 담고 있는 두 번째 의미는 일본 유통시장의 판도 변화다. 구체적으로는 백화점 시대의 종말과 온라인, 전문 매장 시대의 득세를 의미한다.

　세븐앤아이홀딩스는 2006년 2,000억 엔 이상을 들여 소고·세이부 백화점을 인수했다. 세븐앤아이홀딩스는 소고·세이부를 손에 넣음으로써 편의점(세븐일레븐), 슈퍼마켓(이토요카도), 백화점(소고·세이부), 유통 전문점(아카창혼포, 로프트) 등 모든 형태의 유통업을 거느린 종합 소매그룹 전략을 완성했다.

　하지만 인수 이후 백화점은 내리막길을 걸었다. 온라인 쇼핑이 급속도로 확산한 데다 가구 전문점 니토리, 패스트패션의 유니클로, 작업복과 레저 의류 전문점 워크맨처럼 저렴하면서도 질 좋은 제품을 파는 전문점이 부상했기 때문이다. 미쓰이쇼핑파크 같은 교외 지역 중심의 대형 쇼핑몰이 생겨난 것도 고객의 백화점 이탈을 한층 더 가속했다.

　지난 30년간 평균 임금은 제자리걸음인데 부유층은 증가하면서 구매력의 양극화는 더욱 심해졌다. 사치품과 기호품을 취급하는 백화점은 광범위한 지역으로부터 부유층 고객을 끌어들이지 않으면 살아남기 어려워졌다.

유통경제연구소의 야마자키 야스히로 상무는 "교외형 대형 쇼핑몰의 확대로 백화점의 집객력이 저하되자 유력한 테넌트를 유치하기 어려워지고 이것이 더욱 집객력을 떨어뜨리는 악순환에 빠졌다"라고 분석한다.

세븐앤아이홀딩스의 종합 소매그룹 전략은 편의점, 슈퍼, 백화점, 전문점 등 모든 형태의 오프라인 매장으로 그물을 짜면 소비시장이라는 어장의 고객을 모조리 사로잡을 수 있다는 개념이었다. 하지만 온라인 쇼핑, 새로운 형태의 전문점, 교외형 대형 쇼핑몰 등의 등장으로 어장이 통째로 바뀌면서 종합 소매그룹 전략은 성공을 거두지 못했다.

우리나라의 유통시장 역시 주도권이 온라인 쇼핑으로 넘어간 지 오래다. 산업통상자원부에 따르면 2025년 3월 말 기준 우리나라 유통업체 전체 매출액인 약 15조 9,000억 원 가운데 53.5%가 온라인 쇼핑 차지였다. 백화점과 편의점이 16.9%와 15.8%로 뒤를 이었고, 대형마트의 비중은 11.1%까지 쪼그라들었다.

2025년 3월 국내 2위 대형마트인 홈플러스가 기업회생절차(법정관리)를 신청한 상황이야말로 우리나라도 유통시장의 지각변동에서 자유롭지 않다는 사실을 단적으로 나타낸다.

세븐일레븐의 파격 개편

이처럼 일본 최대 편의점 기업 세븐앤아이홀딩스의 종합 소매그룹 전략은 실패로 돌아갔다. 소고·세이부백화점을 인수해 편의점, 슈퍼, 백화점, 전문점 등 모든 형태의 오프라인 매장을 갖췄지만 정작 백화점의 시대는 저물어버렸기 때문이다.

1991년 9조 7,000억 엔가량까지 성장했던 일본의 백화점 시장 규모는 2022년 5조 엔가량으로 쪼그라들었다. 1999년 311개에 달했던 일본 전역의 백화점 수는 2024년 2월 기준 182개까지 줄었다. 2024년 1월 시부야를 대표하는 상업시설이었던 도큐백화점 본점이 55년 만에 문을 닫은 것은 백화점 시대의 종지부를 찍은 장면으로 평가된다.

2020년 야마가타현과 도쿠시마현에 유일하게 남았던 백화점이 문을 닫으면서 '백화점 없는 현'이 화제가 되기도 했다. 47개 광역 자치단체 가운데 17개 현은 백화점이 한 곳뿐이어서 '백화점 없는 광역 지자체'는 더 늘어날 전망이다.

세븐앤아이홀딩스도 소고·세이부를 살려보려 애를 썼다. 28곳이었던 점포를 10곳으로 줄이고 남은 점포를 쇼핑센터로 변신시켰다. 하지만 저물어가는 백화점의 시대를 되돌릴 순 없었다. 소고·세이부는 2022년까지 4년 연속 적자를 냈다. 부채는 3,000억 엔까지 불어나 성장을 위한 투자는커녕 빚을 갚기에도 허덕였다. 급기야 백화점이 세븐앤아이홀딩스그룹 전체의 발목을 잡는 상황이 되었다.

2023년 세븐앤아이홀딩스의 순이익은 2,810억 엔가량으로 소고·세이부를 인수한 2006년(879억 엔가량)의 3배 이상 늘었다. 그런데도 주가는 2015년 8월 기록한 5,998엔을 넘지 못했다.

미국 행동주의 펀드 주주가 "저수익 사업(백화점)을 정리하고 편의점 사업에 집중하거나 편의점 사업을 분리하면 시가총액이 2배 이상 늘 것"이라고 주장한 이유다. 실제 세븐앤아이홀딩스가 소고·세이부 매각을 발표한 2022년 2월 이후 주가는 처음으로 6,000엔을 넘어섰다.

61년 만의 백화점 파업이 일본 사회에 던지는 세 번째 의미는 일본 기업의 변화다. 구체적으로는 수출 제조업체뿐 아니라 유통 기업들도 저성장의 늪에 빠진 자국 시장에서 해외 시장으로 눈을 돌렸음을 의미한다. 세븐앤아이홀딩스가 소고·세이부를 잘라낸 이유는 종합 소매그룹 모델을 포기하는 대신 주업인 편의점에 집중하기 위해서다. 편의점 자회사인 세븐일레븐이 특히 주목하는 곳이 해외다.

포화상태에 이른 일본에서는 더 이상 성장을 기대하기 어렵기 때문이다. 1974년 도쿄 도요스에 일본 최초의 편의점이 생긴 지 50여 년 만에 일본의 편의점은 약 5만 6,000개로 늘었다. 하지만 2019년에는 편의점 숫자가, 2020년에는 편의점의 매출이 처음으로 감소세로 돌아섰다.

세븐일레븐은 2020년 8월 편의점형 주유소 스피드웨이를 약 2조 엔에 인수했다. 코로나19 팬데믹 시대에 성사된 세계 최대 규모의

M&A였다. 스피드웨이 인수로 세븐일레븐 미국 법인은 점포 수를 1만 3,000여 개로 늘려 미국 내 1위를 굳혔다.

2021년 세븐앤아이홀딩스 매출에서 해외 편의점의 비중은 약 38%로 일본 편의점 사업부(약 16%)와 일본 슈퍼마켓 사업부(약 31.4%)를 넘어섰다. 2021년 9월부터 11월까지 해외 편의점 사업부가 벌어들인 영업이익은 675억 엔가량으로 일본 편의점 사업부(539억 엔가량)를 앞섰다. 2024년에는 해외 편의점 사업부의 영업이익이 그룹 전체의 절반 이상(55%)을 차지해 일본 편의점 및 슈퍼마켓 사업부를 크게 앞질렀다.

세븐앤아이홀딩스는 2025년까지 미국과 일본 지역의 편의점 수를 2020년 대비 약 30% 늘려 5만 곳 이상으로 확대하겠다는 목표를 달성했다. 또한 편의점 사업에 집중하기 위해 2024년 적자 사업부였던 소고·세이부 백화점을 매각하는 등 사업 구조 재편을 완료했다.

소고·세이부 파업은 참으로 안 바뀌는 것 같으면서도 은근히 바뀌어 나가는 일본 기업과 일본 경제, 나아가 일본 사회의 모습을 보여준 장면으로 두고두고 남을 것이다. 롯데, 신세계, 현대백화점그룹 등 전통의 유통 대기업과 쿠팡 등 온라인 쇼핑몰의 경쟁이 치열한 우리나라도 참고할 만한 사례다.

인력난이 쏘아 올린 최저임금 전쟁

지바에서 도쿄로 출근하는 아르바이트생

지바현 지바시에 거주하는 미야자와 리오(25세)는 도쿄 오모테산도의 카페에서 파트타임으로 일한다. 2024년 지바의 최저임금은 1,026엔인데 반해 도쿄의 최저임금은 1,113엔으로 87엔 더 높기 때문이다. 일본은 근로자에게 교통비를 지원하기 때문에 도쿄를 오가는 지하철 비용은 그다지 문제되지 않는다.

이바라키현 쓰지우라시에 사는 대학생 에가와 가즈키(24세)는 이웃 현이자 수도권인 지바에서 아르바이트를 한다. 에가와는 〈니혼게이자이신문〉에 "JR조반센(도쿄, 이바라키, 후쿠시마, 미야기를 잇는 철도 노선)을 타면 도쿄까지 갈 수도 있다"라고 인터뷰했다. 이바라키현의 최저임금은 953엔으로 도쿄와 지바보다 훨씬 낮다.

지방의 젊은 인력들이 대도시로 향하는 것은 간사이 지방도 다르지 않다. 최저임금이 929엔인 와카야마현의 젊은 세대들은 1,064엔의 이웃 오사카부로 아르바이트를 하러 간다. 반대로 최저임금이 낮은 지역은 소멸 위기를 맞고 있다. 일본 중서부 해안 지방인 후쿠이현의 최저임금은 931엔으로 교토(1,008엔), 시가(967엔) 등 주변 지역보다 낮다. 2022년까지 15년간 후쿠이현의 20대 인구는 24%가량 감소했다. 인력난이 심각해지면서 후쿠이현의 유효 구인배율(구직자 1명당 일자리 수를 나타내는 지표)은 2025년 기준 1.30배로 일본 최고 수준(일본 평균 0.97배)이다.

일본의 최저임금은 지역과 업종에 따라 다르다. 그만큼 결정 방식도 우리나라보다 복잡하다. 먼저 후생노동성의 자문기관인 중앙최저임금심의회가 47개 광역 지방자치단체를 경제 사정에 따라 3개 등급으로 나눈다. 그리고 경기와 고용 지표 등을 참고해 목표 인상 폭을 결정한다. 이후 이를 기준으로 경영자와 근로자 대표 등으로 구성된 각 지자체의 지방최저임금심의회가 생계비, 기업의 지급 능력 등을 따져 자기 지역의 인상 폭을 최종 결정한다.

중앙최저임금심의회는 매년 6월 말부터 최저임금에 대한 논의를 시작한다. 새로 확정된 최저임금은 그해 10월부터 적용된다. 그래서 일본의 최저임금 기준은 보통 10월에서 이듬해 10월까지의 1년이다.

특정 업종에 따라 결정되는 '특정 최저임금'도 있다. 그래서 일본의 최저임금이 두 가지 종류가 있다고 말하기도 한다. 2023년 3월 말 기준 일본에는 226종류의 특정 최저임금이 있다. 근로자는 지역별 최저임금과 특정 최저임금 중 더 높은 금액을 적용받는다.

한국에서는 매년 최저임금을 논의할 때마다 일본식 최저임금을 도입하자는 주장이 나온다. 지역의 현실을 무시한 채 전국 공통인 최저임금이 지방 경제를 피폐하게 만든다는 논리다.

반면 일본에서는 한국과 같은 이유로 지역과 업종별로 다른 최저임금을 일률적으로 통일하자는 주장이 힘을 얻고 있다. 집권 여당인 자민당(자유민주당)에서는 2023년 5월 최저임금의 일률화를 목표로 내건 '최저임금 일원화 추진 의원 연맹'이 발족했다. 같은 해 4월 일본변호사연합회도 최저임금을 통일하기 위한 활동을 시작했다.

2024년 3월 3일 렌고가 발표한 자료에 따르면 지난 한 해 동안 최저임금 통일을 요구하는 의견서를 채택한 지방의회는 80곳으로 사상 최대였다. 기초 지방자치단체뿐 아니라 이와테, 시마네 등 광역지자체 2곳도 최저임금 통일을 요구했다.

같은 프랜차이즈, 지역마다 다른 가격

앞서 살펴본 것처럼, 일본은 지역과 업종별로 다른 최저임금 제도를 결정하는 방식이 다르며 그로 인해 예기치 않은 후유증도 나타난다.

총무성에 따르면 2021년 기준 일본 물가 평균을 100으로 정했을 때 도쿄도(104.5)와 가나가와현(103.0), 교토부(101.1)의 물가는 평균을 넘었다. 도쿄의 물가는 9년 연속 일본 1위였다. 반면 미야자키현(96.2)은 4년 연속 일본에서 물가가 가장 싼 지역이었다. 군마현(96.6)과 가고시마현(97.2)이 뒤를 이었다.

물가와 생활 수준의 차이에 가장 먼저 반응하는 곳은 일본 전역에 점포망을 가진 대형 외식 체인점이다.

일본 42개 광역 지방자치단체에서 360여 곳의 점포를 운영하는 중식 프렌차이즈 브랜드 오사카오쇼는 가게마다 메뉴와 가격이 제각각인 '마이크로매니지먼트 전략'을 사용한다. 2019년에 이 전략을 시작할 때만 해도 메뉴와 가격의 90%가 전국 공통이었지만, 현재는 20% 정도만 같다.

2022년 10월부터는 간판 메뉴인 군만두 1인분 가격을 270~290엔(세금 포함)으로 지역에 따라 가격대를 세 종류로 나눴다. 지역에 따라 임대료와 인건비 차이가 10배씩 나는 상황을 반영한 것이다. 오사카오쇼의 우에츠키 다케시 사장은 "지역과 고객이 다르면 요구하는 메뉴도 다르기 마련이다. 전국 균일 가격으로는 대응이 안 된다"라고 설명했다.

패밀리 레스토랑 '가스토' 매장 1,320여 곳을 운영하는 스카이라크홀딩스도 2022년 7월부터 가격을 도시와 지방으로 나눴다. 10월에는 도쿄 등 '초도심' 지역을 추가해 가격대를 3개 등급으로 나눴다. 주력 메뉴인 '치즈 인 햄버거' 가격은 769~879엔(세금 포함)으로 지역에 따라 110엔가량 차이가 난다. 스카이라크홀딩스 관계자는 "지방과 도시의 구매력 차이에 대응한 전략이다"라고 설명했다.

닛세이기초연구소의 사이토 다로 경제조사부장은 "지역별로 임금과 물가 수준의 차이가 커지므로 지역에 따른 가격 차이는 당연하다. 외식 업체의 지역별 가격 전략은 더욱 확산될 것"이라고 말했다.

사정이 이런 만큼 지역과 업종의 특성을 반영한 최저임금 제도는 지극히 타당해 보인다. 하지만 현실은 어떤가? 앞에서 살펴본 것과 같이 지역별 최저임금은 오히려 젊은 인력의 도시 유출을 부추겨 지방 경제를 더욱더 얼어붙게 만들고 있다. 일본변호사연합회는 "인력 유출로 지역 경제가 정체하면서 임금은 더 오르기 어려워지고 지역 격차는 심해지는 악순환이 벌어지고 있다"라고 지적했다.

최저임금 격차가 키운 지방의 위기

2023~2024년 최저임금이 가장 높은 도쿄(1,113엔)와 가장 낮은 이와테(893엔)의 차이는 220엔에 달했다. 2006년의 109엔에서 2배 이상 차이 나는 것이다. 최저임금이 낮은 지역에서 최저임금이 높은 대도시로 인재가 빠져나가면서 일본의 최저임금 지역별 격차는 점점 벌어지고 있다. 이처럼 지역별 격차를 고려해 균형발전을 꾀한다는 명분으로 만든 지역별 최저임금이 도리어 지역 불균형을 키우고 있다.

원인은 역시 '인구 감소의 역습'인 인력난이다. 만성 인력난에 시달리는 일본 기업과 외식 업체들은 일손을 확보할 수만 있다면 다른 지역과의 인력 쟁탈전도 불사하겠다는 분위기다. 최저임금이 낮은 지역은 대책 없이 넋 놓고 있다가는 젊은 인력을 다 빼앗길 상황에 처했다.

이 때문에 최근 일본의 지역별 최저임금 협상은 한국의 도지사 격인 지사가 노조 편에 서서 적극적으로 임금 인상을 요구하는 풍경이 흔하게 나타난다.

후쿠이현의 스기모토 다츠지 지사는 2023년 8월 초 이례적으로 후쿠이현 최저임금심의회에 출석해 '적극적인 인상'을 요청했다. 이바라키현 심의회의 결정액은 중앙심의위 목표액보다 2엔 많은 42엔이었지만, 오이가와 가즈히코 이바라키 지사는 공개질문장을 던지며 최저임금 추가 인상을 요구했다.

그 결과 후쿠이현의 2023~2024년 최저임금 인상률은 4.8%로 900엔이 넘는 지자체 중에서 가장 높았다. 이바라키의 2023~2024년 인상률은 4.6%로 900엔을 넘는 지자체 가운데 세 번째로 높았다. 2023년 12개 광역 지자체가 최저임금심의회가 제시한 목표 인상액보다 최저임금을 더 많이 올렸다.

일본 정부도 최저임금을 통일시키는 쪽으로 움직이고 있다. 2023년 후생노동성은 A~D의 4단계였던 최저임금 지역 구분을 A~C의 3단계로 줄였다. 최저임금 제도를 현재의 방식으로 개편한 1978년 이후 처음 제도를 바꾼 것이다. 등급을 줄임으로써 지역 간 격차를 축소하고자 하는 노력이다. 후생노동성은 "인상 폭이 매년 대도시인 A지역에서 지방인 D지역으로 갈수록 낮아지면서 도농 격차가 확대되는 원인이 되었다"라고 설명했다.

3개 등급 체계에서는 A와 B단계에 포함되는 지역이 전체의 약 72%(34개 현)에 달하므로 전체적인 임금 수준을 올리는 효과도 기대하고 있다.

물가가 비싼 대도시는 생활비가 더 많이 들기 때문에 최저임금도 더 높아야 한다는 상식도 흔들리고 있다. 렌고가 2023년 지역별 젊은 독신 남녀의 최저생활비를 비교했더니 지방의 생활비가 오히려 더 비싼 것으로 나타났다.

A지역인 오사카와 나고야, 도쿄도 하치오지시의 생활비는 월 16만 3,083~17만 3,494엔이었다. 반면 C등급인 고치시와 오이타시의 생활비는 18만 엔을 훌쩍 넘었다. 오이타시 독신 여성이 한 달을 사는 데 필요한 최저 생활비는 19만 1,848엔이었다. 대중교통이 발달한 도시와 달리 지방은 자동차가 생활필수품이므로 차량 구매비와 기름값 같은 유지비가 더 많이 들기 때문이다.

2024년 처음 1,000엔을 넘었지만, 일본의 최저임금은 결코 높다고 말하기 어렵다. 전국 평균 최저임금(1,004엔)으로 주 40시간 풀타임으로 일해도 연간 수입이 209만 엔에 그친다.

과거에는 최저임금으로 일하는 사람이 주부와 학생 등 생계를 보조하는 가계 구성원이 대부분이었다. 하지만 최근에는 세대주인 가장이 최저임금을 받는 가정이 늘고 있다. 일본의 비정규직 근로자 비율(2022년 기준)이 약 37%까지 늘어난 영향이다.

2011년 일본에서 최저임금으로 생활하는 근로자의 비율은 전체의 4%였다. 2022년에는 이 비율이 16.2%로 늘었다. 2024년에는 약 20%에 달한 것으로 나타났다.

세계 꼴찌 수준인 일본의 최저임금

일본의 최저임금은 세계적으로 매우 낮은 수준이다. 2024년 주요국의 최저임금을 엔화로 환산해보면(2025년 7월 기준) 일본의 최저임금(1,004엔)은 우리나라(약 1,080엔)보다 낮다. 프랑스(약 1,786엔)와 영국(약 1,876엔), 독일(약 1,924엔) 등도 일본보다 월등히 높다.

미국의 연방 최저임금도 7.25달러(약 1,084엔)로 일본보다 높은 데다 15달러 이상인 지역이 급증했다. 샌프란시스코는 18.07달러(약 2,701엔), 워싱턴DC와 LA는 각각 17달러(약 2,541엔)와 16.78달러(약 2,509엔)로 일본보다 2.5배가량 높다.

풀타임 근로자의 임금 중간값을 100으로 했을 때 최저임금의 비율이 일본은 약 46%로 선진국 가운데서도 가장 낮은 편이었다. 프랑스와 한국은 61%에 달했다. 주요 경제 대국들이 코로나19 팬데믹 기간에도 최저임금을 1~2%씩 인상했지만, 일본은 0.1% 오르는 데 그친 결과다.

소득이 늘지 않으면 소비가 얼어붙어 '잃어버린 30년'의 장기 침체와 만성 디플레이션에서 벗어날 수 없다. 일본 정부도 이를 잘 알고 있다. 그래서 기시다 후미오 전 총리는 2035년 내에 평균 최저임금을 1,500엔까지 올린다는 목표를 내걸기도 했다. 이시바 시게루 현 총리는 한 걸음 더 나아가 2030년 전까지 최저임금을 1,500엔으로 올리는 것을 내각의 주요 정책으로 내세웠다. 광역 지자체장 선거 공약으로 최저임금 인상을 내거는 후보자도 늘고 있다.

그러나 기업 입장에서는 최저임금의 급격한 상승이 반가울 리 없다. 미무라 아키오 일본상공회의소 전 회장은 임기 내내 "도쿄와 오사카 등 대도시를 제외한 지방의 경우 중소기업 비중이 80%를 넘는다. 최저임금 인상으로 중소기업이 무너지면 도시로의 고용 유출이 더욱더 빨라져 지방의 쇠퇴를 가속할 것"이라고 주장했다.

하지만 글로벌 인플레이션과 인력난의 아우성에 최저임금 인상을 우려하는 목소리는 묻히는 분위기다. 오히려 최저임금을 크게 올려야 선진국 꼴찌 수준인 일본의 노동 생산성을 높일 수 있다는 주장까지 등장했다. 최저임금을 끌어올리면 좀비기업(영업이익으로 이자도 갚지 못하는 기업)은 도태되고, 살아남은 기업은 생산성을 인건비 이상으로 끌어올리기 위해 연구개발과 기술 혁신에 매진할 것이라는 논리다. 미국과 유럽연합(European Union, EU)에 비해 지나치게 많은 일본 중소기업을 통합시키는 효과도 기대할 수 있다는 지적이다.

인구가 증가하던 시절에는 기업이 줄어들면 실업자가 늘어났다. 그러나 인구 감소의 역습으로 사회 전체가 인력난에 시달리는 시대로 바뀐 지금, 기업의 숫자가 줄면 사장의 숫자만 감소할 뿐이고 고용은 유지될 수 있다고 전문가들은 진단한다. 호세이대학교의 야마다 히사시 교수는 "경영자가 감당할 수 없는 수준의 급격한 임금 인상은 의미가 없다"라면서도 "최저임금이 기업 생산성을 높일 수 있도록 정부가 관리를 주도해야 한다"라고 말했다.

5장

인력 부족이 불러온 '물류 2024년 문제', 해결책은 있을까

SF 같은 현실, 인프라 대수술에 나선 일본

도쿄와 나고야, 오사카까지 일본 3대 도시권을 잇는 신도메이 고속도로는 한국의 중부 고속도로에 해당한다. 일본 3대 도시권을 잇는 대동맥인 만큼 24시간 통행량이 적지 않다.

일본 정부는 2023년 6월, 2024년 중으로 신도메이 고속도로 누마즈인터체인지에서 하마마쓰인터체인지 구간까지 완전 무인 자율주행 트럭의 전용로를 설치할 계획을 발표했다. 일본 정부가 누마즈인터체인지부터 하마마쓰인터체인지 구간을 무인 트럭 전용도로 후보지로 선정한 이유는 상대적으로 직선이 계속 이어지는 구간이기 때문이다. 필자는 2023년 12월 21일 실제로 이 구간을 시속 80㎞의 크루즈 컨트롤로 달려봤다. 터널과 교량이 있지만, 일본 정부의 설명대로 커브 구간이 확실히 적어서 자율주행에 적합한 듯했다. 다만 2025년 7월까지 신도메이 고속도로에서 완전 무인 자율주행 트럭의 상용 운행은 아직도 이뤄지지 않았다.

무인 트럭이 달리는 고속도로뿐만 아니다. 지금 일본에서는 SF (Science Fiction) 소설에서 나올 법한 수송 대책들이 추진 중이다. 운전기사 대신 화물을 트럭에 적재하는 자동 지게차, 물류 시설과 트럭을 오가는 무인운반차량(Automated Guided Vehicle, AGV) 도입 등이 대표적인 사례다.

그런가 하면 진시황의 시대에서나 가능했을 법한, 산을 움직이고 바다를 메우는 식의 대역사도 벌이고 있다. 일본 정부는 앞으로 7년 이내에 선박과 철도 수송량을 각각 지금의 2배씩 늘리기로 했다. 그 목표를 달성하기 위해 철도의 규격과 항만의 구조를 뜯어고치고 있다.

철도 화물 수송 기업인 JR화물(貨物)은 기존 열차보다 높이를 26cm 낮춘 저상 화물열차를 개발했다. 기존의 화물열차보다 바퀴를 작게 만들어 높이를 낮췄다. 대형 컨테이너 선박에서 하역한 컨테이너를 바로 열차에 실어서 일본 전역으로 보내기 위한 시도다.

국제 해상 운송용 컨테이너 대부분은 크기가 높이 2.9m, 길이 12.2m로 정해져 있다. 일본 독자 규격의 철도용 컨테이너보다 30cm 정도 높다. 이 때문에 국제 컨테이너를 기존의 화물철도 객차에 실어서는 터널을 지날 수 없고, 해외에서 실어 온 컨테이너를 다시 일본 규격의 컨테이너로 옮겨 싣거나 트럭으로 날라야 했다.

화물열차의 높이를 26㎝ 낮춤으로써 국제 컨테이너를 항만에서 그대로 철도에 옮겨 싣는 것이 이론상 가능해졌다. 일본 정부는 앞으로 JR화물과 공동으로 먼저 수도권과 동해안 연안의 도시를 잇는 노선에 저상용 화물철도 운행 실험을 실시할 계획이다.

항만 하역 시설도 바꾼다. 해외의 무역항은 컨테이너선 접안 시설까지 화물철도의 연장선로가 깔려 있어서 크레인이 컨테이너 선박에서 내린 컨테이너를 바로 철도에 옮겨 실을 수 있다. 반면 일본은 항만의 연장선 정비가 제대로 되어 있지 않다. 이 때문에 항구에서 일단 트럭에 컨테이너를 실은 뒤 근처 화물역까지 옮기는 작업을 반복해야 한다. 해운업계 관계자에 따르면 우리나라도 일본과 비슷한 상황이다.

일본이 자랑하는 초고속 열차 신칸센으로 화물을 실어 나르는 '화물 신칸센'의 등장 가능성도 커졌다. 일본 국토교통성은 2023년 7월 화물 신칸센 구상에 대해 "물류에 혁신을 일으킬 것이다"라며 검토에 착수한다고 발표했다. 2023년 10월 JR화물은 2025년까지 화물 신칸센 전용 차량을 개발한다는 목표를 세워 현재도 진행 중이다. 화물열차 1칸은 10톤 트럭 65대분인 650톤을 적재할 수 있다.

일본은 화물 신칸센이 등장하면 물류 구조를 획기적으로 바꿀 수 있으리라 기대하고 있다. 일본의 식탁 공급망에도 변화가 발생한다. 일본 전역에서 갓 잡은 해산물, 막 수확한 농산물이 당일 저녁 도쿄 가정의 식탁에 오를 수 있다. 일본 혼슈 최북단 도시인 아오모리는 도쿄에서 700㎞가량 떨어져 있다. 자동차로 가려면 8시간이 걸리지만, 신칸센으로는 3시간 남짓이면 갈 수 있다. 아오모리 특산인 가리비를 당일 도쿄의 슈퍼마켓 진열대에 올리기 충분한 시간이다.

트럭의 크기도 바뀐다. 2024년 일본의 상용차 전문 기업인 이스즈 자동차는 3.5톤 미만의 소형 디젤 트럭을 출시했다. 농어촌에서 농작물과 해산물을 근처 시장까지 옮기는 데 주로 쓰는 경트럭도 아니고, 대량의 화물을 실어 나르는 중·대형 트럭도 아닌 모호한 크기의 트럭을 개발하는 이유는 단 하나, 대형 면허가 없어도 운전할 수 있는 트럭을 보급하기 위해서다.

2017년 〈도로교통법〉 개정으로 일본에서 보통 면허로 운전할 수 있는 트럭은 3.5톤 미만으로 제한되어 있다. 3.5~7.5톤인 중형 트럭을 몰려면 준중형 면허를 새로 따야 한다.

준중형 면허가 있는 사람은 드물다. 그래서 택배 회사 등 일본의 물류 기업들은 파트타임 근로자나 젊은 아르바이트생들도 별도의 면허 없이 몰 수 있는 트럭의 출시를 지속해서 요구해왔다.

터널 높이에 맞추려 기차를 낮게 만들고, 운전할 수 있는 사람을 늘리려 트럭의 크기를 줄이는 이러한 일본의 시도는 '프로크루스테스의 침대'를 보는 것 같다. 통행자를 자신의 침대에 눕힌 뒤 침대보다 짧으면 사지를 잡아 늘이고, 길면 다리나 머리를 잘라서 죽였다는 그리스 신화의 악당 이야기 말이다. 일본은 왜 갑자기 물류 인프라를 뜯어고치는 걸까?

택배가 멈추는 날이 온다

일본은 지금 물류망을 뜯어고치느라 분주하다. 고속도로에 무인 트럭 전용노선을 만들고 높이가 낮은 기차, 일반 면허로도 운전할 수 있는 트럭, 화물 신칸센 등을 개발하는 등 물류망을 개조하는 데 총력전을 벌이고 있다.

일본이 시급하게 시도하는 대책들의 공통점은 트럭, 더 정확히 말하면 트럭 운전기사에 대한 의존도를 줄이는 것이다. 일본의 트럭 운전기사들에게 무슨 일이 있는 걸까?

일본은 2020년대 초반부터 '물류 2024년 문제'로 비상이 걸렸다. 물류 2024년 문제는 2024년 4월부터 트럭 운전기사가 부족해 택배를 포함한 물류의 상당 부분이 멈추는 사태를 지칭한다. 일본의 주 52시간 근무 제도인 일하는 방식 개혁과 관련된 법 시행에 따라 2024년 4월부터 트럭 운전기사의 연간 잔업 시간이 960시간 이내로 제한되면서 이런 변화가 발생했다. 가뜩이나 일할 사람이 없는데 그나마 있는 사람의 일하는 시간마저 줄어드는 것이다.

결론부터 말하면 일본 정부와 기업이 필사적으로 대처한 덕분에 2025년 현재까지 택배가 대량으로 멈추는 일은 벌어지지 않았다. 하지만 2024년 문제는 2024년 4월에 일시적으로 발생한 일이 아니다. 2024년에 시작했을 뿐이고, 2030년까지 장기적으로 일본을 덮칠 재난이다.

지금도 일본 정부와 기업은 살얼음판을 걷는 심정으로 물류 2024년 문제 대처에 신경을 곤두세우고 있다. 이지선 한국교통연구원 연구위원은 "시차의 문제일 뿐, 운전기사의 고령화가 심각하고 특정 교통수단에 대한 물류 의존도가 높은 우리나라도 '물류 2024년 문제'는 조만간 맞닥뜨릴 문제"라고 말했다.

그렇기 때문에 일본의 물류 2024년 문제를 그저 남의 나라만의 상황이라고 여겨서는 안 된다. 우리나라도 곧 맞이할 심각한 문제이기에 예의 주시하며 미리 대책을 강구해야 한다.

전문가들은 '물류 2024년 문제'를 인구 감소의 역습 가운데서도 가장 치명적일 수 있는 문제로 꼽는다. 우크라이나와 팔레스타인에서 전쟁이 벌어지고, 지구 온난화로 인류가 죽느냐 사느냐 하는 마당에 트럭 운전기사가 부족한 것이 무슨 대수냐고 생각할지도 모른다. 하지만 물류 2024년 문제가 일본 경제와 일본인의 일상에 주는 충격은 예상보다 훨씬 크다. 26조 엔 규모인 일본의 물류 시장에서 트럭이 차지하는 비중은 16조 엔으로 약 60%에 달한다.

금액이 아닌 무게 기준은 어떨까. 2018년 기준 일본 내 총 47억 2,700만 톤의 물류 중 약 92%인 43억 3,000만 톤을 트럭이 운송했다. 일본 정부는 이러한 추세가 지속될 경우 2024년부터 트럭 운전기사 약 14만 명이 부족할 것으로 전망했으며 이에 따라 화물 수송 능력이 2019년보다 약 14.2%(4억 톤 상당) 감소할 수 있다고 우려했다. 2025년 7월을 기준으로 실제로 트럭 운전기사 부족과 물류 수송 능력 저하에 대한 우려가 이어지고 있으나 구체적인 감소 수치는 공식적으로 발표되지 않았다.

게다가 미래는 훨씬 더 암울하다. 노무라종합연구소는 "2030년이면 일본 전역의 화물 중 35%가 멈춰 서게 될 것"이라고 분석했다. 도호쿠와 시코쿠 같은 국토의 주변 지역은 화물의 40% 이상이 트럭 운전기사가 없어서 움직이지 못하게 될 것이다.

무료 배송이 사라지는 일본

'물류 2024년 문제'는 2024년 4월부터 트럭 운전기사가 부족해 2030년이면 일본 전체 화물의 35%가 멈춰 서게 되는 위기를 말한다. 실체가 모호한 막연한 우려나 아직은 먼 미래의 이야기가 절대 아니라는 뜻이다. 이미 일본인의 일상생활에 영향을 미치고 국가 경제에 타격을 주는 심각한 재난이다. 단순히 택배 배달이 원활하지 않은 문제가 아니라 제조업과 유통업을 연결하는 물류망이 끊어질 위기이기 때문이다.

일본의 우체국인 일본우편은 2023년 10월부터 소포(60사이즈 기준) 가격을 820엔으로 10엔 올렸다. 2014년에는 610엔이었던 소포 가격이 약 34% 올랐다. 2018년 이후에만 세 차례 가격이 인상되었다.

일본 최대 택배 회사인 야마토운수는 2023년 6월부터 시코쿠와 산인 지역(시마네현과 돗토리현)을 익일 배송 지역에서 제외했다. 시코쿠나 오카야마현에서 온라인 쇼핑으로 물건을 주문하면 빨라야 다다음 날에나 물건을 받을 수 있다. 인구 밀도가 적은 지역은 아예 낙도 취급을 받으면서 배송료가 붙어나고 배송 기간도 늘어날 전망이다. 온라인 쇼핑몰의 '무료 배송'도 없앨 방침이다.

일본 정부도 비상이 걸렸다. 2023년 3월 말 당시 총리였던 기시다 후미오는 물류 관계 장관 회의에서 6월 초순까지 긴급대책을 마련하라고 지시했다. 정부 관계 부처와 화주, 물류 업체들이 한데 모인 전문가 회의를 설치하고 2023년 6월 2일과 10월 6일 두 차례에 걸쳐 긴급대책을 발표했다. 무인 트럭 고속도로, 난쟁이 기차, 꼬마 트럭 등 앞서 소개했던 기상천외한 대책들이 바로 이때 등장했다.

일본 정부가 내놓은 대책은 '모빌리티 시프트(Mobility Shift)'로 요약할 수 있다. 철도와 선박의 비중을 늘리고, 한정된 숫자의 운전기사가 법으로 정해진 근무시간 동안 일하면서도 최대한 많은 화물을 나름으로써 트럭과 장거리 수송에 대한 의존도를 최소화한다는 것이다.

2023년 10월 6일 발표한 〈물류 개혁 긴급 패키지 대책〉에는 2024년부터 부족할 운전기사 14만 명을 메울 방안이 담겼다. 일본 정부는 ▲ 트럭의 적재시간을 줄여 4만 5,000명분, ▲ 화물 적재율 향상으로 6만 3,000명분, ▲ 철도와 선박 수송량 증대로 5,000명분, ▲ 택배의 재배달률 감소를 통해 3만 명분 등 총 14만 3,000명분의 수송량을 확보하겠다고 밝혔다. 그리고 이를 위해 10년 이내에 선박과 철도의 수송량을 각각 1억 톤과 3,600만 톤으로 2020년의 2배까지 늘리기로 했다.

물류 기업에 상품 운송을 맡기는 화주, 즉 제조업체에는 '최고물류경영책임자(Chief Logistics Officer, CLO)' 직책의 설치를 의무화할 방침이다. CLO는 자사의 물류 부담을 줄이기 위한 중장기 계획을 만들고, 실행을 관리하는 임무를 맡을 예정이다.

잘나가던 직업도 외면받는 현실

물류 2024년 문제를 한마디로 요약하면 '트럭 운전기사 부족 사태'라고 할 수 있다. 반대로 말하면 트럭 운전기사를 늘리면 해결되는 문제지만 말처럼 쉬운 일은 아니다.

과거 대형 트럭 운전기사는 "3년만 몰면 집이 한 채 생긴다"라는 말이 있을 정도로 수입이 높은 직종이었다. 그러나 오늘날에는 일만 많고 수입은 적은 기피 직종으로 전락하고 말았다.

후생노동성에 따르면 트럭 운전기사의 평균 노동시간은 대형 트럭의 경우 월 212시간, 중소형 트럭은 월 207시간이다. 전체 산업 평균인 175시간보다 20%가량 더 길다. 그런 데다가 트럭 운전기사는 운전만 하지 않는다. 현장에서는 화물을 싣고 내리는 상·하차 작업도 한다. 물류 창고 주변에서 순서를 기다리며 대기하는 시간 또한 운전기사를 지치게 만들고 시간 외 근로 시간을 늘리는 요인이다.

전일본트럭협회에 따르면 일본 물류 기업의 약 30%가 연간 잔업 시간이 960시간을 넘는 운전기사를 보유하고 있다. 장거리 트럭 운송의 경우 960시간 이상의 잔업을 하는 운전기사가 절반을 넘는다. 절반 이상의 운전기사가 매월 '과로사 라인'으로 불리는 80시간 이상의 잔업을 반복한다는 뜻이다.

그런데도 대형 트럭 운전기사의 평균 연 수입은 463만 엔으로 전체 업종 평균(489만 엔)보다 26만 엔가량 낮다. 일손은 없는데 업무량은 계속 늘고 있다. 코로나19 팬데믹 이후 택배를 중심으로 물류에 대한 수요가 급증했기 때문이다. 2020년 일본 택배 산업의 취급 개수는 약 47억 8,000만 개로 1년 사이 5억 개가량 늘었다.

상황이 이러니 젊은 세대는 트럭 운전대를 잡으려 하지 않는다. 총무성에 따르면 일본의 트럭 운전기사 가운데 30대 미만은 10.1%에 불과했다. 전체 산업 평균(16.6%)보다 6.5%p 낮은 수치다.

운전기사를 늘릴 수 없는 현실이 초래한 결과가 앞서 살펴본 '프로크루스테스의 침대'를 연상케 하는 희한한 대책들이다. 즉, 발등에 불이 떨어져서 만든 대책인 만큼 문제가 많다는 지적이 끊이지 않는다.

무인 트럭이 달리는 고속도로의 최대 관건은 역시 현실성이다. 일본은 이제야 운전자가 정해진 상황에서 운전대에 손을 뗀 채 주행하는 '레벨2~4' 수준의 자율주행을 실험하는 단계다. 레벨5 수준의 자율주행을 의미하는 완전 무인 자율주행 트럭이 1년도 채 안 되는 짧은 기간 안에 가능할 리 없다. 무인 자율주행 트럭의 개발을 담당하는 관계자도 일본 미디어들에 "높은 수준의 안전성이 요구되므로 실용화가 간단하지 않다"라고 고백했다. 일본 정부도 2023년 10월에 발표한 추가 대책에서부터는 '완전 무인 자율주행 트럭' 대신 "심야 시간대에 레벨4 수준의 자율주행 트럭이 달리는 전용도로를 설치해 운전기사들의 부담을 덜어준다"라고 내용을 수정했다.

일본 정부가 획기적인 대안으로 평가한 화물 전용 신칸센도 해결해야 할 과제가 많다. 여객 수송 열차인 신칸센은 도심을 중심으로 주행한다. 낮 시간대는 여객 열차로 인해 운행이 어렵다. 그렇다고 심야 시간대에 운행할 수도 없다. 밤에는 선로 보수 작업을 하는 데다 도심 주택가에 소음 문제를 일으킬 우려도 있기 때문이다.

결과적으로 JR화물의 화물 전용 신칸센보다 JR히가시니혼 등 지역별 JR(일본의 철도 회사)의 객차 일부를 화물칸으로 운영하는 방안이 좀 더 현실적인 대안으로 제시되고 있다. JR히가시니혼은 2024년부터 객실 한 칸을 화물 전용으로 개조한 열차편을 사업화했다. 2025년부터는 화물 전용칸을 한 칸 더 늘리는 시도도 진행 중이다. JR규슈도 2023년 2월 가고시마~하카타(후쿠오카) 구간의 화물 신칸센을 실험 운행했다.

이처럼 일본 정부가 '획기적'이라며 내놓은 대부분의 대책은 '물류 2024년 문제'의 근본적인 해결책이라기보다 임시방편에 가깝다는 비판을 받고 있다.

일본에서 당일 배송이 사라져가는 이유

한국은 쿠팡의 로켓 배송, 마켓컬리의 새벽 배송처럼 당일 혹은 익일 새벽 배송이 대세로 자리 잡았다. 그런데 일본의 온라인 쇼핑은 반대로 점점 비싸지고 느려지는 중이다.

한국만큼 빠르지는 않지만, 일본도 도쿄 시내는 오전 이른 시간에 주문하면 당일 저녁이나 적어도 다음날에는 상품을 받을 수 있다. 배송료도 대부분 무료다. 일부 지역에서는 새벽 배송 서비스를 하는 업체도 생겨났다. 2023년 3월 일본에 진출한 지 2년도 안 되어 철수했지만, 쿠팡은 식품과 생활용품을 10분 만에 배송하는 '퀵커머스'를 선보이기도 했다. 이처럼 일본도 온라인 쇼핑은 익일 배송에서 당일 배송 그리고 새벽 배송으로 점점 더 싸고 빠르게 진화해왔다. 하지만 2024년을 기점으로 일본에서는 온라인 쇼핑몰에서 그날 주문한 상품을 무료로 당일에 받을 수 있는 시대가 점차 저물기 시작했다.

도쿄 중심가에 사는 필자가 2020~2023년에 온라인 쇼핑몰을 통해 구입한 생필품들을 2024년에 다시 주문해봤다. 과거에 구입했을 때는 무료 배송이었는데 새로 주문하려니 가격을 좀 낮춘 대신 배송료가 붙어서 결과적으로 더 비싸진 상품이 하나둘씩 늘어났다.

그 이유는 일본 정부가 무료 배송을 줄이도록 유도하고 있기 때문이다. 일본 정부는 2023년 6월 온라인 쇼핑몰의 '무료 배송' 표기를 개선하기로 했다. 택배 회사의 운임을 현실화, 즉 올리기 위해서다.

일본 정부는 반발할 것이 뻔한 소비자들의 이해를 구하는 한편 구체적인 방안을 마련할 예정이다.

새벽 배송도 모자라 총알 배송이 등장하는 시대를 거스르는 일본 정부의 역방침은 앞에서부터 계속 다루고 있는 '물류 2024년 문제' 때문이다. 이는 '일본판 주52시간 근무 제도'인 일하는 방식 개혁 관련 법의 적용 대상이 확대되면서, 트럭 운전기사의 연간 잔업 시간이 960시간으로 제한되면서 발생한 변화다.

연간 잔업 시간이 960시간으로 제한되면 트럭 운전기사들이 하루에 일할 수 있는 시간은 최대 15시간 이내(숙박을 동반하는 경우 제외)로 줄어든다. 경우에 따라서는 지금까지 운전기사 1명으로 운행하던 구간에 운전기사 2명 이상을 투입해야 한다. 그래서 일본 정부와 기업들은 트럭 운전기사 의존도를 줄이려 안간힘을 쓰고 있다. 앞서 살펴본 무인 트럭 전용 고속도로, 난쟁이 기차, 꼬마 트럭 같은 근미래적이거나 아예 인프라 규격을 통째로 뜯어고치는 극단적인 사례가 등장하는 이유다.

하지만 가장 확실한 대책은 현재의 시스템에서 기존 인력(트럭 운전기사)의 효율성을 최대한 끌어올리는 방법밖에 없다. 트럭 운전기사 1명이 하루에 15시간 이내로 일하면서도 지금보다 훨씬 많은 화물을 나를 수 있도록 하는 묘책 없이는 2024년 문제를 근본적으로 해결하기 어렵다.

내놓을 수 있는 카드가 많지 않은 상황에서 일본 정부와 기업의 선택은 과연 무엇일까?

차박을 택한 일본의 트럭 기사들

도쿄에서 오사카까지의 거리는 약 500km로 편도로 약 6시간이 걸린다. 화물 트럭이 왕복하려면 약 1,000km, 12시간가량의 거리인 데다 의뢰처의 물류 창고까지 가서 짐을 싣고 내리는 시간까지 고려하면 당일치기는 무리다. 그래서 도쿄~오사카를 오가는 트럭 기사들은 차박(차에서 숙박)을 하는 경우가 많다.

도쿄와 오사카 사이에 시즈오카현 하마마쓰시가 있다. 도쿄에서도, 오사카에서도 거리는 약 250km, 3시간 남짓의 거리다. 도쿄와 오사카의 트럭 기사가 하마마쓰의 고속도로 휴게소에서 만나 트럭 또는 화물칸만 바꿔서 오면 어떨까? 화물이 당일 도쿄에서 오사카, 오사카에서 도쿄로 운반되는 동안 도쿄와 오사카의 트럭 기사들은 모두 당일치기로 일을 마칠 수 있다. 운전 거리와 시간은 하마마쓰를 왕복한 약 500km, 6시간가량에 불과하다.

일본 정부는 신도메이 고속도로 스루가만누마즈휴게소에서 하마마쓰 휴게소까지 약 100km 구간에 심야 시간에 운전자가 핸들에서 손을 떼고 달릴 수 있는 '레벨4' 수준의 자율주행 전용도로를 만들 계획이다. 도쿄에서 하마마쓰를 당일치기하는 트럭 운전기사는 근무 시간뿐 아니라 노동 강도도 큰 폭으로 줄어든다.

최근 일본 정부와 재계는 '물류 2024년 문제'를 해결하기 위해 트럭 운전기사 의존도를 줄이려 안간힘을 쓰고 있다. 가능한 모든 방법을 총동원하고 있지만, 가장 확실한 대책은 현재의 시스템에서 기존 인력(트럭 운전기사)의 효율성을 최대한으로 끌어올리는 것이다.

바로 앞에서 소개한 맞교대 방식은 트럭 운전기사들에게 장시간 근무를 요구하던 장거리 수송을 획기적으로 줄여줄 것으로 기대를 모은다. 국토교통성이 2023년 간사이 지역과 규슈 지역의 중간 지점인 히로시마현 인근의 고속도로 휴게소에 중계 거점인 '커넥트 파킹 미야시마'를 만들어 실제 운영해본 결과, "당일치기가 가능해져 차박 부담이 줄었다"라는 긍정적인 평가가 나왔다. 이후 일본 정부는 장거리 수송 물류(트럭 또는 컨테이너)를 주고받는 중계거점을 일본 각지에 만들고 있다. 물동량이 많은 수도권과 미야기현, 간사이~에히메 구간이 후보다.

릿쿄대학교의 슈토 와카나 교수에 따르면 장거리 운전기사 중에는 한 달에 3~5일밖에 집에 돌아가지 못하는 사람도 있다. 그러다 보니 당일치기 수송이 가능한 운수 회사에 트럭 운전기사들이 몰리는 현상도 나타난다.

근로자 수 1,700명 규모의 대형 운수 회사인 시가긴코운수창고는 2017년부터 장거리 트럭 수송을 중단하고 트레일러를 교환하는 방식의 중계 수송을 시작했다. 시작할 때는 중계 거점 정비 비용 등으로 인해서 운임이 10% 정도 올랐다. 하지만 시가긴코운수창고 관계자는 "기존 운전기사들의 이직률이 내려간 데다가 채용도 호조여서 운전기사가 늘었다"라고 말했다.

다만 시가긴코운수창고처럼 자체적으로 일본 전역에 중계 거점을 만들 수 있는 대형 운수 회사는 극소수다. 6만 개가 넘는 화물 자동차 운송 사업자 가운데 99%가 근로자 300명 이하의 중소기업이기 때문이다. 정부가 나서서 고속도로 휴게소, 국도 휴게소(道の駅, 미치노에키)에 중계 거점을 만드는 이유다.

60년 만에 바뀐 트럭 최고속도 제한

2023년 10월, 필자는 도쿄와 나고야를 연결하는 신도메이 고속도로의 스루가만누마즈휴게소와 시미즈휴게소를 찾았다. 두 곳 모두 트럭 주차구역에서 공사가 한창이었다. 스루가만누마즈휴게소는 트럭 주차구역 외에 대형 트레일러 전용 주차구역이 따로 있다. 이 주차장 옆에도 공사가 진행 중이었다. '더블 트레일러' 전용 주차장 건설 현장이다.

더블 트레일러는 트레일러 2대를 연결한 차량이다. 더블 트레일러를 사용하면 운전기사 1명이 대형 트럭 2대분의 화물을 나를 수 있다. 국토교통성이 2019년 1월부터 도입한 더블 트레일러는 '물류

2024년 문제'가 수면 위로 떠오르기 시작한 2021년부터 본격적으로 증가했다. 2022년 말 기준 일본에서 운행 허가를 받은 더블 트레일러는 221대로 1년 만에 30%가량 늘었다.

더블 트레일러의 길이는 최대 25m로 기존 트럭보다 2배 가까이 길다. 안전성에 대한 우려가 큰 만큼 지정된 도로만 달릴 수 있다. 25m 길이의 트럭을 주차할 곳도 마땅치 않아 휴게소를 이용하기 어려운 탓에 운전기사들은 제대로 휴식을 취하기 어려운 데다가 고속도로에서 노상 방뇨를 하기 일쑤다.

국토교통성은 더블 트레일러가 운행할 수 있는 고속도로 구간을 기존의 2.5배인 약 5,140km까지 늘리기로 했다. 지금은 태평양 연안의 고속도로만 달릴 수 있지만, 호쿠리쿠(도야마, 이시카와, 후쿠이현) 지역과 시코쿠도 더블 트레일러가 운행할 수 있도록 할 계획이다.

더블 트레일러 전용 주차장도 일본 전역의 고속도로 휴게소에 걸쳐서 늘리기로 했다. 도쿄를 연결하는 대동맥인 신도메이 고속도로 휴게소 곳곳에 전용 주차장 공사가 한창인 이유다.

엘리베이터 제조사 후지테크는 2023년 5월부터 도쿄~시가 간 제품 수송에 더블 트레일러를 2대 도입했다. 지금까지는 아사히카세이홈즈와 공동으로 2대를 운영하고 있었다. 기업 측은 "운전기사 부족에 대비해 선제적으로 도입했다"라고 도입 이유를 설명했다.

6월부터는 제지업체인 다이오제지가 사이타마, 시즈오카, 에히메현의 자사 물류 시설을 연결하는 운송 수단을 기존 트럭에서 더블 트레일러로 전환 중이다. 더블 트레일러를 몰려면 특수면허가 필요하므로 일본 정부는 면허 취득도 지원할 계획이다.

고속도로의 트럭 최고속도 제한을 완화하는 방안도 검토 중이다. 〈도로교통법시행령〉은 고속도로의 법정 최고속도를 승용차는 시속 100km, 대형 화물 자동차(차량 총중량 11톤 이상)는 시속 80km로 정하고 있다. 2016년부터는 각 광역 지자체 공안위원회가 일정 조건을 만족하면 최고속도를 독자적으로 지정할 수 있게 되었다. 이 때문에 일본 전역에서 2개 구간은 최고속도가 110km, 10개 구간은 120km로 지정되어 있다. 후지산 아래를 달리는 신도메이 고속도로 구간도 최고속도가 시속 120km다. 하지만 트럭의 최고속도는 1963년 〈도로교통법시행령〉 제정 이후 모든 고속도로가 80km로 제한하고 있다. 이를 90~100km로 완화하겠다는 계획이다.

일본 정부가 사고 증가 등의 우려에도 불구하고 60년 만에 처음 트럭의 최고속도를 완화하려는 이유는 운송 시간을 줄일 수 있기 때문이다. 도쿄에서 혼슈 최북단 아오모리까지는 편도 8시간, 왕복 16시간가량 걸리는 거리다. 이는 2024년 4월부터 적용된 1일 최대 근무시간(15시간)을 넘는다.

하지만 트럭의 최고속도를 20km 올리면 왕복 운행 시간이 12시간으로 줄어든다. 이론상 당일치기가 가능해지는 것이다. 이는 모두 트럭 운전기사를 늘릴 수 없다면 최대한 활용하려는 취지에서 쥐어짜낸 고육책이다. 게다가 여기서 끝이 아니다.

한 대로 두 대 몫을, 물류의 묘수

일본은 '물류 2024년 문제(트럭 운전기사 부족으로 물류가 멈추는 사태)'의 충격을 최소화하기 위해 트럭 의존도를 줄이는 대책을 총동원하고 있다.

앞에서 살펴본 것처럼 기상천외한 대책까지 쥐어짜내고 있지만, 저출산·고령화에 트럭 운전기사가 기피 직종으로 전락한 상황에서 운전기사를 갑자기 늘리기란 현실적으로 불가능하다. 이 때문에 일본 정부는 기존 인력(트럭 운전기사)을 최대한 효율적으로 운영하는 것을 가장 확실한 방법으로 보고 있다. 바로 운전기사 1명이 법정 최대 근무시간인 1일 15시간 이내로 일하면서도 지금보다 많은 양의 화물을 나르는 것이다.

한 명의 운전자가 같은 시간에 같은 크기의 트럭으로 더 많은 화물을 나를 수 있는 마법은 무엇일까? 트럭을 더 꽉 채우는 것이다. 트럭 운전기사가 부족해서 전국이 난리인 상황이지만, 정작 다른 한편으로 고속도로에는 빈 트럭이 많은 것이 일본의 모순적인 현실이다.

국토교통성의 〈전국 화물 순물동 조사〉에 따르면 공장과 물류 창고에서 출하하는 화물의 1회 평균 무게는 1990년 약 2.43톤에서 2021년 약 0.7톤으로 3분의 1가량 토막 났다. 온라인 쇼핑이 급증하면서 소량의 화물을 더 자주 실어 나르는 경향이 강해졌기 때문이다. 이러한 영향으로 2010년 이후 트럭의 적재효율은 40%를 밑도는 것으로 나타났다. 물류 2024년 문제가 본격화되면 2030년에는 일본 전체 화물의 35%가량이 멈출 전망이다. 그러나 이를 반대로 생각해보면, 트럭을 가득 채우기만 해도 이론상 현재의 수송 능력으로 문제를 해결할 수 있다고 볼 수 있다.

똑같은 환경에서 운전기사 한 명이 일하는 시간을 지금보다 25%가량 늘릴 수도 있다. 불필요한 곳에 인력을 낭비하는 시간을 줄임으로써 가능하다. 그 대표적인 낭비 시간이 바로 대기시간이다.

일본의 트럭 운전기사는 단순히 운전만 하지 않는다. 원칙적으로는 운전만 하도록 되어 있지만, 물류 창고에 도착하면 운전기사가 짐을 싣고 내리는 일까지 떠맡는 것이 상거래 관행이다. 전일본트럭협회 조사에 따르면 짐을 싣고 내리는 일을 떠맡은 운전기사가 화주(의뢰업체)로부터 대가를 받은 비율은 60% 수준에 그쳤다. 물류 창고에 도착해서 바로 짐을 싣고 내릴 수만 있어도 그나마 다행인 상황이다. 화주의 사정에 따라 먼저 온 화물 트럭들로 인해 순서를 기다리는 시간이 추가된다. 국토교통성의 2021년 조사 결과, 1회 운행당 대기시간과 상·하차 시간(짐을 싣고 내리는 시간)은 평균 3시간에 달했다. 한 차례 운행하는 데 대기시간과 상·하차 시간이 차지하는 비중은 약 25%였다. 짐을 싣고 내리는 작업을 하루에 3차례 하거나 9시간이 넘도록 대기한 사례도 있었다.

택배 재배달도 운전기사의 근무시간을 불필요하게 늘리는 요인이다. 일본 정부에 따르면 택배 재배달률은 12%에 달한다. 국토교통성에 따르면 재배달률이 10%면 연간 약 6만 명분의 노동력이 낭비된다.

요약하면 전체의 약 40%에 불과한 화물 적재율, 1회 운행의 25%를 차지하는 대기와 상·하차 시간, 12%의 재배달률만 개선해도 물류 2024년 문제를 어느 정도 해소할 수 있다는 것이 일본 정부의 계산이다. 그래서 정부는 물류 사업자와 판매자가 적재율을 높이고 대기시간을 줄이는 자체적인 개선 계획을 수립하게 했다. 특히 대기업은 직접 개선 방안을 마련해 의무적으로 공개해야 한다. 이러한 내용을 담은 '물류이법(物流二法, 〈물류종합효율화법〉, 〈물류자동차운송사업법개정안〉)'은 2024년 국회를 통과해 2025년 4월부터 시행됐다.

'배송료 무료'를 없애겠다는 방침이 나온 것도 비슷한 이유에서다. 판매자가 배송 비용을 극단적으로 낮추려다 보니, 트럭 운전기사에게 짐을 싣고 내리는 작업을 떠맡기면서 수당도 지급하지 않는 문제가 생긴다는 분석이다.

일본 정부는 평균 3시간인 대기 및 상·하차 시간을 2시간 이내, 장기적으로는 1시간 이내로 단축하는 정책을 추진하고 있다. 2024년까지 재배달률을 12%에서 6%로 낮추는 목표를 세웠으며 이를 위해 택배함 설치, 편의점 수령 시 포인트 지급 등 다양한 제도가 도입되었다. 2025년 7월 기준 일부 성과가 나타나고는 있으나, 목표 달성 여부에 대한 공식 발표는 아직 없는 상황이다.

지금까지 살펴본 것처럼 일본 정부는 마른 수건도 쥐어짜는 심정으로 트럭 운전기사 의존도를 줄이기 위해 안간힘을 쓰고 있다. 일본의 물류 수송 능력은 38%인 트럭 적재효율을 50%로 높이면 6.3%, 3시간과 12%인 운전기사 대기시간과 택배 재배달률을 각각 2시간과 6%로 줄이면 7.5% 늘어나리라 기대한다. 2025년 4월부터 물류이법 개정안을 시행해 이 같은 대책이 착실히 성과를 내면 물류 2024년 문제로 30~35%가량 떨어질 수송 능력 감소 폭을 절반(14.3%)가량 완화할 수 있을 것으로 전망한다.

문제는 기업과 소비자다. 아무리 좋은 정책을 내놓더라도 성패는 대책을 실행하는 기업과 이를 받아들이는 소비자에 의해 결정되기 때문이다. 그렇다면 일본의 기업과 소비자들은 과연 물류 2024년 문제를 어떻게 받아들이고 있을까?

돈키호테는 정말 모든 물건이 저렴할까

일본 여행의 인기 코스 중 하나인 돈키호테는 왜 가격이 저렴할까? 돈키호테에서만 볼 수 있는 재밌는 상품과 파격적인 가격은 수많은 손님을 끌어모으고 있다.

돈키호테는 일단 취급 상품이 어마어마하게 많다. 도쿄 메구로구 돈키호테 나카메구로 본점에서 판매하는 상품은 6만 점에 달한다. 말 그대로 없는 것이 없는 데다가 특히 입구 주변에는 이른바 '이 가격 실화야?'라는 생각이 들 정도로 저렴한 상품이 즐비하다.

돈키호테는 매장 안으로 고객을 끌어들이는 미끼 상품을 '자석 상품'이라고 부른다. 돈키호테에 들어가는 것은 자유지만, 나오기는 쉽지 않다. 계산대까지 동선을 교묘하게 배치해 놓았기 때문에 고객은 두세 번 정도 가게 안쪽으로 걸음을 옮겨야 한다. 자석 상품에 홀려 돈키호테를 찾은 고객이 이른바 '돈키호테 털이'를 하게 만드는 구조다.

사실 돈키호테의 모든 상품이 저렴한 것은 아니다. 경쟁사와 비슷한 가격의 상품도 많다. 먼저 초저가 상품으로 고객을 끌어들인 뒤 다른 상품까지 구매하도록 유도해 전체적으로 이익을 올리는 것이 돈키호테의 전략이다.

이 전략의 핵심은 미끼가 되는 '자석 상품', 즉 파격적으로 저렴한 상품을 어떻게 구하느냐다. 돈키호테는 이를 위해 일본 유통업계의 '3분의 1룰'을 활용한다.

일본 유통업계에는 3분의 1룰이라는 뿌리 깊은 상거래 관행이 존재한다. 유통기한이 6개월인 상품이라면 기간이 2개월만 넘어도 진열대에서 내리고 도매상에 반품하는 관행이다. 특히 건강과 직결되는 식품이라면 3분의 1룰에 더욱더 엄격하다. 돈키호테는 유통기한이 4개월가량 남은 반품 상품을 도매상으로부터 싸게 사들여 '특매품', '자석 상품'으로 변신시킨다. 그래서 유통업계에서는 돈키호테 같은 할인점을 '소매의 최종 처분장'이라고 부르기도 한다.

하지만 2024년 4월을 기점으로 3분의 1룰 관행을 파고든 돈키호테의 전략은 이제 더는 먹혀들기 어려워졌다. 일본의 대형 슈퍼마켓들이 관행을 바꾸고 있기 때문이다.

2024년 3월 아시아 최대 유통 기업인 이온그룹의 슈퍼마켓 브랜드 마루에쓰와 대형 슈퍼마켓 체인인 라이프코퍼레이션, 서밋 그리고 사이타마에 기반을 둔 야오코 등 4개 기업이 슈퍼(마켓)연합인 물류연구회를 창설했다. 10월 중순에는 또 다른 대형 슈퍼마켓 체인인 세이유와 도큐스토어, 이바라키현 기반의 가스미 등이 가세하면서 참가 기업은 10개로 늘었다.

이들은 유통기한이 6개월 이상인 가공식품에 대해서는 지금까지 적용하던 3분의 1룰을 2분의 1룰로 통일시키기로 했다. 2개월이 아닌 3개월 지난 상품을 반품한다는 것이다. 라이프 등 4개 슈퍼마켓 체인은 이미 2분의 1룰로 전환을 마쳤고, 도큐스토어 등 나머지 참가사들도 전환을 진행 중이다. 이로 인해 반품된 제품을 싸게 사서 되파는 돈키호테의 선택지가 크게 줄어들게 되었다.

일본은 한 번 굳어진 관행을 좀처럼 바꾸지 않는 나라다. 에도 시대(1603~1868년)부터 상거래가 발달한 상인의 나라답게 상거래 전통은 더욱더 그렇다. 일본의 상거래 관행을 다진 대표 유통기업들이 앞장서서 관행을 바꾸는 이유는 '물류 2024년 문제' 때문이다.

'일본판 주52시간 근무 제도'인 일하는 방식 개혁 관련법의 확대 적용에 따라 2024년 4월부터 트럭 운전기사의 연간 잔업 시간이

960시간으로 제한된 데 따른 변화다. 아무런 대책을 세우지 않으면 2030년에는 전체 물류의 34%가 멈춰버리고 만다. 일본의 대표적인 물류·운송 분야 전문 연구기관인 NX종합연구소는 이대로라면 물류 정체에 의한 수요 감소로 2030년 GDP가 10조 엔가량 줄어들 것으로 분석했다. 일본 GDP의 약 2%에 해당하는 액수다. 일본 대형 슈퍼마켓들도, 돈키호테도 새로운 물류 전략을 세울 수밖에 없는 상황에 몰린 것이다.

의외의 성과를 거둔 식품 기업의 물류 협업

앞서 일본 여행의 인기 코스인 돈키호테의 미끼 상품이 저렴한 이유를 살펴봤다. 일본 유통업계가 '물류 2024년 문제' 해소를 위해 상거래 관행을 바꾸면서 돈키호테가 미끼 상품을 확보하기 어려워진 상황도 소개했다.

물류 2024년 문제를 한마디로 정의하면 트럭 운전기사 부족 문제다. 일본은 전체 물류(총 47억 2,700만 톤가량)의 약 92%를 트럭에 의존한다. 물류 2024년 문제를 해결하기 위해 일본 정부와 기업은 '모빌리티 시프트(수송 대전환)' 즉, 트럭 의존도를 줄이기 위한 대책을 총동원하고 있다. 앞서 물류 인프라와 기존 물류 시장의 판을 통째로 뜯어고치는 일본의 정책부터 운전기사 1명이 정해진 시간에 더 많은 화물을 실어 나르기 위한 방법까지, 다양한 대책들을 살펴봤다.

그렇다면 물류 2024년 문제의 직접적인 당사자인 기업들은 어떻게 대처하고 있을까? 가장 간단한 해결책은 운전기사의 임금 인상이다. 일본 최대 기업 도요타자동차는 1차 협력업체 20~30곳이 부품을 나르는 물류 기업에 지급하는 요금을 올리는 방안을 검토 중이다. '일본판 주52시간 근무 제도'의 도입으로 잔업 시간이 짧아지면 운전기사의 실수령액도 줄어든다. 운전기사의 연간 수입을 유지함으로써 부품 수송을 담당하는 인력의 이탈을 방지하겠다는 예방책이다.

하지만 인구가 줄어드는 일본에서 부족한 인력은 트럭 운전기사뿐만이 아니다. 2040년이면 일본은 일손이 1,100만여 명 부족할 전망이다. 그렇기 때문에 일본의 모든 업종이 치열한 인력 쟁탈전을 벌이고 있다.

다른 업종보다 근무시간은 약 20% 더 긴데 연 수입은 26만 엔가량 적은 트럭 운송 업종이 이 쟁탈전에서 이기기란 절대 쉽지 않다. 세계 최대 자동차 기업인 도요타는 가능할지 몰라도 대부분의 일본 기업은 임금 인상만으로 인력난을 해결하기가 버거운 실정이다.

그 말은 즉 있는 형편을 최대한 활용하는 수밖에 없다는 뜻이다. 가장 현실적인 방법은 한 명의 운전자가 같은 시간에 같은 크기의 트럭으로 더 많은 화물을 나르는 것이다. 그러나 일본 물류업계의 현실은 그와 정반대다.

국토교통성의 〈전국 화물 순물동 조사〉에 따르면 공장과 물류 창고에서 한 번 출하할 때의 화물 무게는 1990년 약 2.43톤에서 2021년 약 0.7톤으로 3분의 1토막이 났다. 온라인 쇼핑이 급증하면서 소량의 화물을 더 자주 실어 나르게 되었기 때문이다.

일본 특유의 제조 방식도 '빈 트럭'을 늘리는 주요 원인이다. '도요타 생산 시스템(Toyota Production System, TPS)'으로 잘 알려진 '적기 생산(Just-in-time)' 방식이 대표적이다. 적기 생산은 필요한 부품을 그때그때 공급받아 재고를 극단적으로 낮추는 방식이다. 일본의 여러 기업이 적기 생산 방식을 받아들이면서 오늘날에는 일본 제조업의 주특기가 되었다. 하지만 원재료를 필요한 만큼 그때그때 받는 적기 생산에는 소량의 화물을 여러 차례 실어 나르는 다빈도 소량배송이 필수적이다. 일본 화물 트럭의 적재효율이 낮은 이유다. 2010년 이후 트럭의 적재효율은 40%를 밑돌고 있다.

트럭에 더 많은 짐을 싣기 위해 기업들이 내놓은 대책이 '밀크런', 즉 우유배달 방식이다. 트럭 1대가 우유 배달하듯이 여러 기업을 돌면서 화물을 한데 모아서 운송하는 방식이다. 자동차 산업이 밀크런을 도입하면 적기 생산 방식보다 필요한 운전기사를 12% 줄일 수 있다는 예측이 나온다. 미쓰비시케미칼그룹, 오노약품공업, 시오노기제약 등은 2023년 1월 제약업계 최초로 공동 운송을 시작했다.

전혀 다른 업종의 기업이 공동 운송으로 적재율을 높이는 방법도 등장했다. 그동안 맥주 기업들은 맥주를 트럭 가득 실어서 운반하고 싶어도 중량 제한 때문에 그럴 수 없었다. 그렇다면 무거운 맥주와

가벼운 라면을 함께 실으면 어떨까?

닛세이식품과 삿포로그룹이 이 아이디어를 실현했다. 두 기업은 2022년 3월부터 시즈오카~오사카 구간의 제품 수송을 공동으로 운영하고 있다. 두 기업 모두 시즈오카현 야키즈시에 공장을 갖고 있기에 가능한 일이다. 주력 상품인 맥주와 라면을 함께 실음으로써 화물칸을 꽉 채울 수 있게 되었고, 필요한 트럭을 20%가량 줄일 수 있었다.

트럭 대기시간을 25%가량 줄인 기술

트럭 운전기사가 부족해 화물이 멈추는 '물류 2024년 문제'를 해결하기 위해 일본 기업은 트럭 화물의 효율성을 높이기 위한 대책을 총동원하고 있다.

트럭 1회 운행 시간의 약 4분의 1(평균 3시간)을 차지하는 물류 창고 상·하차(화물을 트럭에서 싣고 내리는 일)와 대기시간을 줄이는 묘책도 마련되었다. 샴푸, 비누, 세제, 칫솔, 치약 등 생활용품 제조업체들이 공동 물류 시스템 플랫폼을 운영해 트럭 기사의 작업 시간을 40%가량 줄이는 방안을 제시했다.

일본의 대형 생활용품 업체인 라이온과 유니참, 유니레버재팬, 고바야시제약 같은 제조 기업과 팔택 등 도매업체 10곳 이상이 물류 시스템 플랫폼을 공동 운영하기로 합의했다. 참가 기업들의 일본 생활용품 시장 점유율은 50%를 넘는다.

이 시스템은 운송 수단의 개선이 아니라 운송 업무 전체를 뜯어고쳤다는 특징이 있다. 각 회원사는 상품을 발송할 때 운송 트럭이 실어 나를 상품과 화물량 데이터를 미리 도매업체와 공유한다. 이를 통해 도매업체의 물류 창고에서 박스를 일일이 납품 전표와 대조해 상품을 확인하는 검품 작업을 없앨 수 있다.

검품 작업은 트럭 운전기사의 상·하차와 대기시간을 하염없이 늘리는 원인 중 하나다. 지금까지는 제조업체와 도매상들이 사전에 상품 출하 정보를 공유하지 않았기 때문에 필요한 작업이었다. 라이온과 팔택이 새 시스템을 시험 운영한 결과, 트럭 운전기사의 대기시간을 40%가량 줄일 수 있었다.

이 좋은 걸 그동안 왜 하지 않은 걸까? 경쟁이 치열한 일본의 생활용품 기업과 유통기업들이 경쟁사에 기업 정보가 유출될 수 있다는 이유로 물류 공동화를 꺼렸기 때문이다. 그동안 기업들이 물류 효율화를 위해 협력하는 경우는 많았지만, 트럭 운전기사의 부담을 줄이기 위해 대규모 공동 물류 시스템을 공유하는 것은 이번이 처음이다.

일본 최대 생활용품 업체 가오는 자체 물류망을 갖고 있어서 독자적으로 효율화 작업을 진행하고 있다. 2023년 3월 아이치현에 개설한 물류 창고에서는 트럭의 상·하차 작업을 사전에 예약할 수 있게 해 2~3시간 걸리던 작업 시간을 수십 분 수준으로 대폭 줄였다.

생활용품은 종류가 다양하고 그만큼 소량을 여러 차례 배송해야 하므로 '물류 2024년 문제'를 일으키는 주요 업종으로 지목된다. 전일본트럭협회에 따르면 일본 전체 트럭 화물량의 약 4.5%(2020년 기준)를 생활용품이 차지하고 있다. 이런 상황에서 일본 최대 생활용품 업체와 시장의 50% 이상을 차지하는 경쟁사 연합이 트럭 기사 대기시간을 크게 줄임으로써 문제 해결에 기여할 것으로 기대된다.

종이상자의 크기를 통일하는 것으로도 운전기사 대기시간을 획기적으로 줄일 수 있다. 일본은 골판지 제조사마다 상자 규격이 다르다. 지게차(포크리프트)가 상자를 대량으로 운반할 때 쓰는 팔레트의 규격도 마찬가지다. 이처럼 상자 크기와 팔레트 규격이 제각각이다 보니 트럭 운전기사들은 상자를 하나씩 화물칸에 되는대로 싣는 산적(ばら積み)을 할 수밖에 없다. 이는 화물 적재량을 떨어뜨리고 인력을 더 많이 소모하는 요인이다. 유통 기업 연합인 물류연구회가 "제조업체에 상자를 산적하지 말고 팔레트를 사용해달라"라고 한목소리로 요청할 정도다. 하지만 일본에서 상자와 팔레트 규격을 통일하는 논의는 아직 본궤도에 오르지 못한 상태다.

편의점 도시락 배송, 횟수가 줄었다

일본의 편의점 도시락은 매일 네 차례 새로 공급된다. 일본 최대 편의점인 세븐일레븐은 2023년 가을부터 도시락처럼 유통기한이 짧은 상품의 배송 횟수를 1일 4회에서 3회로 줄였다. 다른 편의점 브랜드인 로손도 도시락 등의 배송 횟수를 1일 3회에서 2회로 줄였다. 컵라면과 과자류 같은 가공식품의 공급 기간은 당일에서 다음날로 늦췄다.

지금까지는 일본 전역의 2만여 곳에 달하는 세븐일레븐 점포가 본사에 컵라면과 과자를 주문하면, 그날 바로 물량을 배달했다. 이제부터는 하루 늦춰서 다음날 공급한다.

트럭 운전기사들의 부담을 줄이는 더 확실한 방법은 화물을 덜 자주, 더 천천히 운반하는 것이다. 배송횟수와 속도를 줄이는 대신 한 번에 나르는 양을 늘리기만 해도 40%를 밑도는 트럭 적재율을 높이고 필요한 운전기사와 상품 진열에 필요한 편의점 종업원의 숫자를 줄일 수 있다.

일본 최대 택배 회사인 야마토운수는 2023년 6월부터 익일 배송 지역을 줄였다. 도쿄 기준으로 익일 배송이 안 되는 현청 소재지가 약 20%에서 약 40%로 늘었다. 트럭 의존도를 줄이거나 아예 트럭을 쓰지 않는 형태인 '모빌리티 시프트'도 본격화하고 있다. 일본 1위 마요네즈 기업 큐피는 2018년부터 일부 장거리 구간의 운송 수단을 트럭에서 페리로 전환했다. 아사히맥주도 10톤 트럭 65대분의 화물을 나를 수 있는 화물열차를 활용해 주력 맥주인 슈퍼드라이를 배송하고 있다.

일본 최대 생활용품업체인 가오 역시 2022년 10월부터 와카야마현 와카야마공장에서 수도권 각지의 물류거점으로 나르는 운송 수단 일부를 트럭에서 선박으로 변경했다.

일본인의 주식인 쌀도 덜 자주, 더 천천히 이동한다. JR화물과 전국농업협동조합연합회(JA전농)는 야마가타, 니가타 등 도호쿠 지역 곡창지대에서 생산한 쌀을 그때그때 운반하는 대신, 한곳에 모은 뒤 주말에 특별 편성한 화물열차를 이용해 간사이와 규슈 등 서일본 지역까지 대량 운송하기로 했다. 각 지역의 쌀을 트럭이나 평일 화물열차로 그때그때 실어 나르면 서일본 지역의 소매점까지 공급하는 데 2~3일이 걸렸다. 주말 특별 화물열차를 이용하면 공급 기간이 3~7일로 늘어날 전망이다. 그럼에도 불구하고 '물류 2024년 문제'는 물론이고 탈석탄화에도 기여하는 유용한 대책이라는 것이 JA전농의 판단이다.

지금까지 살펴봤듯이 '더 빨리, 더 싸게' 경쟁을 벌이던 일본의 물류산업은 '물류 2024년 문제'를 맞아 커다란 전환점을 맞았다. '밀크런' 공동 배송, 공동 물류 시스템 플랫폼 도입, 모빌리티 시프트 등 다양한 대책이 도입되고 있지만, 한 가지 공통점이 있다.

바로 물류뿐 아니라 생산 방식까지 바꾸는 방법들이라는 점이다. 생산 방식과 물류 시스템이 바뀐다는 것은 소비자 역시 '좀 더 늦게, 좀 더 비싸게'를 견뎌야 한다는 뜻이다. 그렇다면 소비자는 '물류 2024년 문제를 어떻게 받아들이고 있을까?

한겨울 수학여행? 3월 이사는 부자의 특권?

싱싱하고 맛있지만 1,095엔인 딸기와 선도는 다소 떨어지지만 842엔인 딸기. 소비자는 어느 쪽을 골라야 할까? 2024년 4월부터 일본의 소비자들은 온라인 쇼핑뿐 아니라 일상생활에서도 빠르지만 더 비싸거나 저렴하지만 느린 서비스 가운데 하나를 선택해야 하는 상황에 놓였다.

'물류 2024년 문제' 때문이다. 아무런 대책을 세우지 않으면 당장 2030년에는 일본 전체 화물의 35%가 멈출 전망이다. 물류 2024년 문제의 타격을 가장 먼저, 가장 크게 받는 분야는 농수산물이다. 정부와 기업들이 대책 마련에 나서기 전에는 물류 수단의 부족으로 일본 농수산물의 30% 이상이 발이 묶일 것이란 전망마저 나왔다.

지금까지 규슈 후쿠오카에서 생산된 딸기는 이틀 만에 도쿄와 수도권 지역의 슈퍼마켓 진열대에 놓일 수 있었다. 운전기사 1명이 차에서 숙박을 해가며 규슈와 도쿄를 오간 덕분이다. 하지만 이제 운전기사가 하루 15시간까지만 일하게 되면 후쿠오카에서 도쿄로 딸기를 보내는 데 사흘이 걸린다. 하루 차이지만 딸기 맛과 선도에는 치명적인 영향을 끼친다. 후쿠오카에서 생산되는 딸기의 절반은 수도권에서 팔린다.

JA전농후쿠렌(한국의 '농협 후쿠오카 지점'과 유사)은 페리와 트럭을 조합해 지금처럼 이틀 만에 딸기를 운송할 수 있는 방법을 연구했다. 하지만 이 조합은 비용이 20~30%가량 더 든다. 소비자는 딴 지 이틀 된 딸기를 1,095엔에 먹을지, 사흘 된 딸기를 842엔에 먹을지 선택해야 하는 셈이다.

이처럼 빠르지만 비싸거나 저렴하지만 느린 서비스 둘 중 하나를 선택할 수 있기만 해도 다행일지 모른다. 느린데 비싸기까지 하거나 아예 서비스 자체가 없어질 가능성도 있기 때문이다. 가정이 아니라 실제로 벌어졌던 일이다.

2020년 EU를 탈퇴하면서 영국은 극심한 운전기사 부족 사태를 겪었다. EU 출신의 외국인 운전기사가 급감한 탓이다. 코로나19 팬데믹이 세계적으로 확산하자 영국의 슈퍼마켓에서는 일시적으로 신선식품이 사라졌다. 유럽의 농수산물을 영국으로 실어 나를 트럭이 부족했기 때문이다.

'물류 2024년 문제'는 단지 먹거리에 국한되는 재난이 아니다. 〈러브레터〉의 감독 이와이 슌지가 2000년 제작한 〈4월 이야기〉는 도쿄의 대학에 진학하기 위해 홋카이도에서 상경한 여학생의 새 학기를 그린 영화다. 제목이 4월 이야기인 이유는 3월이 새 학기인 한국과 달리 일본은 4월에 새 학기를 시작해서다.

일본은 학교뿐 아니라 경제활동도 4월부터 새해가 시작되는 것으로 본다. 4월부터 새 회계연도가 시작되므로 정부 부처와 기업의 전근과 전출 명령도 4월 1일을 기준으로 내려진다. 자연스럽게 일본의 이사철은 3월이 되었다.

하지만 앞으로 일본에서 '4월 이야기'는 있는 집만 누리는 특권이 될 수도 있다. 없는 집은 원치 않게 '2월 이야기'나 '1월 이야기'로 내몰릴지 모른다. 운전기사 부족으로 3월의 이사 수요가 버거워졌기 때문이다. 〈니혼게이자이신문〉은 '이사 난민'이 발생할 수 있다고 우려했다.

또한 일본의 수학여행 시즌은 봄인 5~6월과 가을인 9~11월이다. 하지만 어떤 학교들은 여름이나 겨울에 수학여행을 가야 할지도 모른다. 운전기사가 부족해 대형 단체버스가 제때 운행하기 어려워져서다. 수학여행지로 인기 높은 오키나와는 앞으로 수학여행 시즌에 1,200대분의 관광버스 운전기사가 부족할 것으로 예상하고 있다.

'더 빠르게, 더 싸게'는 끝났다

일본 최대 택배 회사인 야마토운수가 개인의 화물을 집으로 배달하는 '택배 서비스'를 처음 시작한 시기는 50여 년 전인 1976년이다. 1998년에는 원하는 시간대에 택배를 받을 수 있는 시간 지정 서비스도 시작했다.

일본은 세계적인 물류 선진국이다. 지금까지 일본의 물류 서비스는 '더 빨리, 더 싸게' 외길을 달려왔다. 하지만 '물류 2024년 문제'를 맞아 '더 빨리, 더 싸게'의 시대는 저물고 있다. '문제'라는 표현을 쓰고 있지만, 사실은 트럭 운전기사에게도 워라벨(일과 생활의 밸런스)을 보장함으로써 물류 시스템의 지속가능성을 높이는 정책이다. 더 늦추거나 거부할 수 없는 시대적인 흐름이라는 뜻이다.

야마토운수도 직원들의 부담이 한계에 다다른 2017년부터 서비스를 바꾸고 있다. 직원의 휴식 시간을 확보하기 위해 새벽이나 심야 시간대의 지정 배송을 폐지하고 지정 시간대의 범위 역시 확대하는 추세다.

온라인 쇼핑몰도 변하고 있다. 일본 최대 포털사이트 야후재팬이 운영하는 온라인 쇼핑몰 '야후!쇼핑'은 2022년 8월경에 늦은 배송을 선택하면 포인트 같은 특전을 주는 서비스를 시범 운영했다. 그 결과 전체 주문자의 51%가량이 늦은 배송을 선택했다. 이로써 가격이 더 저렴하면 배송이 늦는 것도 감수할 수 있는 소비자가 얼마든지 있다는 사실을 확인했다. 이 결과를 토대로 야후!쇼핑은 2023년 4월부터 소비자가 배달 희망일을 늦추면 페이페이 포인트를 제공하는 제도를 도입했다. 페이페이는 일본 최대 캐시리스 결제 서비스다. 포인트 지급은 가격 할인과 마찬가지다. 일본 최대 온라인 벼룩시장인 메르카리도 '느린 배송'을 선택하는 이용자에게 가격을 인하하는 방안을 검토 중이다.

일본 정부는 온라인 쇼핑몰의 '무료 배송' 표시도 개선하기로 했다. 세상에 공짜는 없는 법이다. 배송에 돈이 안 들어갈 리가 없다. '무료 배송' 상품도 실상은 배송에 들어가는 비용을 제품 가격에 포함시키거나 택배 회사의 단가를 후려쳐서 가능한 일이었다. '무료 배송'이라는 표시를 줄임으로써 소비자들에게도 '물류는 공짜가 아니다'라는 인식을 심어준다는 것이 일본 정부의 계획이다.

지금까지 대부분의 일본 기업에 물류는 단순 업무이자 비용 삭감의 대상이었다. 1990년 물류사업의 규제를 대폭 완화한 '물류이법'의 시행으로 운송업자가 큰 폭으로 증가하면서 '물류 비용은 깎아야 하는 것'이라는 경향이 더욱더 강해졌다. 공급이 크게 늘면서 수요자인 제조업체(화주)들의 힘이 강해진 결과였다. 일본로지스틱스시스템협회에 다르면 2019년 일본 기업의 매출에서 차지하는 물류비 비율은 4.9%였다. 1995년에 비해 1%p가량 낮아졌다.

그러나 물류비를 어떻게든 줄여서 이익을 내는 '비용 절감 경영'이 더는 통하지 않는 시대가 왔다. 세계화의 진전으로 물류 서비스는 이제 개별 국가의 문제에 그치지 않는다. 특히 운전기사 부족은 주요 경제 대국의 공통 과제다. 국제도로운송연맹(International Road Transport Union, IRU)의 2022년 보고서에 따르면 세계적으로 260만여 명 이상의 트럭 운전기사가 부족하다.

월마트 입사 1년 차 운전기사의 연봉은 최대 11만 달러. 엔화로는 약 1,600만 엔이다. 반면 같은 조건의 일본 운전기사 연봉은 400만~500만 엔 정도에 불과하다. 이제 일본 기업이 물류는 줄여야 할 비용이라는 자세를 고수했다가는 가뜩이나 부족한 운전기사가 해외로 빠져나갈 가능성도 무시할 수 없는 상황이다.

'더 빨리, 더 싸게'였던 시스템을 바꿔 물류 2024년 문제를 해결하려면 소비자로서는 전방위적인 가격 인상을 피할 수 없다. 주요 물류 기업들이 가격 인상에 나서면서 앞으로 운송 비용은 10~20%가량 오를 것으로 전망된다.

그렇다면 소비자 가격도 따라서 오를 수밖에 없다. 식품 도매 대기업 미쓰비시식품의 교야 유타카 사장도 "(물류 비용 상승을) 소비자 가격에 전가할 수밖에 없다"라고 말했다.

로켓 배송도 사치가 되는 날이 온다

일본이 물류 선진국일 수 있었던 것은 빠르고 정확하게 운송하는 고도의 물류망을 갖고 있었기 때문이다. 운전기사의 숫자는 큰 문제가 되지 않았다. 하지만 2024년부터 일본 기업들은 한정된 트럭 운전기사로 기존 물류망을 최대한 유지하는 물류 전략 없이는 생존이 불투명해졌다.

지금까지 일본의 제조업체와 유통업체 모두 원재료를 어디서 어떻게 조달할지를 따지는 공급망 전략은 세웠지만, 누가 어떻게 실어 나를지를 고민한 물류 전략은 수립하지 않았다. 세계적인 물류 기업인 UPS(United Parcel Service)가 배달·집하, 재고관리를 효율화하는 시스템으로 인력과 비용을 줄이는 추세와는 대조적이다. UPS는 물류 전략을 위해 전 세계에 1,000건 이상의 특허를 출원하고 있다.

앞으로 일본 기업들이 종합적인 물류 전략을 세워 '물류 2024년 문제'를 해결하지 못하면 물류 후진국으로 전락할 것이라는 경고가 나오는 이유다.

지금까지 일본의 물류 환경을 자세히 살펴본 이유는 한국 사정은 더 심하면 심했지, 덜하지 않은 문제이기 때문이다. 한국교통연구원 물류연구본부의 이지선 연구위원도 "'물류 2024년 문제'는 시차의 문제일 뿐, 한국도 조만간 겪게 될 상황"이라고 말했다.

일본 정부가 한국의 '주52시간 근무제'에 해당하는 일하는 방식 개혁을 시행해 잔업 시간의 상한을 적용한 것은 2019년 4월부터다. 다만 산업에 미칠 파장을 고려해 트럭 운전기사 등 일부 업종은 시행을 5년 늦췄다. 그 유예기간이 끝나는 시점이 2024년 4월이다.

반면 2018년 7월부터 주52시간 근로제를 시행한 한국은 육상 운송업(노선버스 제외) 등을 법 적용을 받지 않는 특례업종으로 지정했다. 일본처럼 유예기간을 둔 것이 아니므로 법을 바꾸지 않는 한 트럭 운전기사는 근로 시간의 제한을 받지 않는다.

노선버스 운전기사 등은 처음에 주52시간 근로제의 예외를 인정 받았다가 적용 대상으로 바뀐 경우다. 졸음운전 사고가 잇따르는 등 부작용이 심각했기 때문이다.

한국의 트럭 운전기사는 잔업 시간이 사실상 무제한인 자영업자 비중이 높다. 그렇기 때문에 일본보다 업무 환경 면에서 열악하다고 볼 수 있다.

운전기사의 고령화 또한 일본 못지않게 심각하다. 2023년 8월 말 기준 서울시 택시 운전기사 6만 9,255명 중 약 23%가 70세 이상이었다. 65세 이상은 3만 4,811명에 달했다. 단순하게 계산하면 서울 택시 2대 중 1대는 노인이 몰고 있다는 뜻이다.

버스와 트럭의 운전기사 고령화 현상은 더 말할 필요도 없다. 정확한 통계를 찾기 어렵지만, 우리나라 전세버스 운전기사들의 평균 연령대도 60대로 파악된다.

인프라 역시 준비 만반이라고 말하기 어렵다. 일본과 마찬가지로 항구에서 컨테이너를 바로 화물열차로 옮겨 실을 수 있는 연장 철로 정비가 부족하다. 앞서 일본 화물의 90% 이상을 담당하는 트럭의 평균 적재율이 40%를 밑도는 원인 중 하나가 종이상자와 팔레트(지게차로 박스를 한꺼번에 실을 때 사용하는 도구)의 규격이 제각각이기 때문이라고 소개했다.

우리나라도 마찬가지다. 정부가 나라표준인증을 통해 상자의 크기를 규정하고 있지만, 최대 치수만 정한 터라 실제 상자 크기는 제각각이다.

일본의 사례에서 살펴봤듯이 인력난은 예상보다 훨씬 빨리, 일상생활에 예기치 못한 타격을 주는 방식으로 찾아온다. 이대로라면 언제라도 예상하지 못한 시점에 새벽 배송이 사라지고, 택배가 멈추는 '한국판 물류 20××년 문제'가 벌어질 수 있다.

우리 역시 일본이 먼저 겪고 있는 물류 2024년 문제의 원인과 이에 대한 정부, 기업, 소비자의 대응을 꼼꼼하게 살펴 타산지석으로 삼고 우리 실정에 맞는 대응책 마련에 고심해야 한다.

3부.

한일 저출산·고령화 실태

일본에 역전패당한 한국

노인이 폐지를 줍는 나라, 일본이 걱정하는 한국

요즘은 일본이 한국의 저출산·고령화를 걱정한다. 저출산·고령화의 원조 국가인 일본이 한국을 걱정하다니, 얼마나 어색한 상황인가? 그러나 현실은 일본이 한국을 걱정할 만하다는 평가다. 한국은 아직 어디가 끝인지 가늠조차 하지 못하지만, 일본은 최악의 시기를 지나고 있기 때문이다.

〈아사히신문〉은 2022년 7월 31일 "박스 줍는 고령자, 한국의 현실(段ボール拾う高齢者韓國の現実)"이라는 제목의 기사에서 7만여 명(한국 정부 추산)에 달하는 한국의 박스 줍는 노인을 '고령자 빈곤 문제의 상징'이라고 보도했다.

또한 기사를 통해 "경제는 급속히 성장했지만, 연금 등 노후의 기반이 되는 사회보장을 충실히 하는 데는 늦었다. 압축성장을 하는 과정에서 '생활 안전망'의 정비는 뒤로 미뤘다"라고 지적했다. 전 국민 연금제도가 1999년에야 실시되었고, 65세 이상 고령자 가운데 국민연금을 받는 비율은 약 47%, 연간 수령액은 평균 710만 원가량이라는 구체적인 근거도 제시했다.

2020년 우리나라의 고령자 빈곤율은 약 40.4%로 OECD 1위라는 통계도 있다. 미국과 일본의 고령자 빈곤율은 약 23%와 약 20%였다. 고령자 빈곤율이 가장 낮은 독일은 약 9.1%였다. 〈아사히신문〉은 고도성장의 주역인 고령자들이 은퇴 후 경제적인 어려움에 시달리는 상황에 대해서 "성장의 시대를 지탱한 고령자에게 외상값까지 부담시키고 있다"라고 신랄하게 지적했다.

〈니혼게이자이신문〉도 7월 27일 "한국 출산율 0.81의 막다른 골목, 젊은 세대 옭아매는 '육아는 여성의 몫(韓國出生率0.81の袋小路若者縛る「育兒は女性」)'"이라는 기사를 통해 한국 정부가 2020년까지 15년간 225조 원가량을 저출산 대책에 쏟아부었지만, 전국 시·군·도의 절반인 108곳이 소멸 위기 지역이라고 보도했다.

특히 0.63명(2024년 말 기준으로는 0.58명)인 서울의 출산율을 소개하며 인구 절반이 모여 있는 수도권의 출산율 저하가 심각하다고 우려했다. 그 원인으로 취직난과 무거운 교육비 부담을 꼽았다.

한국노동패널조사에 따르면 2020년 기준 고등학생 자녀가 있는 세대의 사교육비는 월평균 63만 원가량이었다. 특히 소득 상위 20%

세대의 사교육비는 136만 원가량으로 하위 20% 세대의 10배를 넘는 수준이다.

급기야 극우성향 일간지가 "한국에서 군대 갈 남자가 없어질 판이다"라며 걱정까지 해 줬다. 〈산케이신문〉은 "한국의 저출산화 속도가 정부 예상보다 40년 빨리 진행되면서 병역의무를 담당할 20세 남성 인구가 급감하고 있다"라고 전했다.

병역의무를 담당하는 20세 남성의 숫자는 2020년 33만 400여 명에서 2025년 23만 6,000여 명으로 5년 사이 30%가량 줄어든다. 2040년에는 15만 5,000여 명으로 2020년의 절반을 밑돌 전망이다.

또한 〈산케이신문〉은 극단적으로 낮은 출산율은 국력에도 영향을 미칠 수밖에 없다고 지적했다. 2020년 3,738만여 명이었던 생산연령(15~64세) 인구는 2030년 3,381만여 명, 2040년에는 2,852만여 명으로 줄어들 전망이다. 생산연령 인구가 급감하면서 한국의 성장 잠재력은 2030년 0%대로 떨어질 전망이라고도 소개했다

한국을 걱정하는 일본은 우리보다 앞서서 최악의 터널을 지나는 중이다. UN(United Nations) 기준에 따르면 65세 이상 인구가 전체의 14%를 넘으면 고령사회, 21%를 넘으면 초고령사회라고 한다. 일본은 1995년과 2010년 세계 최초로 고령사회와 초고령사회에 진입했다. 고령화와 씨름한 지 2025년 기준으로 28년째다. '저출산', '고령화'라면 자연스레 일본을 떠올리는 이유다.

일본국립사회보장·인구문제연구소는 매년 65세 이상과 75세 이

상 인구를 집계한다. 2022년 65세 이상 인구 비율은 약 29.3%, 75세 이상은 약 15.7%였다. 노인 인구는 계속 늘다가 2040년쯤 되면 65세 이상은 약 35.3%, 75세 이상 약 20.2% 수준에서 정점에 도달할 것으로 예상된다.

더 정밀하게 살펴보면 65세 이상 인구는 2042년, 75세 이상은 2054년을 경계로 감소세로 돌아설 전망이다. 다만 저출산·고령화의 대명사 일본은 2040년 이후부터는 저출산 국가지만, 고령화가 진행되는 국가는 아니게 된다. 1995년 고령사회 진입 이후 끝이 보이지 않던 터널이 45년 만에 드디어 출구의 빛이 보이기 시작했다. 이미 많은 전문가가 가장 힘든 시간은 지났다고 주장한다. 2025년부터 고령자의 증가 속도가 둔화하기 때문이다.

반면 우리나라의 고령화 상황은 어떨까? 2020년 한국의 65세 이상 인구 비율은 약 15.7%로 약 28.9%의 일본보다 훨씬 여유 있어 보였다. 하지만 2035년에는 약 30.1%로 일본(약 32.8%)을 바짝 쫓고, 2050년에는 약 40.1%로 처음 일본을 역전한다.

2040년 무렵부터 고령 인구가 감소하는 일본과 달리 한국은 2065년까지 계속 고령화가 진행된다. 2065년 한국의 고령화율은 약 45.9%까지 치솟는다. 지금은 '일본인 3명 중 1명이 노인'이라며 일본을 노인 국가 취급하지만, 정작 2065년 한국은 인구의 절반이 노인인 나라가 된다. 그나마 아직 43년을 더 견뎌야 출구가 보이기 시작할 예정이다.

1조 엔보다 더 무서운 고령화 비용

저출산·고령화에 관한 한 세계에서 가장 풍부한 경험을 가진 일본의 인구 문제 전문가들은 저출산보다 고령화가 훨씬 무섭다고 한목소리로 말한다. 저출산은 이론상 20여 년 후의 생산 인구를 걱정해야 하는 미래 과제다.

미래 과제인 만큼 이민, 출산율 회복 등을 통해 생산 인구 감소를 막을 수 있다는 희망을 품어볼 수도 있다. 당장은 임신·출산·육아와 직접적인 관련이 있는 사람이나 산업을 제외하면 사회 구성원 전체가 타격을 입는 문제라고 보기도 어렵다.

그러나 고령화는 현재의 과제인 동시에 사회 구성원 전체에게 부담을 주는 문제다. 고령화는 크게 국가 재정과 인력난의 두 가지 측면에서 나라 전체를 힘들게 한다. 일본은 매년 예산의 3분의 1가량을 사회보장비에 사용하며, 나머지 3분의 1은 1,255조 엔에 달하는 국채원리금을 갚는 데 쓴다. 매년 예산의 3분의 2를 사회보장비와 국채원리금 상환에 쓰다 보니, 일본 정부는 추락하는 경제를 일으켜 세우고 미래의 먹거리를 만드는 전략에 쓸 예산이 늘 부족한 실정이다.

일본의 사회보장비는 국민이 내는 사회보험료와 정부가 보전하는 공적비용으로 구성된다. 2019년 일본의 사회보장비는 120조 엔가량으로, 1년 예산보다 많았다. 2019년 기준 사회보장비의 약 66%가 고령자 관련 비용이다.

〈표 6-1〉 2040년 일본 사회보장비(예상)

출산 및 육아 지원	22.5조 엔
간병	25.8조 엔
의료	66.7~68.5조 엔
연금	73.2조 엔
총 188.2~190조 엔	

출처: 후생노동성

고령자가 늘수록 사회보장비 부담은 더 늘어난다. GDP에서 사회보장비가 차지하는 비중은 1999년 약 14%에서 2019년 약 22%로 20년 사이 8%p가량 늘었다. 국민이 내는 사회보험료는 정해져 있는데 필요한 사회보장비는 급증하니까 정부가 예산으로 메워야 하는 금액도 크게 늘었다. 2021년 일본 정부의 사회보장비 부담은 30년 전보다 20조 엔 이상 증가했다.

이처럼 고령자가 늘수록 사회보장비는 계속 불어난다. 2025년 사회보장비는 140조 엔가량으로 10년 사이 약 20% 늘어났다. 노인 인구가 가장 많아지는 2040년에는 190조 엔까지 불어날 전망이다. 190조 엔의 대부분이 고령자 관련 예산이다.

190조 엔까지 불어나는 사회보장비를 세부적으로 뜯어보자. 2040년 사회보장비는 연금 약 73조 2,000억 엔, 의료 약 68조 5,000억 엔, 간병 약 25조 8,000억 엔, 출산 및 육아 지원 약 22조 5,000억 엔으로 구성될 전망이다. 출산 및 육아 지원과 의료 보장비 일부를 제외하면 약 80%인 150조 엔가량이 고령자를 대상으로 한 예산이다. 고령화가 저출산보다 무섭다는 이유가 여기에 있다.

일본은 75세 이상 인구 상황을 정밀하게 집계한다. 이유가 있다. 인간의 신체 상태는 75세를 경계로 크게 변한다. 건강상의 문제가 일상생활을 제한하지 않는 건강 수명 역시 일본은 남성 평균 72.14세, 여성은 74.79세로 75세 전후다.

75세를 넘어서면 거동이 불편해지면서 의료와 간병 비용이 크게 불어난다. 0~64세 일본인 한 사람이 1년간 사용하는 의료비는 평균 19만 엔가량이다. 65~74세는 약 57만 엔가량으로 늘어난다. 75세 이상은 93만 엔가량으로 다시 2배 가까이 불어난다. 재무성은 75세 이상 인구에 대한 국가의 의료비와 간병비 부담이 0~64세와 65~74세보다 각각 약 4배와 10배씩 더 크다고 분석한다.

일본의 베이비붐 세대는 '덩어리'라는 뜻의 '단카이 세대'라고 부른다. 단카이 세대는 1947~1948년의 3년간 태어난 800만여 명을 말한다. 이들은 2022년부터 2024년을 지나며 차례로 75세가 된다. 즉, 75세 이상 인구가 3년 동안 매년 약 4%씩 증가해 '고령자의 고령화'가 급속히 진전된다. 이들이 모두 75세 이상이 되는 해를 '2025년 문제'라고 한다. 결국 2025년 문제를 한마디로 요약하면 '인력 부족의 쓰나미'다.

파솔종합연구소와 주오대학교가 공동으로 조사한 〈노동시장 미래통계〉에 따르면 2030년 일본은 전체적으로 644만여 명의 인력이 부족할 전망이다. 서비스업은 400만여 명, 의료와 복지 분야가 187만여 명, 제조업은 38만여 명씩 일손이 부족해진다는 분석이다.

2019년 상반기 인력난은 138만여 명이었는데 10년 사이 4.6배가량 늘어난다. 전체 인구는 줄어드는데 고령자는 급격히 늘어나는 결과다. 일할 사람은 갈수록 감소하는데 부양할 인구는 급속히 늘어난다. 2000년대 초반까지만 해도 일본은 생산연령 인구 3명이 고령자(65세 이상) 1명을 부양하는 사회였다. 하지만 2040년의 일본은 일하는 사람 1.4명이 고령자 1명을 지탱해야 한다.

인구 감소와 인력 부족을 해결하는 방법은 네 가지다. 첫째, 일하는 여성의 증가, 둘째, 일하는 고령자의 증가, 셋째, 일본에서 일하는 외국인의 증가, 마지막으로 생산성을 높이는 것이다. 그러나 일본은 넷 다 부족하다. 여성과 고령자의 업무 환경은 여전히 열악하고, 외국인 노동자와 이민에 대한 일본 사회의 인식은 폐쇄적이다. 노동 생산성은 OECD 중하위권을 벗어나지 못하고 있다.

〈니혼게이자이신문〉은 오늘날의 일본을 "이대로라면 '끓는 물 속의 개구리'가 될 상황"이라고 묘사했다. 그래도 일본은 인류 역사상 처음으로 고령화 사회에 진입한 지 30여 년 만에 드디어 끝이 보이기 시작한다. 고령화의 파고를 넘으면 이제 남은 문제는 저출산이다.

한국에서는 여전히 일본을 저출산·고령화 국가로 한 묶음으로 보는 경향이 강하다. 하지만 방금 살펴본 것처럼 일본의 인구 문제는 지금까지와 양상이 전혀 다른 변곡점을 맞고 있다. 그리고 이러한 일본의 인구 문제는 10~20년 후의 한국이 그대로 겪게 될 문제다.

인력 부족을 해결하는 4대 방안이 부족하기는 우리도 마찬가지다.

한국은 지난 15년간 저출산 대책에 약 200조~300조 원을 퍼붓고도 매년 최저 출생률 기록을 갈아치우고 있다. 그래서 전문가들은 "일본의 인구 문제를 가장 관심을 두고 지켜봐야 하는 나라는 한국"이라고 조언한다.

7장
일본이 보여주는 오답 노트
4명 중 1명이 평생 독신인 일본 남성

2020년 기준 일본 남성 4명, 여성 6명 가운데 1명은 평생 독신으로 산다. 1980년 독신 남성과 여성의 비율은 각각 약 3%와 4%에 불과했다. 지난 40년 사이 일본인들이 결혼을 싫어하게 된 것은 아니다. OECD 주요 7개 회원국 가운데 일본인들은 결혼에 가장 긍정적이었다. 무슨 일이 있었던 걸까?

6장에서 살펴봤듯이, 1995년 세계 최초로 고령사회(65세 이상 인구 비율이 14% 이상)에 진입한 일본은 2040년께부터 고령자 비율이 감소할 전망이다.

고령화의 파고를 넘으면 남은 문제는 저출산이다. 일본의 고령 인구(65세 이상)는 2024년 기준 약 30%에 달하며, 전체 인구는 2008년 이후 감소세가 가속화하고 있다. 인구절벽을 막는 가장 확실한 방법은 출생아 수 증가지만, 일본의 신생아 수는 매년 역대 최저치를 기록하고 있다. 2019년에는 처음으로 출생아 수가 90만 명을 밑돌며 '86만 명 쇼크'를 겪었고, 2024년에는 신생아 수 68만 6,061명으로 70만 명 선마저 무너졌다. 일본의 인구 감소와 저출산 문제는 기존 예측보다 빠른 속도로 진행되고 있다.

일본은 1990년부터 저출산 대책을 시작했다. 합계특수출산율(여성 1명이 평생 낳을 것으로 예상되는 자녀의 수)이 제2차 세계대전 이후 최소인 1.57명을 기록한 것이 그 계기였다. 저출산 대책을 시작하고부터 출산율 추락에 브레이크가 걸리기까지는 15년이 걸렸다. 2005년 역대 최저치인 1.26명까지 떨어진 일본의 출산율은 이듬해부터 상승세로 전환해 2015년에는 1.45명까지 회복했다. 하지만 2016년부터 다시 감소세로 돌아서 2023년에는 1.20명까지 떨어졌다.

어쨌든 일본의 출산율은 2005년 이후 10년간 상승했고 지난 30여 년간 대체로 1.3~1.5명을 유지했다. 출산율이 번지 점프하듯 급격하게 추락하는 한국과 명백한 차이가 있다. 저출산 대책의 효과가 나오기까지 15년이 걸린 일본의 예에서 보듯이 인구 전문가들은 한 번 떨어진 출산율을 회복하기는 매우 어렵다고 입을 모은다. '저출산율의 함정'에 빠지기 때문이다. 출산율이 계속 낮아지면 아이가 적은 상황이 당연해진다. 사회 구성원들의 의식과 생활 스타일도 그에 맞춰 변한다. 전문가들은 저출산율의 함정에 빠지는 출산율의 경계선을 1.5명으로 본다. 일본은 1995년 이후 27년째 저출산율의 함정에 빠져 있다.

일본인들의 의식과 생활 스타일 변화는 일본국립사회보장·인구문제연구소가 5년에 한 번 실시하는 〈출생동향 기본조사〉에서도 나타난다. 2021년 조사에 따르면 18~34세 미혼자들이 희망하는 자녀의 수는 남성 1.82명, 여성 1.79명으로, 여성의 희망 자녀 수가 2명 아래로 떨어진 것은 조사가 시작된 이래 처음이었다. '결혼하면 아이를 가져야 한다'라고 생각하는 여성도 약 35.6%로 2015년(67.4%)에 비해 절반 수준으로 감소했다. 일본인 사이에서는 '결혼하면 아이 둘은 기본'이라는 인식이 뿌리 깊은데, 젊은 세대들에게는 이러한 상식이 통하지 않는다. 저출산율의 함정에 빠지는 것이 무서운 이유다.

신생아를 갑자기 늘릴 수 없다는 점도 저출산 대책을 실시한다고 해서 출산율이 바로 오르지 않는 이유 중 하나다. 생물학적 구조상 인간은 성인이 되어야 출산이 가능하기 때문이다. 인구학적으로 출생아 수는 아이를 낳을 수 있는 15~49세 가임기 여성의 수에 좌우된다. 2000년 일본의 가임기 여성은 2,932만여 명이었다. 2021년 가임기 여성의 수는 2,453만여 명으로 20년 만에 500만 명가량 줄었다. 그리고 이는 시작에 불과하다.

총무성의 인구추계에 따르면 2021년 10월 1일 기준 30세 일본인 여성은 57만 9,000여 명인 반면 0세 여아는 39만 7,000여 명이다. 30년

후 30세가 되는 일본인 여성이 지금보다 약 31.4% 줄어든다는 뜻이다. 여성의 수가 단기간에 이렇게 급감하면 출산율이 아무리 개선되어도 신생아 수는 줄어들 수밖에 없다.

신생아 수가 이렇게 줄어든 이유는 결혼을 하지 않기 때문이다. 일본의 생애 미혼율(50세까지 독신으로 사는 비율)은 전문가들도 눈을 의심할 만큼 급격히 올랐다. 후생노동성에 따르면 2021년 일본의 결혼 건수는 약 50만 건으로 제2차 세계대전 이후 최소다. 단카이 세대가 25세 전후였던 1972년의 절반 수준에 불과하다.

저출산의 영향으로 젊은 인구가 줄었다 해도 결혼 건수가 50년 만에 반토막 나는 것은 있을 수 없는 일이라고 전문가들은 지적한다. 그보다는 남성은 약 25.7%, 여성은 약 16.4%까지 상승한 생애 미혼율이 원인이라는 분석이다.

그렇다고 해서 일본인들이 결혼을 기피하는 것은 아니다. OECD 회원국 7개 나라를 대상으로 5년마다 실시하는 의식조사(2018년)에서 "결혼하는 편이 낫다"라고 답한 일본인의 비율은 약 50.9%였다. 미국(약 52.7%)에 이어서 두 번째로 높으며 약 46.1%인 한국보다도 높았다. 반대로 "결혼하지 않는 편이 좋다"라는 응답은 약 35.4%로 7개국 중 가장 낮았다. 국립사회보장·인구문제연구소 조사에서도 젊은 층의 90% 가까이가 "언젠가는 결혼하고 싶다"라고 답했다.

결혼을 하고 싶은데 하지 않고 아이를 낳지 않는 원인은 낮은 수입 때문이라는 것이 전문가들의 공통된 분석이다. 현재 40대 후반

대졸 남성의 평균 실질소득은 10살 윗세대가 같은 나이였을 때보다 150만 엔가량 적다.

2021년 12월 일본릴레이션십협회가 25~49세 여성 400명에게 남편의 조건을 물었더니 기혼과 미혼 여성 모두 '경제력'을 첫째로 꼽았다(63.7%). 미혼 여성이 생각하는 남편의 이상적인 연봉은 1위(약 28.6%)가 600만~800만 엔이었다. 국세청에 따르면 2020년 기준 결혼 적령기인 25~29세 남성의 평균 연 수입은 평균 393만 엔가량, 30~34세는 458만 엔가량이었다. 일본 남성이 아내의 조건으로 '경제력'을 꼽는 비율 역시 1992년 약 27%에서 2015년 약 42%로 크게 늘었다.

도쿄가 노인 대국이 되어가는 이유

고령 인구가 줄어드는 2040년 무렵부터 일본에서는 인구절벽이 시작된다. 인구절벽을 피하려면 신생아 수가 늘어야 한다. 하지만 가임기 여성의 숫자는 비정상적으로 감소하고 있다. 수입이 낮은 일본의 젊은 세대들이 결혼을 기피하면서 신생아 수가 급감했기 때문이다. 오늘날 평균적으로 일본 남성 4명, 여성 6명 가운데 1명은 평생 독신으로 산다.

〈표 7-1〉은 일본 저출산·고령화 문제의 기본 구조다.

〈표 7-1〉 일본이 직면한 저출산·고령화 문제의 기본 구조

전제조건	2040년 무렵부터 현실로 나타날 인구절벽을 막으려면 아이를 많이 낳아야 한다.
문제	• 출생아 수와 가임기 여성의 숫자가 비정상적으로 줄고 있다. • 결혼은 하고 싶지만 돈이 없다.

    일본 인구 문제의 기본 구조를 뜯어보고 내놓는 전문가들의 해결책은 의외로 간단하다. 젊은 세대가 아무 걱정 없이 결혼하고 아이를 가질 수 있는 환경을 만드는 것이다. 지금까지 일본의 저출산 대책은 아이를 기르는 환경, 즉 육아 지원에 초점이 맞춰져 있었다. 일본 가정의 약 70%가 맞벌이인데, 아이를 맡길 형편이 안 되어 출산을 주저하는 사례가 많았기 때문이다. 그래서 일본 정부는 보육원과 육아수당을 늘리고 아빠의 육아휴직을 장려하는 정책을 열심히 펼쳤다. 그 결과 맞벌이 부부들이 아이를 키울 수 있는 환경은 크게 좋아졌다는 평가를 받는다. 한국도 일본과 같은 방식으로 저출산 대책을 마련해 왔다.

    하지만 2010년대 중반부터 저출산의 원인이 바뀌면서 대책의 업그레이드가 절실해졌다. 오늘날 저출산의 원인은 육아 환경이 제대로 마련되지 않아서라기보다 결혼해서 아이를 갖고 싶다는 의욕 자체가 사라진 것이 더 크다는 분석이다. 전문가들은 앞으로의 인구 대책을 '저출산 대책'으로 한데 묶을 것이 아니라 '결혼 및 임신 지원'과 '출산 및 육아 지원'으로 분리해야 한다고 조언한다. 저출산 대책의 중심을 기존의 육아 대책에서 결혼 대책으로 옮겨야 한다는 뜻이다.

'결혼을 원하는 사람이 결혼할 수 있고, 원하는 수만큼의 아이를 낳을 수 있는 환경 만들기'가 결혼 및 출산 대책의 핵심이다. 그래서 일본은 2023년 '어린이가정청'을 설립해 11개 정부 부처에 흩어져 있던 저출산 및 육아 지원 관련 정책을 통합하고, 저출산 담당 특명 장관도 별도로 임명했다.

이처럼 일본은 진작부터 저출산 대책과 고령화 대책을 분리했으며, 이제는 저출산 대책을 다시 육아 대책과 결혼 대책으로 구분할 준비를 하고 있다. 하지만 우리나라는 아직도 대통령 직속 저출산·고령사회위원회가 저출산과 고령화 대책을 모두 담당한다. 저출산·고령화는 주로 지방의 문제이고 인구의 절반이 몰린 서울과 수도권은 괜찮으리라 믿는 사람이 많다. 그러나 일본의 사례를 보면 그렇지만도 않다.

도쿄가 인구 감소로부터 상대적으로 자유로운 지역인 것은 사실이다. 도쿄도 총무국은 2025년 도쿄도의 전체 인구가 1,422만 5,363명, 23구(도심) 지역 인구는 999만 2,282명을 정점으로 감소할 것으로 예상한다. 하지만 인구가 줄더라도 상당 기간 약 1,200만 명 수준을 유지하리라 전망한다.

대신 젊은 도시 도쿄는 '노인의 도시'로 변한다. 지금까지 도쿄가 젊음을 유지할 수 있었던 것은 지방의 젊은이들이 끊임없이 일자리를 찾아 도쿄로 몰려왔기 때문이다. 그러나 저출산이 장기화되면 지방에서 도쿄로 공급될 젊은이들 자체가 사라진다.

도쿄의 젊은 부부들이 아이를 많이 낳는 것도 아니다. 2023년 도쿄의 출산율은 1.12명으로 일본에서 가장 낮았다. 출산율이 0.81명인 한국에서도 서울의 출산율은 0.63명으로 가장 낮다. 대도시일수록 삶이 팍팍하니까 아이를 많이 갖기 어려운 것이다.

2050년에는 도쿄 인구의 약 31%인 401만여 명이 65세 이상 고령자일 것으로 예상된다. 도쿄도민 3명 중 1명은 노인인 셈이다. 도쿄는 일본에서 가장 젊은 도시였던 만큼 고령자가 살기 좋은 환경을 만드는 데는 소극적이었다.

전문가들은 고령화가 지금과 같은 속도로 진행되면 도쿄도는 넘쳐나는 노인들에 비해 병원과 간병 시설은 부족한 '노인 지옥'이 될 수 있다고 우려하고 있다.

도쿄가 늙어가는 것은 도쿄만의 문제가 아니다. 도쿄도의 생산연령(15~64세) 인구는 2025년 938만여 명을 정점으로 2060년에는 706만 명까지 줄어들 전망이다.

생산연령 인구가 700만 명까지 떨어지면 노동력과 재화, 정보가 도쿄라는 거대 도시에 모이면서 생산성을 높이는 '집적의 경제' 효과가 사라지고 만다.

일본의 견인차인 도쿄 경제가 시들면 일본 경제 전체도 쇠퇴를 피할 수 없다. 이는 일본의 큰 고민이다. 출산율이 1명도 안 되는 현재의 흐름을 바꾸지 못하면 서울과 수도권이 겪게 될 우리의 불안한 미래이기도 하다.

출산율은 높은데 인구는 왜 줄어드는가

2023년 1월 23일 기시다 후미오 당시 일본 총리는 "저출산 대책을 가장 주요 정책으로 삼고 지금까지와는 차원이 다른 대책을 실현하겠다"라고 공언했다. '차원이 다른 저출산 대책'의 시작이다.

일본은 33년 전 시작한 저출산 대책을 계속 수정, 보완하면서 이어오고 있다. 그 덕분에 일본의 고령 인구 비율은 2050년경에는 한국보다 낮아질 것으로 전망한다.

저출산 대책이 시작된 1990년 일본의 합계특수출산율은 제2차 세계대전 이후 최소인 1.57명을 기록했다. 합계특수출산율은 여성 1명이 평생 출산할 것으로 예상하는 자녀 수의 평균치다. 저출산 대책을 시작하고도 출산율 하락이 멈추기까지는 15년이 걸렸다. 2005년 역대 최저치인 1.26명으로 떨어진 일본의 출산율은 이듬해부터 상승세로 전환해 2015년에는 1.45명까지 회복했지만, 2016년부터는 다시 감소세로 돌아서서 2021년에는 1.30명으로 하락했다.

2023년에는 1.20명까지 떨어졌지만, 그래도 일본의 출산율은 2005년 이후 10년간 회복기를 포함해 지난 30여 년간 대체로 1.30~1.50명을 유지했다. 지난 10여 년간 출산율이 계속 추락한 한국과 대비된다. 그래서 2023년 기준 인구 1억 2,500만여 명, 출산율 1.20명의 일본이 인구 5,200만여 명, 출산율 0.72명의 한국보다 인구 감소 문제를 더 심각하게 받아들이고 있다는 지적이 나온다. 우리나라도 2024년 6월 윤석열 당시 대통령이 '인구 국가비상사태'를 선언하고 〈저출산 추세 반등을 위한 종합대책〉을 내세우며 저출산·고령화와의 전쟁을 시작했지만 아직 시작에 불과하다.

출산율이 1.45명까지 회복됐던 2015년 아베 신조 당시 일본 총리는 '1억총활약 담당 장관'이라는 직책을 만들었다. 일본의 인구를 1억 명 이상으로 유지하는 동시에 고령자와 여성의 사회적 참여를 늘린다는 정책이었다. 하지만 2021년 출산율이 1.30명으로 떨어지면서 목표 달성은 물 건너갔다는 혹평을 받았다. 2022년 신생아 수는 인구조사를 시작한 1899년 이후 처음으로 80만 명을 밑돌았다.

결국 2021년 10월 집권한 기시다 총리는 1억총활약 담당 장관을 폐지했다. 인구 1억 명 붕괴가 기정사실로 다가온 만큼, 더욱 현실적인 대책을 마련하겠다는 의지로 해석된다. 2023년 4월 신설한 어린이가정청이 그 대표 사례로, 11개 정부 부처에 흩어져 있던 저출산과 육아 지원 관련 정책을 통합했다.

일본이 저출산·육아 대책에 집중하는 중요한 이유는 인력난에 대비하기 위해서다. 2030년 일본은 전체적으로 644만여 명의 인력이 부족할 것으로 전망된다. 일본 정부는 인력난을 최소화하려면 출산율을 높여서 생산연령 인구(16~64세)를 유지하는 것이 급선무라고 판단했다. 2021년 10월 기준 일본의 생산연령 인구는 7,500만여 명으로 전체 인구의 약 59.4%다. 전체 인구 1억 명 유지 대신 생산연령 인구 7,000만 명 유지가 일본 정부의 새로운 목표가 된 것이다. '차원이

다른 저출산 대책'도 저출산 방지 대책뿐 아니라 생산연령 인구 유지에 초점을 맞췄다.

  자녀가 많을수록 세금을 깎아주는 제도 등 세제 혜택도 지속해서 논의 중이다. 자민당의 모테기 도시미쓰 간사장은 'N분 N승' 방식의 소득세 감면 혜택을 주장했다. 선진국 중 출산율 반등에 성공한 프랑스가 1946년부터 도입한 제도로, 가족의 합산 소득을 가족 수로 나눠 1인당 소득세를 매기는 방식이다. 자녀가 많을수록 세금이 줄어드는 효과가 있다. 야당인 일본유신회와 국민민주당도 'N분 N승' 소득세 감면 혜택에 찬성했다. 다만 N분 N승 소득세 감면은 혜택이 고소득자에게 집중된다는 비판 때문에 현재 일본에서는 논의가 중단된 상태다. 하지만 예산뿐 아니라 세제 등 다양한 분야에 걸쳐 출산율을 올리고 생산연령 인구를 유지하려는 일본 정부의 노력은 계속되고 있다. 일본에서 중단된 N분 N승 소득세 감면 제도는 2025년 6월 3일 대선에서 민주당의 공약으로 검토되면서 우리나라에서도 주목을 받았다.

4부.

인력난에 대한 일본 정부와 기업의 대응

예상했던 재난인데 왜 못 막았나

광고 속 과거가 현재보다 활기찼던 이유

1988년을 전후로 한국과 일본에서 방영된 코카콜라 광고는 두 나라에서 큰 인기를 끌었다. 일본에서 먼저 발표한 광고와 광고 음악이 화제를 불러일으키며 한국에서도 같은 콘셉트의 광고가 제작되었다.

1988년은 일본의 버블 경제가 절정에 달했던 때다. 일본이 엄청난 전성기를 누리던 반면 한국은 일본보다 20년 정도 뒤처졌다는 평가를 받던 시기다. 금방이라도 미국을 따라잡을 듯한 기세의 일본에서 큰 반향을 일으킨 광고였던 만큼, 한국에서의 반응도 매우 뜨거웠다.

코카콜라 광고는 초기에는 직장 생활과 여가시간의 활력과 여유

⟨사진 8-1⟩ 1980년대 일본 코카콜라 광고

출처: 코카콜라

⟨사진 8-2⟩ 1980년대 한국 코카콜라 광고

출처: 코카콜라

를 그리다가 점점 생활 속에 스며든 자사 상품을 묘사하는 방향으로 진화했다. 해당 광고를 통해 당시 두 나라의 직장 생활과 일상의 풍경을 엿볼 수 있다. 35년 전 직장 및 일상의 모습을 오늘날과 비교해

보면 상당히 흥미롭다.

한국 코카콜라 광고에 나타난 1988년의 일상 풍경은 오늘날의 기준으로 보면 마치 기록 영화를 보듯 오래된 옛날처럼 느껴진다. 반면, 일본 광고에 담긴 1988년의 일상과 오늘날은 콜라를 마시는 사람이 줄었다는 점을 제외하면 거의 변화가 없다. 어린이집 원생들과 중·고교생들의 교복, 여름철이면 일상적으로 입는 유카타, 하얀색 자전거를 타고 순찰하는 순경, 다양한 방과 후 동아리 활동, 노천온천, 여름 축제(마쓰리), 자녀의 건강과 행복을 비는 시치고산(일본의 전통 행사) 등…. 일본을 찾는 한국인들은 한국이 어느 틈엔가 흘려보내 버린 전통 풍습과 옛 모습들이 일본은 오늘날 도쿄 도심에서조차 고스란히 남아 있다는 사실에 놀라고는 한다. 그래서 서울과 도쿄 생활의 가장 큰 차이를 꼽을 때 '계절의 변화와 1년의 흐름을 생생하게 느낄 수 있는 점'이라고 답하는 한국인 주재원이 많다. 새로운 것만 추구하는 대신 옛 모습도 소중하게 간직한 일본의 일상 풍경이 매력적이라는 외국인도 적지 않다.

하지만 기업의 측면에서 보는 평가는 사뭇 다르다. 일본 기업들을 방문한 외국인들은 대체로 1988년 광고에 나오는 모습과 큰 차이를 느끼기 어렵다는 반응이다. 데스크톱 컴퓨터가 노트북으로 바뀌고 사무실 인테리어가 더 세련되어졌다는 점을 제외하면 말이다.

정신없이 변하는 세상에서 생활의 풍경이 한결같다는 점은 안정감을 준다. 그러나 전 세계 기업들이 혁신에 목을 매는 이때, 변화에

둔감한 기업들이 모인 일본 경제는 정체 상태를 벗어나지 못할 수밖에 없다.

일본도 이를 잘 알고 있다. 일본 재계 스스로도 주요국이 4차 산업혁명 시대를 대비하는 방식에 대해 "미국은 IX, 유럽은 CX로 미래를 향해 나아가는데 일본은 여전히 쇼와 모델을 벗어나지 못한다"라고 평가한다.

'이노베이션 트랜스포메이션(Innovation Transformation)'의 약자인 IX는 기술 혁신으로 경제 구조를 진화시키는 미국 기업들의 미래 전략이다. GAFA[구글(Google), 애플(Apple), 페이스북(Facebook, 현 메타), 아마존(Amazon)의 앞 글자를 따서 만든 단어] 등 빅테크 기업들이 대표적이다.

CX는 '코퍼레이트 트랜스포메이션(Corporate Transformation)'의 줄임말이다. GAFA와 같은 초대형 혁신 기업을 배출하지는 못했지만, M&A를 통해 기업의 경쟁력을 높이는 유럽 기업의 4차 산업 대응 전략을 말한다. 기술 혁신 대신 기업의 모습과 체계를 변신시켜 미래에 대응한다는 전략이다.

쇼와(昭和) 시대는 1926년부터 1989년까지의 기간으로 히로히토 일왕의 재위 기간이다. 일본이 세계 2위 경제 대국에 오른 '좋았던 날'을 상징하기도 하지만, 오늘날에는 '낡고 구식'이라는 이미지로 더 많이 쓰인다. 코카콜라 광고에서 묘사한 일본이 쇼와 말기였다는 점에서 "일본 기업들은 여전히 쇼와 모델을 고수한다"라는 일본 재계의 자평은 설득력이 있다. 쇼와 모델을 벗어나지 못한다는 말은 미국 기업이 기술 혁신, 유럽 기업이 M&A를 통해 미래 경쟁력을 끌어올리는 데 비해 일본 기업은 여전히 이른바 '쌍팔년도' 경영방식을 고수한다는 뜻이다.

일본 기업의 쌍팔년도 경영방식이란 '모노즈쿠리(ものづくり)'로 대표되는 일본의 제조업 전통을 말한다. 모노즈쿠리는 착실하게 개선과 개량을 거듭하면 어제보다 조금 더 나은 제품을 만들 수 있다는 일본 제조업 특유의 장인정신이다. 지금까지는 이러한 일본의 장인정신이야말로 오늘날 일본을 세계 3위 경제 대국으로 올려놓은 원동력이었다. 하지만 최근 들어서는 디지털화와 기술 혁신을 가로막는 장애물이라는 지적이 더 많다. 이제껏 존재하지 않던 기술 혁신을 통해 단숨에 시장 판도를 바꾸는 '게임 체인저'의 시대에 모노즈쿠리 전통이 의도치 않게 변화를 거부하는 주체로 작용한다는 것이다. 지금 일본 사회를 강타한 '인력난' 역시 인구 구조의 변화 때문이기도 하지만, 한편으로는 변화를 거부한 일본 기업이 자초한 일이라는 지적이 나오는 이유다.

우수한 해외 인재를 놓치는 이유

일본 심리학의 대부 가와이 하야오는 《중공구조 일본의 심층(中空構

造日本の深層)》이라는 책에서 "일본의 정치 지도자와 기업 경영인은 강력한 지도자보다 전체적인 균형을 조율하는 조정자형이 많다"라고 말했다. 그 결과로 미국과 유럽 기업은 강력한 리더가 이끄는 통합형 경영 체제가 많지만, 일본 기업은 균형형 경영 체제가 흔하다고 분석했다.

중공구조(中空構造)란 하야오가 책에서 제시한 개념으로 일본 문화와 사회의 본질을 설명하는 핵심적인 틀이다. '중심에 아무것도 없는 상태', 즉 중심이 비어 있는 구조를 의미한다. 일본 신사는 입구인 도리이(鳥居, 신사 입구에 세워진 전통 건축물)부터 고색창연한 건축물이 늘어서서 신성함을 강조하지만, 막상 신사 안은 텅 비어 있다. 겉보기엔 화려한데 알맹이는 없이 텅 빈 일본 신사의 사당(祠)처럼, 일본 기업은 실질적인 리더가 존재하지 않는 대신 각 계열사나 사업부의 힘이 서로 작용해 조직의 균형을 유지한다는 설명이다.

변화와 혁신에 소극적인 일본의 전통적인 경영인상(像) 역시 쇼와 모델을 대표한다. 수십, 수백 곳의 계열사를 거느린 재벌의 선단식 경영 시대에 이러한 경영 체제는 기업을 안정적으로 이끄는 경쟁력이었다. 그러나 변하지 않으면 살아남지 못하는 오늘날, 이런 전통적인 일본 경영인 모델은 기업을 이른바 고인 물로 만드는 주요 원인이다.

품질검사 부정, 직장 내 괴롭힘, 입찰 담합 등 사고가 끊이지 않는 미쓰비시전기는 전통적인 조정자형 경영 체제의 단점을 적나라하게 보여준다는 평가를 받는 기업이다. 미쓰비시전기는 8개의 사업 부문 대표자가 사장을 돌아가면서 4년씩 나눠 맡는 전통을 고수해 왔다. 그 결과 사장은 조직의 리더라기보다 8개 사업부의 조정자에 가깝다. 자연스럽게 사업 구조 재편과 같은 변혁을 추진하는 리더는 드물고, 현상 유지에 힘을 쏟는 관리자가 대부분이었다. 수성에 골몰하는 고만고만한 경영인은 미쓰비시전기뿐 아니라 일본 기업 어디서나 찾아볼 수 있는 일본 특유의 현상이다.

총리 직속 자문 기구인 경제재정자문회의의 구성원이자 2024년 일본 3대 경제 단체인 경제동우회 대표로 선출된 산토리홀딩스의 니나미 다케시 사장은 이를 '마트료시카 현상'이라고 부른다. 비슷한 유형의 경영인이 반복 배출되는 일본 기업의 풍토를 큰 인형 안에서 작은 인형이 나오고 또 그 속에서 더 작은 인형이 나오는 러시아 전통 인형 마트료시카에 빗댄 표현이다.

변화를 거부하는 경영인에 더해서 제2차 세계대전 이후 일본을 일으켜 세운 힘이었던 '애니멀 스피릿(Animal spirits, 야성적 충동, 경제가 인간의 합리적이고 이성적 판단으로 움직인다는 전통적 관점에 반해 불확실성과 심리적 요인이 실제 경제 행동에 큰 영향을 미친다는 점을 강조하는 개념)'의 상실이 겹치면서 일본 경제가 시들고 있다는 것이 일본 재계의 자체 진단이다.

2022년 3월 일본경제연구센터는 중기 경영예측 결과를 발표했다. 코로나19 팬데믹이 2022년 이내에 수습되고 러시아가 우크라이나를

침공하면서 세계 경제에 준 충격이 2025년까지 마무리된다는 표준 시나리오에서도 2030년대 일본 경제는 마이너스 성장이 상시화할 것으로 예상되었다. 2026~2030년 기준 대기업의 영업이익도 60조 엔 수준에서 정체될 것으로 예상된다.

기업 실적 부진에 따른 설비 투자 부진, 저출산·고령화에 따른 노동력 감소 때문이라는 분석이다. 근로자 1인당 급여 증가율은 약 0.3%에 그치고 대기업의 영업이익도 60조 엔 수준에서 정체될 것으로 내다봤다.

인재가 핵심 자원인 시대에 인재를 채용하는 방식도 쇼와 모델을 벗어나지 못하고 있다. 전문직 외국인을 채용하려는 일본 기업들은 정작 전문성보다 일본어 회화 실력을 더 중시해 인력난을 자초한다.

〈니혼게이자이신문〉이 2021년 외국인 전문 취업 사이트의 자료를 살펴보니 전문직 외국인을 구하는 기업의 약 75%가 최고 수준의 일본어 실력을 요구했지만, 해당 기준을 실제로 충족하는 외국인 인재는 약 37%에 불과했다. 2021년 11월 말 기준 전문직 외국인을 찾는 구인 광고 1만 8,000여 건과 일본 취업을 희망하는 외국인 등록자 9,000여 명의 현황을 분석한 결과다.

일본 기업의 75%는 일본국제교류기금이 주관하는 일본어능력시험(Japanese Language Proficiency Test, JLPT)의 최고 등급인 'N1' 이상의 어학 실력을 요구했다.

반면 외국인 구직자 가운데 N1 등급을 받은 사람은 37%가량에 그쳤다. 특히 5등급으로 나뉘는 JLPT 시험의 두세 번째 등급인 N2와 N3 실력의 외국인 구직자가 절반에 달했다.

이런 불일치를 방치한 채 일본 기업들은 항상 해외 인재가 부족하다며 아우성친다. 일본 경제산업성은 2030년에 이르면 일본의 정보기술 관련 인력이 최대 79만 명가량 부족할 것으로 예상했다. 이에 일본 정부는 인력난을 해소하고자 해외 인재를 자국으로 불러들인다는 목표를 세웠다.

일본학생지원기구의 2019년 조사 결과, 외국인 유학생 중 일본에 취업한 비율은 약 36.9%로 정부 목표치인 50%를 크게 밑돌았다. 전문성보다 일본어 실력을 중시하는 기업의 채용 방침이 인재 수입을 막은 결과다.

미국과 유럽은 회화 능력보다 전문성을 중시하는 채용 관행을 정착했다. 필요한 업무에 필요한 능력을 갖춘 인재를 뽑는 직무기술형 채용 제도가 일반화되어 있다. 반면 일본은 직무 구분 없이 일괄적으로 채용한 인재를 업무에 필요한 교육을 하는 연공서열 방식의 종신고용제가 대부분이어서 회화 능력을 과도하게 중시할 수밖에 없다고 설명한다.

파솔종합연구소의 고바야시 유지 수석 연구원은 "정보기술 분야는 해외 인재 활용이 필수인 업종이지만, 일본어 능력을 중시한 나머지 우수한 해외 인재를 놓치는 기업이 많다"라고 지적했다.

열정 없는 직원은 급여도 줄어든다

직원의 '근로 의욕'에 비례해 경영자의 보너스를 지급하는 일본 기업이 늘고 있다. 수익성만으로 기업 가치를 평가받던 시대가 바뀌면서 일본 기업들도 인적 자본 투자를 강화하고 있는 것이다.

일본 전자 대기업 히타치제작소와 정유사 이데미쓰코산, 파나소닉홀딩스의 자동차 부품 계열사인 파나소닉오토모티브시스템스(Panasonic Automotive Systems Co., Ltd., PAS) 등은 2024년부터 임원의 주식 보수 지급액을 직원의 의욕과 연동시키는 제도를 도입했다.

히타치제작소는 2024년까지의 중기 경영 계획에서 목표 달성률에 따라 임원의 주식 보수를 10% 추가로 지급하는 제도를 도입했다. 달성 목표 중 하나는 직원의 의욕 고취로, 일에 대한 의욕과 충실감 등 4개 항목에 대해 직원들의 긍정적인 답변 비율이 68% 이상이면 주식 보너스를 추가로 지급한다.

이데미쓰코산은 임원의 실적 연동형 주식 보너스 가운데 20%를 직원의 의욕 등 비재무적 지표로 결정하는 제도를 2024년 6월 주주총회에서 승인받아 정식으로 도입했다.

PAS는 전 직원 6,000명을 대상으로 매년 설문조사를 실시해 근로 의욕이 높아지면 담당 임원의 보너스를 올리고, 변화가 없거나 떨어지면 보너스를 깎는다. 10개 항목으로 모든 직원의 근로 의욕을 5단계로 평가하는데, 그 결과에 따라 성과급 액수가 100만 엔 이상 달라진다.

기업이 직원의 의욕을 높이는 데 공을 들이는 이유는 생산성 향상 및 투자가 평가로 직결되기 때문이다. 인재 컨설팅 기업인 링크앤모티베이션이 2017년부터 2018년까지 일본 200개 기업을 대상으로 조사한 결과, 직원의 근로 의욕은 이듬해 매출 및 이익 증가율과 비례했다.

미국과 EU의 기업들은 일찌감치 기업의 생산성을 높이는 요소로 직원의 의욕을 주목해 왔다. 컨설팅 기업 윌리스타워스왓슨(Willis Towers Watson, WTW)에 따르면 영국과 독일 증시를 구성하는 기업 330개 가운데 약 30%, 미국 S&P500 지수 구성 기업의 20%가 임원 보수를 직원의 근로 의욕과 연동하고 있다. 그러나 일본 기업 1,100여 곳 가운데 의욕을 임원 보수의 결정 요인으로 삼는 기업은 20곳에 불과했다.

이처럼 인적 자본 투자에 인색하다 보니 일본의 근로자들은 다른 나라보다 직원의 의욕이 크게 떨어져 있다. 시장조사 기업 갤럽의 2022년 조사 결과, 업무에 의욕을 느끼는 일본 근로자 비율은 5%로 세계 평균인 21%에 비해 최저 수준이었다.

전문가들은 저출산·고령화로 인력난이 심각한 일본에서 직원의 근로 의욕을 소홀히 여기는 기업은 대규모 이직 사태에 직면할 수 있다고 경고한다. 정부도 2023년 발표한 인적 자본 정보 공시 항목에 의욕을 포함하는 등 기업에 인적 자본 관리를 압박하고 있다.

WTW의 미야카와 마사야스 디렉터는 "공시 규정이 정비되고 인적 자본에 관한 관심이 높아지고 있으므로 의욕과 임원 보수를 연동시키는 일본 기업이 많이 늘어날 것"이라고 내다봤다.

일본 기업 '대폐업' 시대
127만 개 기업이 문 닫을 위기

1811년 창업한 니가타현 산조시의 채소 절임 기업 노지마식품. 이 기업의 7대 사장인 노지마 겐스케(62세)는 사학 명문인 메이지대학교를 졸업하고 광고 대리점에서 일했다. 가업을 물려받는 전통에 따라 부친으로부터 기업을 물려받은 것이 2000년의 일이다. 그는 이후 사업 영역을 가공식품으로 넓혔다. 그가 개발한 샐러드 드레싱은 일본 최대 항공사 ANA의 국제선 퍼스트클래스 식사에 채택되었다. 매출은 7억 엔을 넘어섰다.

하지만 4년 전 지병을 얻으면서 상황이 급변했다. 병원 신세를 지는 시간이 늘어나면서 경영에 전념하기 어려워졌지만, 사업을 물려줄 사람이 없었다. 창업 200년이 넘는 노포의 명맥이 끊어지는 것을 막기 위해 노지마 사장이 선택한 수단은 바로 기업 M&A였다.

'기업 존속, 상품과 브랜드, 고용 유지'를 조건으로 2020년부터 인수자를 찾은 끝에 2021년 여름 미야기현 센다이시의 식품 기업 프론티어에 기업을 매각했다. "사풍과 사원을 소중히 한다"라고 약속한 프론티어는 총무부 직원이었던 다다 슈헤이(34세)를 노지마식품에 파견해 미래의 경영인으로 육성하고 있다.

센다이에서 노지마식품이 있는 니가타현 산조시는 300km가 넘게 떨어진 먼 곳이지만, 다다는 가족을 데리고 이주해 경영 수업을 받고 있다. 그는 〈요미우리신문〉과의 인터뷰에서 "200년 이상 이어진 노지마식품의 역사와 브랜드를 소중히 지키고 싶다"라고 말했다.

2021년 6월 기준 일본에는 336만 5,000여 개의 중소기업이 있다. 2014년에 비해 7년 새 44만 4,000여 개가 줄었으며, 연 단위로 계산하면 연평균 약 6만 3,400개씩 감소한 셈이다.

일본중소기업청에 따르면 2002년 61.5세였던 중소기업 사장의 평균 연령은 2022년에는 71.6세까지 높아졌다. 2025년 7월 기준으로 일본 내 중소기업 245만여 개는 평균 은퇴 연령인 70세를 넘은 사장들이 경영하고 있다. 중소기업의 약 80%를 70세 이상의 고령자가 운영하는 셈이다. 이들 가운데 127만여 개는 후계자를 구하지 못한 것으로 추산된다. 이대로라면 일본 중소기업의 3분의 1이 후계자가 없어서 문을 닫는 '대폐업'의 시대가 온다.

대폐업의 시대는 이미 현실로 다가오고 있다. 시장조사 기업인 도쿄상공리서치에 따르면 2022년 휴·폐업 또는 해산한 중소기업은 4만 9,625곳으로 1년 새 약 12% 늘었다. 20년 전인 2002년(1만 8,031곳)에 비해서는 약 2.8배 늘었다. 이 가운데 약 55%가 흑자였는데도 문을 닫았다. 후계자가 없었기 때문이다.

중소기업청은 대책을 마련하지 않으면 중소기업 60만여 곳이 흑자인 채 문을 닫으면서 650만여 명의 실업자가 발생하고 22조 엔의 GDP가 줄어들 것이라고 경고했다. 이는 일본 GDP의 약 4%에 달하는 액수다.

중소기업은 일본 전체 기업의 약 99.7%에 달하고 일본 전체 고용의 약 70%를 담당한다. 물려줄 사람이 없어서 문을 닫는 중소기업 중에는 우수한 기술을 가졌거나 외국인 관광객이 많이 찾는 료칸도 많다. 특히 중소기업은 지방의 산업을 지탱하는 중추이므로 일본 정부는 이 현상이 지역의 쇠퇴를 가속할 것으로 우려하고 있다.

그래서 정부는 중소기업에 후계자를 찾아주는 사업 승계 대책을 마련하기 위해 필사적으로 노력하고 있지만 현실은 쉽지 않다. '인구 감소의 역습'인 인력난이 심각하기 때문이다. 직원만 부족한 것이 아니라 경영자는 더 부족하다.

대폐업의 시대를 어떻게 막으려는 일본의 사업 승계 대책은 크게 세제 혜택과 기업 M&A 지원으로 나뉜다.

일본은 선진국 기준으로 최고 수준의 상속·증여세를 부과하는 나라다. 최고 세율이 무려 55%에 달한다. 상속재산 1,000만 엔까지의 세율은 10%지만, 5,000만 엔부터 1억 엔까지는 30%, 3억 엔부터 6억 엔까지는 50%로 급격히 늘어난다. 물려주는 재산이 6억 엔을 넘으면 최고 세율(55%)을 적용받는다. 증여액은 3,000만 엔을 넘으면 55%의 세금을 물어야 한다. 일본을 대표하는 전자 대기업 파나소닉과 소니그룹을 창업한 마쓰시타 가문과 모리타 가문의 보유 지분이 오늘날 '제로(0)'에 가까운 이유다.

반면 중소기업의 사업 승계에 대해서는 상속·증여세 부담을 파격적으로 줄여주고 있다. 일본 정부는 2009년 〈중소기업의경영승계원활화에관한법률(경영승계원활화법)〉을 제정해 사업을 승계한 후계자가 물어야 할 상속·증여세를 유예 및 면제하고 있다.

비상장 중소기업 승계의 경우 전체 주식의 3분의 2까지에 대해 상속세와 증여세를 각각 80%와 100%씩 유예한다. 다만 5년간 정규직 근로자 고용을 약 80% 이상 유지하는 등의 조건을 충족해야 한다. 승계 5년 후 기존 경영인의 사망, 사업 실적 부진 등의 조건에 따라서는 유예된 세금을 면제받을 수도 있다.

2018년에는 사업 승계 시 세제 혜택을 더욱 확대한 특례조치를 10년 기한으로 도입했다. 세금을 유예 또는 면제받을 수 있는 주식 수를 3분의 2에서 100%로 늘렸다. 80%였던 상속세 유예 비율도 100%로 올렸다. 특례조치를 인정받으려면 지방자치단체에 사업계획서를 제출해야 한다. 일본 정부는 2023년 말 세제 개편을 통해 2024년 3월 말까지였던 제출 기한을 2026년 3월까지로 2년 연장했다.

세제 혜택과 함께 사업 승계를 지원하는 또 하나의 축은 M&A다. 기술력 있고 기업 사정이 좋은데도 물려줄 사람이 없어서 문을 닫게 된 중소기업을 제삼자가 인수해서 명맥을 잇게 만드는 수단이다. 한국도 일본의 제도를 참고해 M&A를 통한 사업 승계를 지원하고 있다. 일본 정부는 M&A로 살릴 수 있는 중소기업이 30만 개에 달할 것으로 보고 다양한 지원책을 내놓고 있다.

1990년대에는 M&A를 통한 가업 승계를 위해 일본M&A센터, 스트라이크 등 민간 M&A 중개 기업이 잇따라 설립되었다. 일본 정부도 2006년 중소기업청 등이 만든 〈사업 승계 가이드라인〉에서 M&A를 유력한 대안으로 제시했다.

2020년부터는 정부가 M&A 계약서 형식과 중계수수료를 정했다. M&A는 기업의 기업 가치 산정, 주식 양도 등을 포함하는 고도의 금융 거래다. 관련 지식이 얕은 중소기업 경영인들은 증권사나 회계법인 같은 M&A 자문사에 의지해야 한다. 이를 위해 정부가 부동산 거래처럼 계약서 형태와 수수료율을 정함으로써 자식 같은 기업을 헐값에 팔거나 수수료 바가지를 쓸 우려를 없애준 것이다. 2021년에는 〈중소M&A추진 5년 계획〉을 세워 M&A 중계수수료 일부를 정부가 지원하고 M&A로 사업을 승계한 중소기업의 법인세를 깎아주는 제도도 내놨다.

후계자 문제에 힘들어진 중소기업을 인수하는 주체는 기업만이 아니다. PEF 운용사도 M&A를 통한 승계 문제 해결의 중요한 플레이어다. 일본 정부는 사업 승계형 M&A를 전문으로 하는 PEF를 직접 지원한다. 2023년에도 120억 엔가량의 예산을 투입해 사업 승계 기업에 투자하는 민간 펀드를 지원했다.

대폐업의 시대를 막고자 금산분리(금융 자본과 산업 자본의 분리) 규제도 완화했다. 한국과 마찬가지로 일본도 은행의 직간접적 기업 지배를 금지한다. 일본의 은행법상 은행은 사업 회사(기업) 지분의 5%까지만 보유할 수 있다. 하지만 2019년과 2021년에 단계적으로 법을 개정해 기업 재생과 사업 승계 목적일 경우 지분을 100% 인수할 수 있도록 규제를 완화했다. 덕분에 시중은행도 자회사를 통해 경영권을 사들여 기업 가치를 높인 후 되팔 수 있게 되었다. 시중은행의 PEF 영업이 가능해진 셈이다.

'메가뱅크'라고 부르는 초대형 시중은행 가운데 2위인 미쓰이스미토모파이낸셜홀딩스그룹이 처음으로 사업 승계 M&A 시장에 뛰어들었다. 그룹의 은행 계열사인 미쓰이스미토모은행은 2020년 설립한 자회사 SMBC캐피털파트너스를 통해 사업 승계에 나선 기업의 소수 지분을 구매하거나 경영권을 인수하는 데 2,000억 엔을 투자한다. 2025년까지 지분 투자로 1,000억 엔, 2027년까지 경영권 인수에 1,000억 엔을 각각 투자할 계획이다. 경영권 인수는 1건당 30억~200억 엔을 투자할 예정으로, 2022년 11월 달걀 제조 기업 이세식품의 경영권을 제1호로 인수했다.

미쓰이스미토모은행은 인수한 기업에 자사 인력을 파견해 기업 가치를 높일 계획이다. 현행 은행법상 은행의 주식 보유 인정 기간인 10년 이내에 인수한 기업을 되팔아 매각차익을 얻기 위해서다. 인수한 기업을 상장(Initial Public Offering, IPO)시키는 선택지도 있다. 사업 승계 M&A를 통해 5~10년 후 150억 엔의 순익을 내는 것이 목표다.

10년 넘게 이어진 초저금리로 예금과 대출 같은 전통적인 은행 업무로 먹고살기 힘들어진 지방은행들도 계열 투자 펀드를 통해 후계자 문제로 고민하는 기업의 경영권을 사들이는 사례가 늘고 있다. 은행으로서도 M&A 중개수수료와 향후의 매각 차익에 더해서 인수한 기업 경영인과 친족의 자산운용까지 맡을 수 있어서 새로운 수익원으로 주목하고 있다.

히로시마 지역은행인 히로긴홀딩스 계열의 히로긴캐피털파트너스와 중소·중견 기업과 거래가 많은 리소나은행의 투자 전문 자회사도 사업 승계 M&A에 나서고 있다. 아키타은행과 도쿠시마현의 아와은행도 각각 10억 엔과 30억 엔 규모의 사업 승계 지원 펀드를 운영 중이다.

도요대학교의 노자키 히로나리 교수는 "은행의 정보 수집 능력을 살려 대출과 주식 양면에서 기업의 재생을 지원하는 흐름은 은행에 있어서도, 사회에 있어서도 이익이 크다"라고 말했다.

이 같은 지원에 힘입어 사업 승계 M&A 거래 수는 2022년 1,681건으로 5년 사이 2.4배가량 늘었다. 하지만 2배 넘게 늘었다고 해도 여전히 M&A가 대폐업을 막는 대안이라고 하기에는 역부족이다.

2019년 일본 중소기업청이 세운 목표는 연간 6만 건 이상이다. 그러나 2022년 실적은 정부 목표의 2.8% 수준에 그친다.

사업 승계 M&A가 기대한 만큼 일어나지 않는 이유로는 우선 비싼 중개수수료가 그 원인으로 꼽힌다. M&A 수수료는 매각 가격의 2~3% 수준으로 정해져 있다. 증권사와 회계법인 같은 자문사들은 수수료를 최소 2,000만 엔 이상 받을 수 있는 M&A만 취급한다. 수수료가 이 정도 나오는 M&A는 연간 매출이 5,000만 엔 이상으로 한정된다. 340만여 개의 중소기업 가운데 연간 매출이 5,000만 엔 이상인 곳은 약 30%에 불과하다. 즉, 나머지 약 70%는 제대로 된 자문을 받을 수 없다는 뜻이다. 이에 따라 정부가 마련한 중개수수료 기준이 도리어 중소기업의 M&A를 막는다는 지적이 끊이지 않는다.

중소기업이 대기업으로 성장하기를 꺼리는 일종의 '피터팬 증후군'도 중소기업끼리의 M&A를 막는 요인이다. 다른 중소기업을 인수해 몸집이 커지면 중소기업을 위한 다양한 세제 우대와 보조금을 받을 수 없기 때문이다. 일본은 1963년 〈중소기업기본법〉을 제정해 중소기업을 세제와 자금 조달 측면에서 보호하고 있다.

하지만 일본의 가업승계 M&A가 활발하지 못한 가장 큰 이유는 '거부감' 때문이라는 분석이다. 일본인들은 100년 넘게 이어온 가업이 자기 대에서 끊어지는 것은 죽어서도 조상님을 뵐 면목이 없어지는 일일뿐더러, 가업을 파는 것 또한 가문과 종업원, 지역 사회에 폐를 끼친다고 여긴다. 일본에서는 아직도 M&A를 이른바 '먹튀(먹고 튀는 것)'로 터부시하는 경향이 강하기 때문이다.

가업을 사업 회사가 아니라 투자 기업인 PEF에 매각하는 데 대한 거부감은 말할 것도 없다. 현지에서 활동하는 PEF 매니저들의 이야기를 들으면 가장 애를 먹는 부분이 "내 눈에 흙이 들어가도 PEF에는 못 판다"라는 중소기업 경영인들의 엄청난 거부감이라고 한다. 인수한 기업의 가치를 높인 후 되파는 PEF의 업태는 중소기업 경영인들로서는 더욱더 "먹튀했다"라는 수군거림을 들을 수밖에 없는 구조다. 2023년 정부 계열의 중소기업기반정비기구가 중소기업 경영자를 대상으로 실시한 조사에서 "M&A에 의한 사업 매각에 저항감이 있다"라는 답변이 40%에 달했다. M&A에 대한 거부감을 줄이는 방법에 일본 중소기업의 미래가 달렸다고도 볼 수 있는 상황이다. 지금 일본에서 M&A가 아닌 것 같은 M&A의 다양한 묘안들이 시도되는 이유다.

청년이 사장이 되어서 기업을 인수하는 시대

지금 일본에서는 재벌 2, 3세가 아니어도 20대에 수십억 원짜리 기업을 인수해 사장이 될 수 있다. 캐릭터 상품을 기획·판매하는 기업 아레스컴퍼니(본사는 지바현 마쓰도시)의 사장 오토미 료는 1993년생으로 2025년 기준 31세다. 아레스컴퍼니는 오토미 사장이 6살 때인 1999년 설립되었으니 그가 창업자일 리는 없다. 부친의 가업을 물려받은 것도 아니다. PEF 운용사가 새로 인수한 기업에 파견한 펀드매니저도 아니다.

아레스컴퍼니는 오토미가 2년간 잘 경영할 수 있을 것 같은 기업을 고른 끝에 2022년 수억 엔을 주고 인수한 기업이다. 재벌 2, 3세가 아닌 그가 29살에 그만한 돈이 있을 리 없다. 그는 자신을 사장이 될 만한 인재라고 평가해 준 투자 수단으로부터 인수 자금을 빌려서 사장이 되었다. 이른바 '사장이 될 상인가'를 평가하는 투자 수단이 바로 서치펀드다.

벤처캐피털(Venture Capital, VC)은 될성부른 떡잎 같은 기업에 투자하고, PEF는 저평가된 기업을 사들인다. 서치펀드는 기업이 아니라 사람, 그중에서도 사장이 될 만한 인재에 투자한다.

〈그림 9-1〉 서치펀드 구조

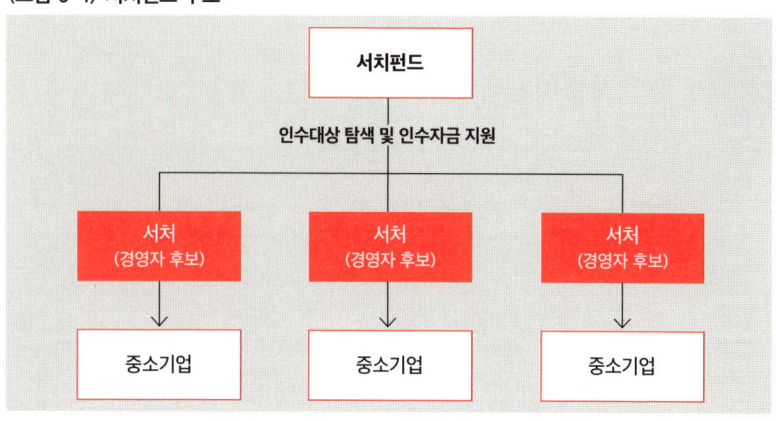

오토미 사장은 경영학 분야에서 일본 최고 명문대학교인 히토쓰바시대학교를 졸업하고 같은 대학에서 경영학 석사(Master of Business Administration, MBA) 학위를 취득했다. 일본 엘리트들의 산실인 미쓰비시종합상사와 글로벌 컨설팅 기업인 베인앤드컴퍼니를 거쳤다. 서치펀드는 이런 오토미의 수완을 믿고 수억 엔의 자금을 선뜻 빌려준 것이다.

서치펀드는 1984년 미국 스탠퍼드대학교에서 탄생해 하버드대학교 등 명문대학교 학생들을 중심으로 활성화한 신종 창업 형태다. 스타트업이 사업 아이템으로 처음부터 기업을 차린다면, 서치펀드는 기존 사업을 더 발전시키는 형태의 창업이다.

개선에 능한 젊은 경영인을 위한 또 다른 형태의 창업이란 의미에서 서치펀드를 '인수에 의한 기업 활동(Entrepreneurship Through Acquisition, ETA)'이라고도 부른다. 미국과 유럽에서는 MBA를 취득한 학생들이 경력을 형성하는 수단으로 주목하면서 'ETA 클럽'을 운영하는 대학교도 늘고 있다.

2년간 인수 대상을 탐색해서 인수한 기업을 4년간 운영해 경영 성과를 배분하는 구조다. 인수 규모는 대략 5억~15억 엔 규모다. 2년 안에 인수 대상을 찾지 못하면 도전은 거기서 막을 내린다.

스탠퍼드대학교의 연구 결과에 따르면 1984년 이후 북미 지역에서 생긴 526개 서치펀드의 내부수익률(Internal Rate of Return, IRR)은 약 35%로 VC와 PEF를 앞섰다. 노무라리서치앤드바이저리의 모테기

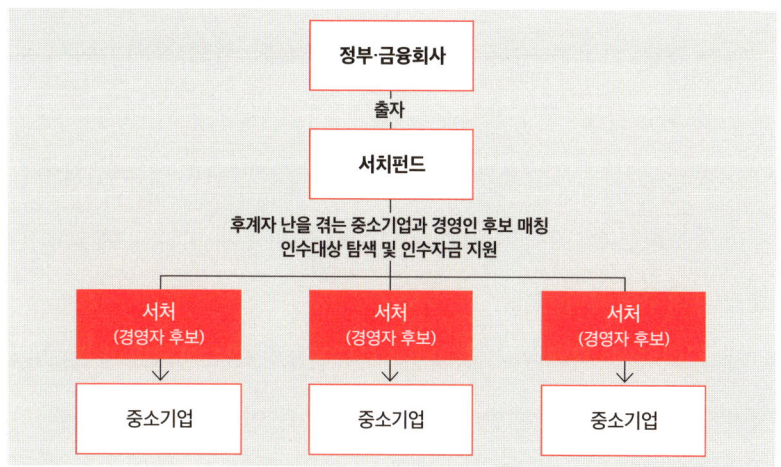

〈그림 9-2〉 일본식 서치펀드 구조

유타카 사장은 "자신이 만든 사업계획을 토대로 스스로 인수 대상을 찾아 필사적으로 경영하기 때문"이라고 그 이유를 설명했다.

미국의 서치펀드는 경영인을 꿈꾸는 젊은이가 직접 펀드를 만들고 자신의 가능성을 믿어주는 투자가로부터 자금을 모집하는 형태지만, 일본에서는 금융 기업이 후계자 난을 겪는 중소기업과 창업을 꿈꾸는 젊은 경영인 후보를 서로 매칭해주는 '일본식 서치펀드'로 진화했다.

아무리 유능한 경영인이라 하더라도 창업에 능한 사람과 수성에 능력을 발휘하는 사람은 따로 있기 마련이다. 일본은 무에서 유를 창조하기보다 기존의 기술을 개선하는 데 능한 나라다. 사업 아이템 하나로 맨땅에 헤딩하는 스타트업이 경제 규모에 비해 좀처럼 활성화되지 않는 이유다. 반면에 그래서 서치펀드는 일본과 궁합이 잘

맞다.

튀는 것을 꺼리는 일본 특유의 기업 문화와 사회 분위기에서 자란 일본 젊은이들 역시 창업에는 소극적이지만, 기존의 사업을 갈고 닦아 발전시키는 데는 소질이 있다는 평가를 받는다. 일본이 서치펀드를 주목하는 또 하나의 이유는 중소기업의 후계자 난을 해소할 수 있는 기대주여서다.

앞서 '대폐업' 시대 위기를 맞은 일본의 현주소를 살펴봤다. 2025년이면 일본 중소기업 245만여 개는 평균 은퇴 연령인 70세를 넘은 사장들이 경영한다. 이 가운데 127만여 개는 후계자를 구하지 못한 것으로 추산된다. 일본중소기업청은 대책을 마련하지 않으면 중소기업 60만여 개가 흑자인 채 문을 닫으면서 650만여 명의 실업자가 발생하고, 22조 엔가량의 GDP가 줄어들 것이라고 예상한다.

지금까지 사업 승계의 주요 해결책은 기업 M&A였다. 하지만 역대 최대 규모의 사업 승계형 M&A가 이뤄졌다는 2022년에도 성사 건수는 1,681건에 그쳤다. 일본 정부 목표인 연간 6만 건에 비하면 약 2.8% 수준에 불과하다.

M&A에 대한 거부감이 가장 큰 원인으로 지적되면서 'M&A 아닌 것 같은 M&A', '온기가 듬뿍 담긴 M&A'를 고안하는 일은 대폐업 시대를 막는 열쇠가 되었다. 그 열쇠 가운데 하나로 서치펀드가 주목받고 있다.

일본 중소기업 경영인들이 M&A를 꺼리는 주된 이유 가운데 하나는 자식 같은 기업을 맡아서 경영할 사람의 면면을 제대로 살피지 못한다는 점이다. 서치펀드는 일면식도 없던 PEF나 지금까지 경쟁 상대였던 기업에 기업을 매각하는 대신, 소중한 내 기업을 물려받아 잘 키워보겠다는 젊은 후계자를 전국에서 선발할 수 있다는 특장점이 있다.

일본 서치펀드의 원조는 야마구치현의 지방은행인 야마구치파이낸셜그룹이다. 2019년 야마구치파이낸셜그룹 계열의 3개 은행이 10억 엔을 출자해 일본 최초의 서치펀드인 야마구치캐피털을 설립했다. 아베 신조 전 총리 집안의 지역구이기도 한 야마구치현은 후계자가 없는 중소기업 비율이 일본에서 두 번째로 높은 지역이다. 지역은행인 야마구치은행의 밥줄인 현지 중소기업이 대폐업의 위기에 처한 것이다.

야마구치캐피털의 이토 다다시 사장은 "야마구치현의 기업이 다른 지역의 기업에 팔리면 본사가 이전하면서 주거래은행도 바뀌게 된다"라고 말했다. 서치펀드는 대도시의 우수하고 젊은 경영자를 야마구치로 모셔 와 현지 기업이 다른 곳으로 팔려 가는 일을 막을 수 있다. 야마구치캐피털의 서치펀드는 1949년 창업한 야마구치시의 식품 가공 기업인 미카사산업을 대형 종합상사 출신인 가라사와 히로시 사장(38세)과 매칭하는 등 지금까지 7건의 M&A를 성사시켰다. 성과를 인정받으면서 애히메은행, 주로쿠은행 등 지방은행 네 곳이 야마쿠치캐피털의 서치펀드에 출자했다. 펀드 규모도 50억 엔으로 커졌다.

수도권 전문 서치펀드도 등장했다. 요코하마은행은 2023년 3월 수도권의 승계형 M&A를 전문으로 하는 서치펀드를 설립해 총 10억 5,000만 엔 규모의 펀드를 10년간 운영한다. 건당 1억~2억 엔 규모의 M&A를 지원할 계획이다.

요코하마시가 속한 가나가와현은 후계자 부재율이 약 74.5%로 일본에서 가장 높은 지역이다. 도쿄도도 약 71.3%로 전국 평균인 약 59.9%를 훌쩍 넘는다. 기존의 서치펀드는 일본 전역을 대상으로 활동했지만, 요코하마은행의 서치펀드는 수도권에 특화한 것이 특징이다.

일본 최대 증권 회사인 노무라증권도 2023년 58억 엔 규모의 서치펀드를 만들어 시장에 진입했다. 노무라증권의 서치펀드에는 아와은행, 산인합동은행 등 여러 지방은행이 참여했다.

서치펀드에는 지방은행의 참여가 활발하다. 후계자 난을 겪는 지역 중소기업을 발굴하기 위해서는 지방은행의 네트워크가 필수이기 때문이다. 지방은행 차원에서도 파악이 어려운 영세 기업은 지역 신용금고가 나선다. 일본 정부도 서치펀드를 직접 지원하고 있다. 일본 경제의 약점인 스타트업 육성과 청년 창업, 중소기업 승계난을 한번에 해결할 수 있는 수단이기 때문이다.

정책금융 기업인 일본정책투자은행은 중소기업 전문 M&A 자문 기업인 일본M&A센터와 2020년 '서치펀드재팬'을 설립해 1호 펀드를 10억 엔 규모로 조성했다. MBA 학위를 따는 등 기업 경영에 뜻이 있는 젊은 인재를 일본M&A센터가 발굴한 중소기업과 연결하는 구조다. 앞서 소개한 오토미 료 사장과 아레스컴퍼니를 연결한 것도 서치펀드재팬이다.

서치펀드의 지원을 받아 사장이 된 젊은 인재는 기업의 가치를 끌어올려서 투자금을 갚아야 한다. 거액의 투자금을 단기간에 상환하기 위해서는 IPO나 재매각이 유력한 수단으로 꼽힌다. 기업과 근로자 입장에서는 오너가 다시 한번 바뀔 가능성이 있는 셈이다.

이에 대한 거부감을 없애고자 후계자 난에 처한 중소기업을 인수는 하되, 되팔지 않고 그룹화하는 스타트업도 늘고 있다. 서일본 지역의 소기업에 투자하는 스타트업 소펀과 외식 업체들을 전문적으로 인수하는 만푸쿠홀딩스가 그들이다.

소펀은 PEF가 다루지 않는 수천만~수억 엔 규모의 소기업 승계를 전문으로 한다. 지역 신용금고로부터 자금을 조달해 지역 소기업들을 인수한 뒤 되팔지 않고 그룹화해 시너지를 낼 계획이다. 인수한 기업의 경영은 대기업 임원 출신들을 영입해 맡기고 있다. 지방은행의 중소기업 융자와 컨설팅 담당 출신인 소펀의 요시카와 도모 사장은 "1년에 10곳의 사업 승계형 M&A를 성사시켜 나갈 것"이라고 말했다.

2021년 창업한 만푸쿠홀딩스는 홋카이도의 배달 초밥 전문점과 구마모토의 닭튀김 전문점 등 외식 업체 6개를 인수했다. 자사 간부를 인수한 기업의 사장으로 파견해 마케팅과 원재료 매입 루트 개선 등을 통해 실적을 끌어올리고 있다. 일본 전역의 외식 업체를 거느림에 따라 배달 초밥 전문점의 닭튀김 프랜차이즈 사업 운영과 같이 계열사 간 시너지 전략을 펼친다. 외국계 투자은행인 도이체뱅크와 세계 최대 컨설팅 기업인 맥킨지앤드컴퍼니 출신인 만푸쿠홀딩스의 가토 도모하루 사장은 "외식 업체들은 영세 기업이 많지만, 독자적인 조리법과 팬층을 보유하고 있어 사업을 확대할 여지가 크다"라고 말했다. 앞으로 5개 안팎의 외식 업체를 추가로 인수해 2026년까지 매출을 현재의 3배인 200억 엔까지 늘린다는 목표다.

'엑시트(Exit, 투자금 회수)'를 하지 않는 PEF도 늘고 있다. 민간 투자 기업인 기술승계기구, 식품 기업 20여 개를 인수한 요시무라푸드홀딩스, 지방 버스 회사와 같은 운송 기업에 특화된 미치노리홀딩스, 소행성 탐사 우주선 하야부사2의 부품 공급 업체부터 300년 된 양조장까지 후계자 난을 겪는 중소기업이라면 업종을 가리지 않고 인수하는 DRC캐피털 등이 엑시트를 하지 않는 PEF들이다.

PEF는 보통 10년인 펀드 운용 기간에 기업을 인수하고 가치를 높인 후 되팔아서 이익을 내는 투자 기업이다. 엑시트는 PEF의 성과를 결정짓는 과정이라는 점에서 엑시트를 하지 않는 PEF는 마치 되돌아오지 않는 부메랑처럼 들리기도 한다.

엑시트를 하지 않는 PEF 대표들은 대부분 엑시트로 수익을 얻는 일반 PEF 출신들이다. 이들은 "투자 대상 기업을 안정적으로 성장시

켜서 얻는 배당을 장기간 투자자들에게 분배하면 투자금을 상환할 수 있다"라고 말한다.

지금까지 대폐업 시대를 막기 위한 일본의 다양한 시도를 살펴봤다. 그래도 후계자를 구하지 못한 중소기업 127만여 개의 사업 승계 문제를 해결하기에는 여전히 규모가 작은 것이 사실이다. '정말 이런 투자 모델이 성공할까?' 싶을 정도다.

하지만 2009년 〈중소기업의경영승계원활화에관한법률(경영승계원활화법)〉을 제정한 이후 15년째 후계자 난을 해결하기 위해 머리를 짜내는 일본 정부와 민간 투자 기업들의 이러한 활동은 대폐업 시대의 위기를 맞이한 우리나라도 참고할 필요가 있다.

좌절과 성공, 일본 지자체의 극복기

사람이 떠난 마을이 다시 살아난 이유

2022년 8월 3일 일본에서 가장 박력 있는 축제인 아오모리 네부타 마쓰리에 '대한항공 네부타(대형 등불 조형물)'가 등장했다. 거대한 축제 차량인 네부타는 네부타 마쓰리의 상징이다. 한 대의 크기가 높이 약 5m, 폭 약 9m, 무게는 약 4톤에 달한다.

이색적인 지역 축제에 머무르던 네부타 마쓰리는 1970년대 일본 대기업들이 스폰서로 나서면서 전국 규모의 홍보 전쟁터가 되었다. 일본에서 가장 많은 관광객이 찾는 축제로 성장한 덕분이다. 매년 8월 초에 엿새 동안 열리는 축제 기간에는 아오모리시 인구의 약 10배에 달하는 285만여 명이 이 도시를 찾는다.

〈니혼게이자이신문〉에 따르면 네부타 마쓰리는 2018년 기준

〈사진 10-1〉 네부타 마쓰리

출처: 〈한국경제신문〉

〈사진 10-2〉 네부터 마쓰리에 등장한 대한항공 네부타

출처: 〈한국경제신문〉

382억 엔가량을 벌어들여 단 6일 만에 아오모리현 GDP의 약 1%를 창출했다. 일본 축제 가운데서도 경제 효과가 압도적으로 1위였다.

이 축제에 아오모리현청이 직접 제작한 대한항공의 네부타가 뜬

〈그림 10-1〉 아오모리현 위치

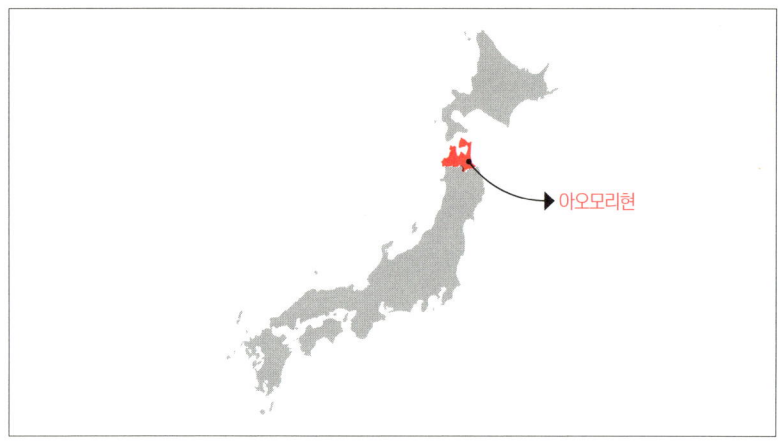

것이다. 이 같은 아오모리현의 파격적인 환대에는 이유가 있다. 코로나19 팬데믹 이후 끊어진 인천-아오모리 직항편을 다시 운항해달라는 요청 때문이다. 대한항공은 1995년 아오모리공항에 처음 취항한 국제선 항공사다. 아오모리 지사인 미무라 신고(2023년 퇴임)는 "아오모리에 있어서 대한항공과 인천공항은 세계로 열린 창이다. (직항편을 통해) 아오모리는 세계와 이어지는 다양한 연결고리를 만들어왔다"라고 말했다.

아오모리현이 국제선 재개를 위해 애쓰는 이유는 단순히 경제를 살리기 위해서만이 아니다. 모든 일본 지방자치단체의 고민인 인구 문제와도 깊은 관련이 있다. 아오모리현 인구는 1983년 152만 9,269만 여 명을 정점으로 계속 감소 중이다. 2019년에는 124만 6,291명까지 줄었다. 2045년에는 82만 4,000여 명으로 1983년의 반토막이 날 전망이다. 노인 인구는 급격히 늘어나는데 생산연령 인구와 어린이 인구는 급감하는, 전형적인 인구절벽이 일어나리라 예상된다. 2006년에는 31만여 명이 넘었던 아오모리시의 인구도 이미 26만여 명까지 줄었다.

인구 문제 면에서 아오모리는 일본 47개 광역 자치단체 가운데서도 가장 불리한 입지라고 해도 과언이 아니다. 혼슈 최북단 현이어서 접근성이 가장 나쁜 지역 중 하나다. 아름다운 대자연이 있지만, 생활에는 만만치 않은 장애물이 되기도 한다.

미국의 일기예보 제공 기업 아큐웨더에 따르면 아오모리시의 연간 강설량은 약 8m로 세계 1위다. 아오모리의 뒷산인 하코다산은 겨울철 수빙의 아름다움과 온천의 수질 덕분에 국립공원으로 지정되었지만, 역사적으로는 '세계 최대 조난 지역'이라는 오명으로 더 잘 알려져 있다. 1902년에는 일본군 199명이 동계 훈련 도중에 눈 속에서 길을 잃고 동사한 장소이기도 하다.

인구가 26만여 명이나 되는 도시 치고 이렇게 엄혹한 환경에 자리잡은 도시는 세계 어디에서도 찾아보기 힘들다는 평가다. 아오모리현청 관계자는 "원래는 사람이 살 만한 동네가 아니다"라고까지 이야기했다. 물론 그렇다고 해서 아오모리현이 상황을 지켜만 보고 있을 수는 없는 일이다.

이주자를 서로 유치하려는 인구 쟁탈전 대신 일본의 지자체들이 힘을 쏟는 사업이 바로 '관계인구'를 늘리는 것이다. 관계인구는

2016년경부터 일본의 잡지 편집자들이 사용한 신조어다. 관광 목적으로 단기간 지역을 방문하는 '교류인구'와 지역에 거주하는 '정주인구'와 달리 한 지역을 여러 차례 방문하면서 반쯤은 주민 같은 관계를 맺고 있는 사람들을 말한다. 한마디로 '관광객 이상, 거주자 미만'인 인구라고 정의할 수 있다. 단발성으로 찾아와서 숙박비와 식사, 기념품 구매에 돈을 일시적으로 소비하고 떠나는 관광객과는 전혀 다른 관계다.

처음엔 일종의 현상으로 주목받았던 관계인구는 2018년부터 일본 정부의 정식 과제로 선정되었다. 일본의 지자체들이 예산만 태워 가면서 불필요한 인구 쟁탈전을 벌이고 있다는 비판이 잇따랐기 때문이다. 일본 총무성은 2018년 정식 보고서를 통해 "관계인구를 정착시키는 정책을 마련할 필요가 있다"라며 전국적으로 시범 사업을 진행하고 있다. 2020년부터는 제2차 종합 전략에 '관계인구를 늘리는 데 전념하는 지자체를 1,000개로 확대한다'라는 목표도 세웠다.

일본에는 후루사토(고향) 납세라는 제도가 있다. 주민등록지 대신 자신의 고향이나 따로 선택한 지역에 주민세 일부를 내는 납세 방식이다. 관계인구를 늘리면 지자체의 직접적인 세수에도 도움이 된다.

관계인구를 늘리려면 먼저 인지도를 높여야 한다. 아무리 물 맑고 산 좋은 곳이라도 사람들이 알지 못하면 관계인구를 만들 수 없다. 그다음으로는 여행 삼아 한 번 왔다 가고 끝이 아니라 반복해서 그 지역을 찾도록 지역만의 매력 포인트를 만들어야 한다.

결국 혼슈 최북단 아오모리에 있어 네부타 마쓰리는 관계인구를 늘릴 수 있는 '매력 포인트'인 것이다. 네부타 마쓰리는 일본인들 사이에서의 인지도는 1위지만, 해외 인지도는 같은 동북 지방인 아키타 간토 마쓰리와 모리오카 산사 마쓰리보다 뒤처진다. 다른 지역에 비해 불리한 입지 때문에 내·외국인 가릴 것 없이 관계인구를 늘려야 하는 아오모리현의 상황에서 외국인에게 아오모리의 인지도를 높이고 기꺼이 관계인구가 되게끔 만드는 신의 한 수가 바로 대한항공의 네부타다. 미무라 아오모리 지사는 "인천공항을 경유해 중국과 홍콩 등 아시아의 여러 나라 사람이 아오모리를 방문하게 되었다. 네부타 마쓰리를 통해 관계인구도 엄청나게 늘어날 것"이라고 말했다.

한국은 관계인구 대신 '체류인구'라는 표현을 쓰고 있다. 통계청이 2023년부터 인구 소멸 지역 89개 전체에 대한 통계를 집계하면서 본격적으로 사용하는 용어다. 인구 소멸 지역도 인구 유치 경쟁이 이웃 지역과의 인구 쟁탈전임을 깨닫고 체류인구를 늘리는 데 점차 관심을 기울이고 있다. 일본의 관계인구 유치 경쟁이 주목받는 이유다.

인구 680명, 가장 작은 마을의 생존기

일본 최북단 홋카이도, 그중에서도 가장 북쪽에 있는 오토이넷푸(音

〈그림 10-2〉 오토이넷푸 위치

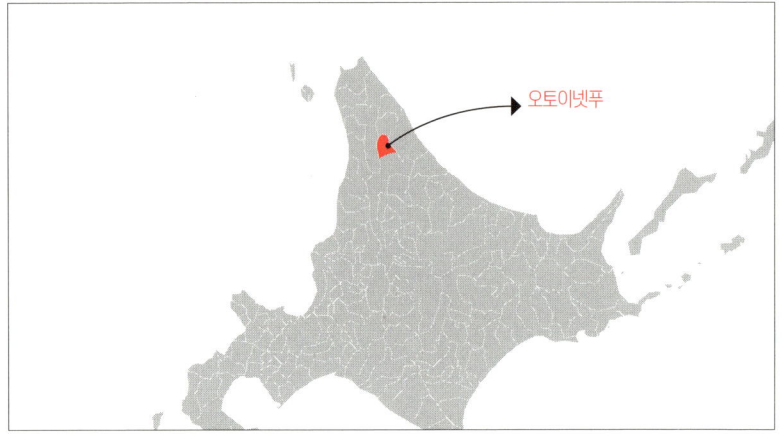

威子府)는 '가장 이름을 읽기 어려운 역'으로 철도 팬들 사이에서 유명하다. 홋카이도 원주민인 아이누족의 언어로 '흙탕물이 흐르는 강'이라는 뜻의 오토이넷푸는 소바(메밀국수)의 재료인 메밀이 주로 자라는 일본 최북단 지역이다.

오토이넷푸 소바의 특징은 메밀을 껍질째 갈아서 만든 검은 면이다. 오토이넷푸역의 역사 안에서 노부부가 운영하는 검은 면 소바 가게는 마을의 명물이었다. 순전히 이 소바 한 그릇을 먹고자 홋카이도 가장 북쪽의 이 시골 역을 찾는 사람이 끊이지 않았다. 그러나 2020년 주인 할아버지가 노환으로 세상을 떠나면서 가게는 문을 닫았다. 검은 면 소바를 맛보려 이곳을 찾는 철도 팬들도 자연스럽게 줄었다.

오토이넷푸는 홋카이도에서 가장 작은 마을이기도 하다. 인구 5만 명 이상인 시(市)와 5,000~8,000명 이상인 초(町), 인구 5,000명 미만인 무라(村)는 인구 규모는 다르지만, 같은 급의 기초 지방자치단체다. 오토이넷푸무라(村)는 179개 기초 지방자치단체자체 중에서 인구가 가장 적은 곳이다. 2023년 기준 인구가 680여 명에 불과하다.

오토이넷푸역은 1km당 1일 수송 인원(운송 밀도)이 1,000명에 못 미친다. 적자를 견디다 못한 JR이 폐선을 검토하고 있다. 산업은 메밀농사가 전부다. 인구도 적고 변변찮은 산업도 없다 보니 인근의 나카가와초와 통합을 추진한 적도 있다.

그러나 오토이넷푸가 반드시 사라지리라고 속단하기는 이르다. 촌립 오토이넷푸미술공예고등학교(오토이넷푸고등학교)가 있기 때문이다. 오토이넷푸고등학교는 미술과 공예, 특히 가구 제작에 특화된 고등학교다.

거대한 삼림 지대가 펼쳐진 홋카이도 중부와 북부 지역은 일본 가구 제조의 중심지다. 가구 장인을 꿈꾸는 일본 전역의 중학생들이 이곳까지 유학을 온다. 한 학년은 40명, 전교생은 총 120명이다. 재학생 중 홋카이도 출신은 약 20%이고 나머지 약 80%는 도쿄와 오사카 등 다른 지역에서 유학하러 온 학생들이다. 오토이넷푸고등학교는 이제 오토이넷푸의 생명줄을 쥐고 있다. 입학생들에게 부과되는 독특한 의무 때문이다.

오토이넷푸고등학교 학생은 입학과 동시에 3년간 의무적으로 주민등록지를 오토이넷푸로 옮겨야 한다. 오토이넷푸고등학교 덕분에 오토이넷푸 인구의 약 15%가 이 학교 학생과 교직원들로 채워진다. 이들을 빼면 순수한 오토이넷푸 인구는 560명 정도에 불과하다. 기초지자체 인구가 500명을 밑돌면 독자적인 생존이 불가능하다. 그래서 오토이넷푸의 존립이 오토이넷푸고등학교에 달렸다고 하는 것이다. 주민등록 인구가 1명 늘면 정부로부터 연간 22만 엔가량의 보조금을 받는다. 결국 오토이넷푸고등학교는 매년 오토이넷푸에 상당한 금액의 재정을 지원하는 셈이다.

오토이넷푸고등학교는 관계인구를 늘리는 데도 절대적인 역할을 한다. 일본 전역에서 모여든 학생들이 오토이넷푸 주민으로 3년을 지내고, 자신들의 고향이나 전국의 취업 현장으로 돌아가는 과정에서 자연스럽게 오토이넷푸의 인지도도 올라간다. 오토이넷푸 군청도 오토이넷푸고등학교 졸업생들을 활용해 관계인구를 늘리는 정책에 적극적이다.

오토이넷푸무라 총무과 지역진흥실의 사토 시호 주사는 "졸업생들이 가구 장인이 되거나 미술가의 길을 걷더라도 다시 돌아와 취직할 수 있도록 유도하는 정책을 진행하고 있다"라고 말했다.

오토이넷푸 인구 680명 가운데 이주자는 10명, 이 가운데 오토이넷푸고등학교를 졸업하고 사회로 나갔다가 다시 마을로 돌아와서 정착한 졸업생은 4명이다. 오토이넷푸에코뮤지엄의 가와사키 에이 학예원도 그중 한 명이다.

가와사키 에이 학예원은 홋카이도 최대 도시 삿포로 출신이다.

오토이넷푸고등학교를 졸업한 뒤 다른 지역의 대학으로 진학했지만, 오토이넷푸로 돌아왔다. 그는 "고등학교 시절의 생활이 무척 즐거워서 그리운 마음에 아무 생각 없이 돌아왔다. 기숙사 생활 3년 동안 하루하루가 즐거웠던 데다 너무나 좋아하는 자연이 오토이넷푸에는 가득하기 때문"이라고 그 이유를 설명했다. 또한 "이 마을을 너무 좋아하기 때문에 결혼해서 가족이 생겨도 여기서 살 것"이라고 덧붙였다.

젊은 이주민들을 불러온 특별한 전략

일본 행정의 수도는 도쿄지만, 사진의 수도는 '일본에서 사진이 가장 예쁘게 나오는 마을' 히가시카와다.

히가시카와는 홋카이도 2대 도시 아사히카와와 유명 관광지 비에이와 후라노에 둘러싸인, 상대적으로 무명의 마을이다. 하지만 일본에서 유일하게 25년 연속 인구가 늘어난 지방으로 주목받고 있다.

히가시카와는 1985년 6월 '사진의 마을', 2014년 3월에는 '사진 문화의 수도'임을 선언했다. '일본에서 사진에 가장 예쁘게 나오는 마을'이 바로 히가시카와가 내건 슬로건이다. 히가시카와는 일본의 사진 수도로서 손색이 없는 풍광을 지녔다. 일본 최대 국립공원인 다이세쓰산국립공원의 웅장한 산세와 지평선까지 보이는 평야가 대조

〈사진 10-3〉 히가시카와 풍경 ①

출처: 위키피디아

〈사진 10-4〉 히가시카와 풍경 ②

출처: 〈한국경제신문〉

를 이룬다. 평야 지대가 바둑판 모양으로 정비된 덕분에 도로는 직선뿐인데, 일본에서는 상당히 이색적인 풍경이다. 여름과 겨울의 풍경이 전혀 달라서 하나의 세상에 두 개의 히가시카와가 존재하는 것처럼 보이기도 한다.

히가시카와는 이에 그치지 않고 사진이 가장 예쁘게 나오는 마을이 되고자 다양한 시도를 하고 있다. 2005년에는 〈아름다운 히가시카와 풍경을 지키고 발전시키는 조례〉를 제정했다. 히가시카와에서 마을을 조성하고 신축 주택을 지을 때 지켜야 할 규정이다. 촌장(한국의 군수)이 바뀌더라도 정책이 지속되도록 아예 조례로 못을 박았다.

히가시카와 조례는 꽤 까다롭다. 집을 지으려면 자재는 가능한 한 목재를 사용하고 지붕은 삼각형이어야 한다. 외벽 색깔도 정해져 있고, 미관을 해치는 오일 탱크(홋카이도의 집들은 혹독한 겨울철 난방을 위해 별도의 등유 탱크를 설치한 곳이 많다)는 보이지 않도록 숨겨야 한다. 도로에서 최소 30cm 안쪽까지 잔디밭을 깔아야 하고, 정원에는 적어도 두 그루 이상의 나무를 심어야 한다. 그래도 이러한 노력 덕분에 히가시카와 고유의 스타일을 갖춘 전원주택촌이 생겨났다.

히가시카와는 1994년부터 매년 사진 고시엔(전국 대회)을 개최한다. 사진 고시엔 출전 학교를 선발하는 방식은 야구 고시엔과 같다. 일본 각 지구에서 우승을 차지한 고등학교 18곳이 일주일 동안 히가시카와에서 머물면서 찍은 사진으로 우승을 가린다.

사진 고시엔 결승전이 끝나면 곧바로 국제 사진 페스티벌을 열어서 분위기를 한층 더 띄운다. 사진 고시엔이라는 이색적인 대회를 배경으로 한 영화와 만화도 제작되었다.

'일본에서 가장 사진이 예쁘게 나오는 마을', '일본의 사진 수도'

선언은 관광객을 유치하기 위한 전략처럼 보이지만, 실상은 인구 대책이다. 히가시카와는 비에이와 후라노처럼 한 번쯤 가보고 싶은 관광지가 아니라 쭉 살아보고 싶은 거주지가 되는 길을 선택했다.

원래 히가시카와도 일본의 다른 시골 마을처럼 인구 감소의 길을 걸었다. 1만 2,000여 명이었던 인구는 1994년에는 7,000명 밑으로 줄었다. 그러나 2022년 4월 30일 기준으로 인구는 8,480여 명으로 25년 사이 20%가량 늘었다. 시골 마을이지만 외국인 주민도 약 5%(398명)나 된다.

다른 지자체처럼 이주자들을 대상으로 지원금을 뿌려서가 아니다. 히가시카와군청 지역이주협력대의 미야모토 이부키 담당자는 "히가시카와는 이주자에게 지원금을 한 푼도 지급하지 않는다. 히가시카와를 좋아하고 이해해 주시는 분들의 이주를 받고 있다"라고 말했다.

이주금을 주기는커녕 〈아름다운 히가시카와 풍경을 지키고 발전시키는 조례〉에서 보듯 집 한 채 짓는 데도 까다로운 조건이 많이 붙는다. 조례를 지킬 수 있을 정도의 소득 수준을 갖춰야 히가시카와에 이주가 가능한 만큼 사실상 이주자를 선발한다고 할 수 있다. 그런데도 전체 인구의 약 54%가 이주자일 정도로 인기가 높다. 마을도 젊다. 65세 이상 인구 비율(고령화율)이 32% 수준에 불과하다. 일본 시골 마을은 대부분 고령화율이 50% 안팎이다. 은퇴자는 20%에 불과하고 육아 세대가 많이 이주해오는 덕분이다.

지자체 입장에서는 당연히 고령자보다 젊은 이주자가 늘어나는 것이 반가울 수밖에 없다. 고령자 비율이 늘면 사회보장비 등으로 나가는 돈이 많지만, 젊은 세대나 고소득 은퇴자가 이주해오면 세수가 늘어나기 때문이다.

'육아 천국'으로 소문난 시골 마을의 부활

'일본의 사진 수도' 히가시카와는 파격적인 지원금을 주는 다른 지자체와 대조적으로 이주 희망자를 사실상 선별해서 받는다. 그런데도 인구가 25년 연속 늘어난 비결은 무엇일까? 히가시카와군청이 공개한 비결은 단순하다. '정말 살기 좋은 마을', '누구나 살고 싶은 마을'을 만드는 것이다.

시골살이라면 으레 대자연을 누리는 대가로 불편하고 촌스러운 생활은 감수해야 한다고 생각하기 쉽다. 그러나 히가시카와에서는 통하지 않는 고정관념에 불과하다. 거리도, 가게도 매우 세련되었다. 근사한 카페와 케이크 가게는 웬만한 도심 주택가보다 많다. 그렇다고 해서 왁자지껄하거나 무분별하게 휘황찬란하지는 않다. 히가시카와는 대자연과 세련미가 절묘한 조화를 이룬다. 그래서 지역 사람들은 이를 '히가시카와 스타일'이라고 부른다.

생활의 가장 기본인 물 걱정도 없다. 히가시카와는 홋카이도에서 유일하게 수도가 없는 지자체다. 수도가 없는 마을은 일본에서도 산간 지역의 시골 정도를 제외하면 매우 드물다. '대설(大雪)'이라는 이름에서도 나타나듯 눈이 많은 다이세쓰산은 수량이 풍부하고 물맛이 좋기로 유명하다. 히가시카와 주민들은 다이세쓰산에서 흘러내려온 지하수를 그대로 식수와 생활용수로 사용한다. 상수도 보급률 저하를 우려한 일본 정부가 수도 건설을 지시했지만 주민들이 거부했다. 다이세쓰산의 맛 좋은 물이 무한정으로 나오는데 왜 굳이 수도 설비를 설치해야 하냐는 이유에서였다.

히가시카와는 아이를 키우기에 최고의 동네이기도 하다. 풍요로운 대자연은 기본이다. 인구가 8,500여 명에 불과한 마을에 일본에서 재정이 가장 넉넉한 지자체인 도쿄 미나토구 수준의 문화 시설까지 빼곡하다. 사진 박물관을 비롯해 문화센터, 체육 시설 등이 골고루 갖춰져 있다.

그중에서도 히가시카와의 자랑은 히가시카와초등학교다. 천연 잔디가 깔린 야구장과 축구장, 과수원을 포함한 부지 면적이 약 12만 m^2다. 서울광장(1만 3,207m^2)의 10배 크기의 학교에 전교생은 2024년을 기준으로 380명이다. 약 4만 m^2 면적의 건물을 전부 1층으로 지었다. 복도 길이만 270m다. 땅은 얼마든지 있으니 아이들이 힘들게 계단을 오르내리지 말라고 이렇게 지었다. 교실과 교실의 구분이 없다. 문을 열면 바로 잔디밭과 운동장으로 뛰어나갈 수 있는 오픈형 구조다. 히가시카와초등학교 입학을 위해 자녀가 6세 때부터 인근

대도시인 아사히카와에서 이주해오는 가정이 적지 않다. 히가시카와의 명물 카페인 요시노리커피의 구쓰와다 사요 공동대표는 "충실한 육아 정책과 서비스에 끌려서 아기가 생후 2개월일 때 아사히카와에서 이주했다"라고 말했다.

홋카이도 동부의 광활한 삼림 지대를 배후에 둔 이 지역 최대 도시 아사히카와는 일본 5대 가구 제작지이기도 하다. 일본에서 '아사히카와 가구'라는 이름을 달고 팔리는 제품의 약 30%는 히가시카와에서 생산된다. 히가시카와의 중·고등학교는 목공이 필수 과목이어서 이곳 사람이라면 남녀노소 불문하고 기본적인 목공 기술을 갖고 있다. 이런 마을의 분위기를 살려 히가시카와는 '기미노이스(君のいす, '너의 의자'라는 뜻)'라는 제도를 운영한다. 태어난 아이에게 그 해의 '기미노이스'로 선정된 공방의 의자를 무료로 지급한다. 시가로 5만 엔이 넘는 수제품이다. 중학교 3년 동안 사용한 의자를 졸업식 날 집으로 가져가는 '배움의 의자' 제도도 운영한다.

한 번만 가본 사람은 없다는 마을

히가시카와는 이주자 유치에 더해 관계인구까지 늘리는 데 성공한 지방자치단체다. 관계인구는 한 지역을 여러 차례 방문하면서 반쯤 주민 같은 관계를 맺고 있는 사람을 의미한다. 반복해서 그 지역을 찾게 만드는 특별한 계기나 매력 포인트를 만들어야 한다는 점에서 이주자 유치와는 접근법이 완전히 다르다.

일본 전역의 고교생들이 몰려드는 사진 고시엔은 히가시카와의 관계인구를 늘리는 대표적인 행사다. 일주일 동안 렌즈에 공들여 담은 피사체에 정이 안 들래야 안 들 수 없는 법이다. 사진 고시엔에 참여하고 자기 주거지로 돌아간 사람들은 일본 전역에 히가시카와를 알리는 관계인구가 된다. 2024년 사진 고시엔에 출전한 오키나와현립 오키나와공업등학고의 다이라 유리카는 "오키나와와 다르게 자연과 하늘 등이 하나같이 크고 넓어서 매료되었다. 히가시카와에서 살아보고 싶다는 생각이 들었다"라고 말했다.

사진 고시엔 출전 선수와 지도교사는 전원 히가시카와의 초청을 받는다. 왕복 항공권과 일주일간의 숙박비 모두 히가시카와가 부담한다. 적지 않은 예산이 들지만, 마을 인지도를 높이고 관계인구를 늘리는 효과가 더 크다는 것이 히가시카와군청의 계산이다.

관계인구를 늘리는 것은 자연스럽게 이주자를 유치하는 결과로도 이어진다. 2005년 사진 고시엔에 출전하기 위해 히가시카와를 처음 찾은 요시사토 히로코 히가시카와 문화갤러리 학예원이 그런 사례다. 그녀는 출전 이후 매년 사진 고시엔의 자원봉사자로 히가시카와를 찾는 관계인구가 되었다가 2010년에는 아예 이곳으로 이주했다. 요시사토 학예원은 "고등학교 3학년일 때 제12회 대회에 오사카·긴키 지역의 대표로 출전한 것이 계기였다. 자원봉사자로 매년 히가시카와를 방문하면 할수록 이곳이 좋아졌다"라고 말했다.

히가시카와는 2015년부터 일본 유일의 공립 일본어학교도 운영하고 있다. 1년짜리 과정을 매년 100명씩 모집하는데, 2018년에는 유학생 수가 750명까지 늘었다(히가시카와 지역의 사립 일본어학원 유학생 포함). 세계 각지에서 온 이들은 히가시카와 관계인구가 된다. 히가시카와일본어학교의 중국인 유학생 마쓰베는 "일본 유일의 공립 일본어학교인 점에 끌려서 이곳을 선택했다. 와서 지내보니 이주하고 싶은 생각이 든다"라고 말했다.

코로나19 팬데믹 이후 일본 지자체들은 자신의 마을을 '워케이션[일(work)과 휴가(vacation)의 합성어. 휴가지에 머물면서 일을 병행하는 근무 형태] 성지'로 만드는 데 여념이 없다. 관계인구를 늘리는 확실한 수단이기 때문이다. 히가시카와는 현재 일본에서 가장 인기 있는 건축가인 구마 겐고가 설계한 공유 오피스인 '가구노이에(가구의 집)' 4개 동을 짓고 있다. 구마겐고건축도시설계사무소를 비롯해 여러 기업들과 이미 임대 계약을 마쳤다. 마을의 명물 카페를 군청이 인수해 워케이션 카페로 변신시키기도 했다.

히가시카와 주주 제도는 '후루사토 납세 제도'를 변형한 제도다. 후루사토 납세는 주민등록지 대신 자신의 고향이나 따로 선택한 지역에 주민세 일부를 내는 제도다. 우리나라도 2023년부터 '고향사랑 기부제'라는 이름으로 비슷한 정책이 도입됐다. 후루사토 납세를 주주 제도라는 이름으로 변형한 이유는 자신의 지역을 선택해준 다른 지역의 납세자들을 히가시카와의 미래에 투자한 주주로 모신다는 취지다.

납세자에게는 주주 카드를 지급하고 히가시카와 특별주민 자격을 준다. 특별주민 역시 히가시카와 주민으로 인정받으므로 각종 문화시설들과 레스토랑, 카페, 기념품 가게 등을 할인된 가격에 이용할 수 있다.

다른 지자체들은 후루사토 납세를 한 납세자들에게 지역 특산품을 제공하는 반면, 히가시카와는 지역의 숙박 시설을 제공한다. 1만 엔을 납부하면 후루사토 교류센터라는 히가시카와 공영 숙박 시설에서 무료로 2박 3일간 머무를 수 있다. 살림살이가 전부 갖춰져 있는 이층집 다이세쓰 유스하우스라는 '살아보기' 체험 시설도 운영한다. 투자에 대한 배당이라고 볼 수 있다.

무료 숙박 제도, 거주 체험 시설, 각종 할인 등 여러 혜택은 주주들이 최대한 히가시카와를 자주 방문하도록 유도하는 제도라는 공통점이 있다. 교류인구를 늘리는 효과는 물론이고 이주의 성공률을 높일 수 있다고 판단하기 때문이다. 한 번이라도 더 직접 살아보면 히가시카와의 나쁜 점도 파악해서 시행착오를 줄일 수 있다는 생각이다.

히가시카와군 토지개발공사의 다카기 마사히토 국장은 "이주자들이 수년 동안 아동수당 같은 이주지원금을 받고 난 후에 다른 마을로 떠나는 사례가 일본 전역에서 보고된다. 히가시카와는 지원금 대신 제대로 정착할 수 있도록 하는 정책에 집중하고 있다"라고 말했다.

〈사진 10-5〉 히가시카와 풍경 ③

출처: 아사히다케 온천 호텔 베어몬테

이주 상담은 "반드시 히가시카와를 직접 체험해달라"라는 요청으로 시작한다. 덕분에 히가시카와에는 TV나 잡지의 사진을 보고 충동적으로 이주를 결정한 이주자가 거의 없다. 다카기 국장은 "막상 와서 살아보면 생각했던 것과 다른 경우가 있다. 히가시카와를 제대로 이해하고 이주하는 것이 아니라면 지속가능성이 없다"라고 설명했다.

히가시카와가 도쿄 못지않은 문화 시설을 누리는 비결

앞서 살펴봤듯이 히가시카와는 이주자 유치와 관계인구 확보에 모두 성공한 홋카이도의 지방자치단체다. 관계인구 증가가 이주자 유치로 이어지는 선순환 구조도 확립했다. 그렇다면 이렇게 적극적으로 인구 정책을 펼치는 히가시카와의 재정은 과연 괜찮을까?

히가시카와가 '사진의 마을'을 선언한 1985년은 인구 8,400여 명의 이 마을이 독립을 선언한 해이기도 하다. 이 무렵 일본 정부는 인구 1만 명 미만인 기초 지방자치단체에 주변 지역과 통합하라는 지침을 내렸다. 1985년 히가시카와 군수 선거도 "마을을 지키자"라는 존속파와 "이웃 지역과 통합해 규모의 경제를 만들자"라는 통합파의 대결로 치러졌다.

히가시카와 주민들은 통합 대신 마을의 이름을 후세에 남기는 쪽을 선택했다. 자존심은 세우기보다 지키기가 더 어려운 법이다. 인구가 계속 줄어드는 히가시카와가 독자 생존하려면 먼저 어떻게 살아남을지를 정해야 했다.

공교롭게도 1985년은 플라자합의(1985년 9월 미국 뉴욕 플라자 호텔에서 미국, 일본, 영국, 독일, 프랑스 재무장관들이 달러화 강세를 시정하기 위해 외환 시장에 개입한 회의. 달러당 240엔대였던 엔화 가치가 단숨에 120엔대까지 치솟았다)가 이뤄진 해다. 버블 경제가 절정을 향하면서 일본 열도 전체가 흥청망청하던 때였다. 일본의 지자체들은 '사과의 고장', '포도의 마을' 하는 식으로 지역 특산물을 전면에 내세우며 마을의 브랜드 가치를 높이기 위해 경쟁을 벌였다.

이때 히가시카와가 마을의 홀로서기를 위해 채택한 콘셉트는 상품 대신 '사진의 마을'이라는 문화였다. 인생샷 명소와 인스타 맛집에 열광하는 최근의 관광 트렌드를 감안하면 무려 40년이나 앞서서 미래를 내다본 선택이다. 하지만 당시로서는 무척 생소한 개념이었다. 무엇보다도 가장 황당해한 사람들은 히가시카와 주민들이었다. 히가시카와는 사진과 관계가 먼 평범한 농촌 마을이었기 때문이다. 카메라 대기업의 공장이 있는 것도 아니고, 카메라 가게가 유독 많은 마을도 아니었다. 목공의 마을인 이 지역 주민들이 카메라에 특별히 능숙한 것은 더욱더 아니었다.

가장 큰 문제는 재원이었다. 심각한 인구 감소를 겪고 있는 일본의 지방 지자체들은 이주자 유치에 사활을 걸고 있다. 인구가 점점 줄어드는 지자체는 예산이 빠듯할 수밖에 없다. 그러다 보니 최대한 돈을 쓰지 않으려 하고, 그럴수록 이주자에게 외면당한다. 결국 고령 인구는 늘고 세금을 내는 젊은 세대와 기업은 줄면서 재정이 악화되는 악순환에 빠지는 것이다. 반대로 예산을 펑펑 쓰면 재정이 곧 파탄 나고 만다.

이주자 유치와 관계인구 확대라는 두 마리 토끼를 모두 잡은 히가시카와는 예산을 과감하게 사용해 다양한 사업을 벌인다. 그런데도 재정이 탄탄한, 보기 드문 지자체다. 히가시카와의 2022년 예산은 약 136억 엔이다. 히가시카와 인구가 비슷한 일본 지자체들의 평균 예산 규모는 50억 엔 안팎이다. 동급의 지자체들보다 3배가량 많은 예산을 쓰면서도 적자를 내지 않는다. 매년 세출보다 세입이 많은 흑자 재정을 유지하고 있다. 부채 규모도 116억 엔가량으로 연간 예산보다 적은 수준을 일정하게 유지한다. 히가시카와 기획정책실의 야나기사와 쇼이치로 주임은 그 이유 중 하나로 "국가 보조금과 지방채 보조 등 정부 지원을 최대 80%까지 확보하는 제도를 최대한 활용한다"라고 설명했다.

히가시카와가 비슷한 규모의 지자체보다 예산을 3배가량 더 쓰면서 흑자를 유지하는 첫 번째 비결은 중앙정부의 지원을 최대한 활용하는 것이다. 너무 당연한 말 같지만 실제로는 그리 쉽지 않다.

일본의 연간 예산안 가운데 사회보장비와 국채원리금 상환비 다음으로 많은 항목이 지방교부금, 즉 지자체 지원 예산이다. 일본의 지자체들은 예산 부족으로 허덕인다. 세입은 줄어드는데 세출이 늘어나니 너도나도 정부에 손을 벌린다. 1,718개나 되는 기초 지자체가 지방교부금을 서로 타겠다며 드잡이를 하는 터라 중앙정부의 지원을 최대한 활용하기란 말처럼 쉽지 않다.

히가시카와의 예산도 2011년까지는 약 66억 엔으로 다른 지역에 비해 두드러진 수준은 아니었다. 그런 예산 규모가 10년여 만에 2배 이상 늘어난 비결은 히가시카와군청의 공무원들이 정부 예산을 확보하는 데 있어서 이른바 선수들이기 때문이다.

일본 정부는 지방 활성화를 국가 주요 정책으로 내세우고 다양한 지자체 지원 제도를 운영한다. 지원을 받으려면 일본 정부가 추진하는 정책에 따라 맞춤형 지원금을 신청해야 한다. 지방문화 활성화 정책이 등장하면 '마을 도서관 설립 예산'을 신청하고, 지역교육 진흥 정책을 펼치면 '초등학교 신설 예산'을 따내는 식이다. 정부 정책의 변화를 민감하게 파악해 지원금을 따낼 방안을 항상 고민해야만 가능한 일이다.

히가시카와에는 인구 8,400여 명의 시골 마을에는 있을 법하지 않은 수준의 복지 시설이 빼곡하다. 정부 지원을 최대한 확보한 덕분에 최소의 비용으로 비용의 몇 곱절에 달하는 인프라를 구축할 수 있었다. 히가시카와가 자랑하는 공립 도서관 센토퓨어2가 대표적인 예다.

센토퓨어2 설립에는 총 12억 엔가량이 들었지만 히가시카와가 실제로 부담한 액수는 3억 엔 수준이다. 절반은 정부 보조금이고, 지방채를 발행해 마련한 채무의 절반을 또다시 정부가 보전한다. 야나기사와 주임은 "지방교부세 보전이라는 제도를 통해 지방채의 약 50~80%를 정부가 대신 갚아준다. 가장 유리한 지방채를 활용하는 것이 관건"이라고 말했다. 정부 지원 제도를 활용하면 전체 건설비의 25%만 지자체가 부담하고 복지 시설을 짓는 것이 가능하다는 설명이다.

일본 공무원의 이유 있는 자신감

앞에서 살펴본 대로 홋카이도 히가시카와는 '일본에서 가장 사진이 예쁘게 나오는 마을'을 만들며 25년 연속 인구를 늘렸다. 이를 위해 인구 동급의 지자체들보다 3배가량 많은 예산을 쓰지만, 매년 세출보다 세입이 많은 흑자 재정인 상태다. 부채 규모도 116억 엔가량으로 연간 예산보다 적은 수준을 일정하게 유지하고 있다.

인구 8,400여 명의 시골 마을에 있을 법하지 않은 높은 수준의 복지 시설이 즐비하지만, 히가시카와군청은 '레고랜드 사태(2022년 9월 28일, 김진태 강원도지사가 강원도 레고랜드의 개발을 맡은 강원중도개발공사의 기업회생을 신청하면서 발생한 한국의 채권 신용도가 다 같이 폭락한 사건)'처럼 재정 파탄에 빠질 일은 없다고 자신한다. 국가 보조금과 지방채 보조 등 정부 지원을 80%까지 확보하는 제도를 최대한 활용하기 때문이다.

히가시카와가 자랑하는 공립 도서관 센토퓨어2 설립에는 총 12억 엔가량이 들었다. 하지만 정부 지원을 80%까지 끌어낸 덕분에 히가시카와가 실제로 부담한 액수는 3억 엔가량이었다. 물론 빚을 3억 엔만 내서 12억 엔짜리 건물을 지었어도 3억 엔은 지방채 만기에 맞춰서 갚아야 한다. 히가시카와처럼 다양한 문화 시설을 대규모로 지었다면 쌓인 부채도 만만치 않을 수밖에 없다. 그런데도 히가시카와가 흑자 재정을 유지하는 두 번째 비결은 철저한 투자 회수 계획 수립에 있다.

레고랜드 사태처럼 한국은 지자체장의 성과 욕심이 지자체의 재정을 파탄 내는 사례가 적지 않다. 일본도 마찬가지다. 이는 투자비 회수 계획을 제대로 세우지 않고, 지역의 시장 규모와 재정 형편에 어울리지 않는 시설을 유치한 결과다.

히가시카와가 재정 파탄에 빠질 가능성은 없다고 자신하는 이유는 투자 회수 계획 없이는 문화 시설을 짓지 않기 때문이다. 센터퓨어2의 사례를 살펴보자. 센터퓨어2 건설을 위해 발행한 지방채 가운데 히가시카와가 부담해야 하는 액수는 3억 엔이다. 센터퓨어2는 무료 공공도서관이니 입장료 수입은 기대할 수 없다. 대신 일본 유일의 공립 일본어학교를 유치해 수익원을 마련했다. 일본어학교의 학생들이 내는 수업료도 재원이 되지만, 학생 자체가 지방채의 상환 재원이다. 이들이 히가시카와에 주민으로 등록하면 정부로부터 1인당 연간 22만 엔가량의 지원금을 받기 때문이다. 연간 100명의 학생을 모집하는 공립 일본어학교를 통해 매년 2,200만 엔가량을 확보할 수 있다는 계산이 나온다. 목공예품 등 히가시카와의 특산물을 파는 기념품 가게도 수입원이다.

일본에서 가장 인기 있는 건축가 구마 겐고가 설계한 워케이션용 공유 오피스 '가구의 집'도 히가시카와는 약 25%만 부담했고, 그 부담액에 대한 투자금 회수 계획도 이미 마무리되었다. 공유 오피스 4동의 임대 계약을 모두 마쳤기 때문이다. 매월 임대료를 얼마씩 받아서 언제까지 투자금을 모두 회수한다는 계획이 월간 단위로 수립되어 있다.

한편으로 홋카이도 정중앙의 시골임에도 불구하고 뛰어난 접근성은 히가시카와가 관계인구를 늘릴 수 있는 또 하나의 경쟁력이다. 하네다공항에서 약 2시간, 아사히카와공항에서 약 10분, 홋카이도 2대 도시 아사히카와역에서 약 30분이면 히가시카와에 닿을 수 있다. 관계인구가 늘어나 소비가 지속적으로 증가할수록 히가시카와가 투자금을 회수하는 데 큰 도움이 된다.

히가시카와가 인구가 비슷한 다른 지자체들보다 3배나 많은 예산을 쓰면서도 흑자를 유지하는 데는 특히 군청 공무원들의 역할이 중요하다. 히가시카와군청 공무원의 숫자가 특별히 많거나 처우가 더 좋은 것은 아니다. 일본도 한국처럼 공무원의 숫자와 처우를 법령으로 정하고 있다.

히가시카와 주민들은 "군청 공무원들은 공무원이라기보다는 영업직 샐러리맨"이라고 말한다. 이 지역 주민들이 주변 지역과 통합하는 대신 독자 생존의 길을 선택한 1985년 군수 선거는 공무원들의 일하는 방식도 완전히 바꿔놓았다. 히가시카와군 토지개발공사의 다카기 마사히토 국장은 "독자적으로 살아남기 위해서는 악착같이 예산을 따서 인구를 늘리고 이를 위한 투자금의 회수 계획을 월 단위로 짜야 했기 때문"이라고 그 이유를 설명했다.

한 사람이 만들어낸 '육아 전문 도시' 나가레야마

저출산·고령화와 인구 감소라는 거대한 물줄기를 한 개인이 바꿔놓을 수 있을까? 일본 지바현 나가레야마시는 한 사람이 지역의 인구 구조를 바꿔놓은 도시다. 도쿄에서 40분 정도 떨어진 인구 20만여 명의 나가레야마는 '육아 전문 도시'로 큰 명성을 얻고 있다. 20년 가까이 브랜드화에 공을 들인 덕분이다. "엄마·아빠가 될 거라면 나가레야마(하하·치치니 나루나라 나가레야마)"라는 일본어 발음을 활용한 슬로건 덕분에 '육아' 하면 나가레야마를 떠올리는 일본인이 늘고 있다.

육아 전문 도시 나가레야마의 탄생기는 약 30년 전으로 거슬러 올라간다. 1990년대에 도쿄 아키하바라와 이바라키현 쓰쿠바시를 잇는 수도권 신도시 철도 쓰쿠바익스프레스 건설 계획이 발표되었다. 주민들은 마을에 철도가 깔리면 사람들이 몰리고 땅값도 오르리라는 기대에 부풀었다.

그러나 1988년 나가레야마로 이주한 이자키 요시하루의 생각은 달랐다. 이자키는 미국 샌프란시스코주립대학교에서 인구환경연구 석사 과정을 수료하고 21년간 미국과 일본에서 도시 계획가(Urban Planner)로 활동했다. 전문가인 그가 보기에 철도 건설은 오히려 나가레야마에 대위기였다.

〈일본대도시지역의택지개발및철도정비의일체적추진에관한특별조치법(택철법)〉은 신설 철도 주변의 택지 개발 사업을 의무화했다. 2005년 8월 쓰쿠바익스프레스 개통 전까지 개발할 면적은 약 3,270ha (32.7km^2)였다. 일본 역사상 최대 사업이었던 다마뉴타운 사업(1965년 도쿄도 서남부 지역의 균형 개발을 위해 2,884ha 규모로 시행된 신도시 조성 사업)보다 20%가량 컸다.

나가레야마시가 담당하는 지역은 627ha로 시 면적의 약 18%에 달했다. 다마뉴타운 개발 사업은 일본 고도성장기의 신도시 조성 사업이었다. 반면 나가레야마는 일본 인구가 처음으로 감소한 2005년경에 역대 최대 규모의 신도시 조성 사업을 성사시켜야 했다.

철도가 깔리면 사람이 몰리고 땅값이 오를 것이라는 기대도 쓰쿠바시, 가시와시 같은 지명도 있는 동네에 해당하는 이야기다. 나가레야마시는 철도 예정지 주변 지자체 가운데 인지도가 가장 낮은 지역 중 하나였다. 개발 규모는 제일 큰데 인지도는 가장 낮은 이 지역 토지는 팔리지 않을 가능성이 컸다. 팔아야 할 땅은 많은데 인지도가 낮은 나가레야마는 이대로라면 594억 엔가량의 부채를 떠안아 재정 파탄에 빠질 것이 확실했다. 2003년 나가레야마시의 연간 세수는 약 190억 엔이었다. 인구 20만여 명의 번듯한 도시로 성장한 2023년에도 세수는 343억 엔 수준이다.

이자키가 시장과 시의회를 찾아다니며 상황을 설명했지만, 다들 '철도만 깔리면 만사형통'이란 식이었다. 그는 시장과 시의회 의원을 설득하는 대신 '차라리 내가 시장을 한다'로 전략을 바꿨다. 그는 2003년 시장 선거에서 당선된 이래로 2025년 기준 22년째(6번 연임) 나가레야마 시장을 맡고 있다.

이자키 시장은 "마케팅 전략을 전환해 나가레야마의 지명도와 도시 이미지를 높이고, 도시 환경을 조성하는 데 주력했다. 그 덕분에 16년간 인구가 40%가량 늘고 어린이의 수가 고령자보다 많아졌다"라고 말했다.

2004년 15만 명 안팎이었던 나가레야마의 인구는 2023년에는 21만여 명으로 약 40% 늘었다. 인구 증가율이 2020년까지 6년 연속 전국 792개 시 가운데 1위였다. 세수는 343억 엔가량으로 약 80% 늘었다. 30~40대 육아 세대가 크게 늘면서 0~9세 인구가 75세 이상 인구보다 많은 두 도시 중 하나가 되었다. 다른 한 곳은 사이타마현 도다시다.

이자키 시장은 "10년 전만 해도 나가레야마는 이주를 검토하는 육아 세대가 주변 지역을 둘러본 뒤 마지막으로 찾는 곳이었다. 2024년 조사에서는 '처음부터 나가레야마만 검토했다'라는 비율이 70%에 달했다"라고 말했다.

하루 100엔으로 아이 등·하원까지, 파격 정책의 비밀

'육아 전문 도시' 나가레야마의 기적은 어떻게 가능했을까? 2023년 11월 27일 필자는 일본외신기자센터(Foreign Press Center Japan, FPCJ)의 협력을 얻어 이자키 요시하루 시장을 인터뷰했다. 2003년 취임한 이자키 시장의 첫 번째 과제는 2005년 8월 쓰쿠바익스프레스 개통 전까지 3,270ha(32.7km^2)의 신도시 개발 계획을 성사시키는 일이었다.

이자키의 나가레야마는 주변의 지방자치단체보다 최대한 빨리, 되도록 비싼 값에 땅을 판다는 전략을 세웠다. SWOT 분석(강점, 약점, 기회, 위협 등 네 가지 요인을 분석하는 경영 기법)을 바탕으로 나가레야마가 선택한 길은 '육아 환경에 특화된 도심에서 가장 가까운 숲의 마을'이라는 브랜드화였다.

주요 대상은 30~40대 맞벌이 육아 세대로 정했다. 이자키 시장은 "지방자치단체가 기업의 마케팅 전략처럼 인구를 유치할 주요 대상을 정하고 영업에 나선 것은 처음"이라고 말했다.

맞벌이 육아 세대의 마음을 사로잡기 위한 첫 번째 정책은 어린이집을 대폭 늘리는 것이었다. 어린이집이 없으면 맞벌이 부부가 나가레야마로 이사를 오지 않고, 그러면 집을 사거나 임대하지도 않는다고 판단했다. 그래서 2010년 17개였던 어린이집을 2023년에는 104개로 늘렸다. 200세대 이상의 아파트는 어린이집을 의무적으로 설치하도록 했다.

특히 나가레야마의 킬러 콘텐츠는 도쿄를 잇는 지하철역 바로 옆에 설치한 '송영보육스테이션'이다. 송영보육스테이션은 마중 보육 서비스다. 인구의 약 40%가 도쿄로 출퇴근하는 맞벌이 부부라는 점에 착안한 서비스다. 출퇴근에 쫓기는 부모들이 이곳까지만 아이를 데려오면 104개에 달하는 시 전체의 어린이집으로 아이들을 바래다주고, 다시 데리고 온다. 이용료는 하루 100엔, 한 달 2,000엔이다. 지친 몸을 이끌고 퇴근해서 저녁 끼니를 걱정하는 부모를 위해 저녁밥도 400엔에 제공한다. 야근하는 부모를 위해 밤 9시까지 연장 보육도 한다.

매일 아침저녁으로 아이들을 어린이집에 데려다주고 데리고오는 일을 반복하는 부모라면, 게다가 자녀들이 각각 다른 어린이집에 배정된 가정이라면 100엔짜리 이 서비스의 소중함을 누구보다도 절감할 것이다. 도쿄의 기업에서 사무직으로 일하면서 3살 된 아들 아오이 군을 키우는 규노 하루카(31세)도 송영보육스테이션에 '꽂혀서' 도쿄에서 나가레야마시로 이주했다. 규노는 "육아에 정말 큰 도움이 된다. 계속 이렇게 운영되기를 바란다"라고 말했다.

송영보육스테이션은 나가레야마시의 어린이집에 다니면서 혼자서 걸을 수 있는 한 살 이상 아동이면 누구나 이용할 수 있다. 현재는 두 곳의 송영보육스테이션을 110명의 아동이 이용한다. 많을 땐 250명에 달했는데 등록 아동이 상당히 줄었다. 집 바로 근처에 어린이집이 계속 들어서면서 송영보육스테이션에 의존하지 않아도 되는 가정이 늘어났기 때문이다. 남북 약 7km, 동서 약 5km의 인구 20만여 명 도시에 104개의 어린이집이 설치된 덕분이다.

송영보육스테이션의 다나카 유미 원장은 "초등학교에 막 입학한 아동은 적응에 애를 먹기도 하지만 나가레야마의 아이들은 그런 문제가 적다. 어릴 때부터 이곳에서 만난 놀이 친구들이기 때문"이라고 말했다.

나가레야마를 본받아 일본 전역의 지자체 14곳이 송영보육스테이션을 운영한다. 하지만 나가레야마처럼 시의 어린이집 104개 전체를 대상으로 아이들을 등·하원시키는 곳은 없다. 시내 전 지역을 자동차로 1시간 이내에 갈 수 있는 도시의 작은 규모마저 나가레야마시의 성공을 도왔다.

다른 지역의 성공 사례가 드문 데서 알 수 있듯이, 제도 도입이 그대로 송영보육스테이션의 성공으로 이어지는 것은 아니다. 세심한 행정, 나가레야마를 보육 전문 도시로 브랜드화하는 데 적극 동참한 시민들의 노력이 더해진 덕분이다.

원래 송영보육스테이션이 입주한 건물은 보육 시설이 들어설 예정이 아니었다. 그래서 1~3층은 테넌트 입주 공간, 4~6층은 주차장으로 설계되었다. 일본 법상 이런 구조의 건물에는 보육 시설이 입주할 수 없다. 이에 나가레야마시는 빌딩의 중도 설계 변경을 허용했다. 테넌트동과 주차장을 분리한 덕분에 보육 시설이 들어올 수 있었다. 지진이 나면 건물에 입주한 테넌트들이 달려와서 아이들을 피신시킨다는 약속도 맺어져 있다.

3040 맞벌이 부부가 반한 도시

일본 지바현 나가레야마시가 '육아 전문 도시'로 유명세를 떨치는 데는 생활밀착형 행정도 한몫했다. 구시가지에 있는 나가레야마시청은 신시가지 주민들의 편의를 위해 신시가지 시민홀에서 여권 발급을 포함한 모든 민원 업무를 볼 수 있도록 했다. 도쿄로 출퇴근하는 맞벌이 부부들을 고려해 업무 시간은 평일 저녁 7시까지, 토요일도 오전 9시부터 오후 5시까지로 늘렸다.

'도심에서 가장 가까운 숲의 마을'이라는 이미지를 극대화하는 장치도 마련했다. 나가레야마의 첫인상을 결정하는 곳은 전철역 남쪽 출구 광장이다. 나가레야마에 임장하러 온 맞벌이 부부는 이 광장에서 공원으로 이어지는 가로수길을 보면서 '그래, 여기서 살자!'라고 결정한다고 한다.

이 가로수조차도 같은 크기의 나무를 단순하게 일렬로 심지 않았다. 앞쪽에는 키 큰 나무를 심고 뒤로 갈수록 점점 작은 나무를 심는 원근법을 활용해 효과를 극대화했다. 이자키 요시하루 나가레야마 시장은 "키가 같은 나무를 심는 것과 예산은 같지만, 효과는 훨씬 크다"라고 말했다.

남쪽 출구 광장은 시에서 유동 인구가 가장 많은 지역이지만, 왠지 모르게 차분하다. 광장을 거닐다 보면 아이를 키우기에 참 좋은 환경이라는 생각이 절로 든다. 유심히 살펴보면 자극적인 색깔의 간판이 없다. 나가레야마시는 10년 전 마을 미관 조례를 제정해 차분하고 고급스러운 주택가의 이미지를 만들 수 있도록 빨간색이나 노란색 간판을 사용하지 못하도록 했다. 조례 이전에 만들어진 간판은 시청 직원들이 일일이 찾아다니면서 교섭을 진행했다. 노란색과 빨간색이 상징인 전자양판점이 나가레야마에서는 흰색과 빨간색으로 간판을 바꿔 달기도 했다. KFC처럼 상징색이 빨간색이어서 도저히 바꿀 수 없다면 글자의 크기를 작게 만들었다. 건물 높이, 건물의 녹지 면적 등도 의무화했다.

최고의 육아 환경으로 30~40대 육아 세대를 끌어들인 나가레야마가 다음으로 공을 들이는 분야는 교육, 고용, 의료다. 나가레야마는 2008년부터 초등학교 5~6학년생을 대상으로 영어 교육을 실시했다. 일본의 초등학교에서 영어 교육이 의무화되기 10년 전의 일이다. 2020년을 기준으로 영어검증능력 3급 상당의 학력을 갖춘 일본의 중학생은 약 44%인 반면, 나가레야마시는 62.9%에 달한다. 2021년 일본 정부가 목표 수준을 50%로 높였을 때 나가레야마에서 영어 3급 수준을 갖춘 중학생 비율은 약 69.9%였다. 이처럼 나가레야마시는 아이 키우기 좋은 도시에서 학군도 좋은 지역으로 브랜드를 강화하고 있다.

대형 물류센터 같은 고용을 창출하는 산업도 유지했다. 단순히 육아가 쉬운 환경이 아니라 아이 옆에서 육아를 할 수 있는 환경을 만들기 위해서다. 재택근무의 형태가 확산되면서 최근 5년간 나가레야마로 이주하는 사람 가운데 도쿄로 출퇴근하는 사람보다 시내에서 일하는 사람이 더 늘었다.

또한 나가레야마시는 종합병원 유치에도 힘을 쏟고 있다. 2023년에 한 곳을 유치했으며 2025년 개원을 목표로 또 한 곳과 협상을 진행 중이다.

나가레야마시가 좋은 학군 만들기, 고용, 의료서비스 확충에 공을 들이는 이유는 명확하다. 육아를 위해 이주해온 주민들이 아이가 자란 뒤에도 도쿄로 빠져나가지 않고 평생 이곳에서 살도록 만들기 위해서다. '좋은 학군'을 만들어 아이가 수험생이 되어도 나가레야마에 계속 살게 만든다. 도쿄로 출퇴근하는 사람보다 나가레야마에서 일하는 사람을 늘림으로써 돈을 지역 내에서 순환하게 한다. 그리고 종합병원을 유치해 노후에도 안심하고 나가레야마에서 거주할 수 있도록 하는 것이다.

나가레야마시는 이주해오는 주민에게 인센티브를 지급하지 않는다. 이자키 시장은 "육아, 교육, 주거 환경이 나가레야마의 인센티브다"라고 말한다. 2023년 시가 실시한 조사에서 '나가레야마시는 살기 좋은 곳'이라는 응답은 약 89.6%였다. "앞으로도 계속 이곳에서 살고 싶다"라는 응답자 비율은 약 91.2%에 달했다.

셋째는 기본, 넷째를 고민하는 '기적의 마을'

"아이 둘은 당연하고, 셋이 기본이에요. 여기 엄마들은 넷째를 낳을까 말까 고민해요." 오카야마현 나기초의 하타 아야노(25세)의 말이다.

2023년 1월 기시다 후미오 당시 총리는 정기 국회의 시정방침 연설

(정기 국회를 개원하면서 향후 국정 운영 방향을 밝히는 연설)에서 저출산 대책을 일본의 가장 주요 과제로 선정했다. 약 한 달 뒤인 2월 15일에는 관련 예산을 2배가량 늘리는 '차원이 다른 저출산 대책'을 처음 구체화했다.

그로부터 나흘 뒤 기시다 총리가 처음 찾은 저출산 대책 현장이 오카야마현 나기초였다. 나기초는 주고쿠 지방의 정중앙에 있는 인구 5,742명(2023년 기준)의 산간 마을이다. 일본인들도 아는 사람이 많지 않은 동네를 첫 방문지로 선택한 이유는 나기초가 초(超)다산 마을이어서다.

나기초의 2019년 출산율은 평균 2.95명으로 일본 평균의 2배를 넘었다. 아이 1명을 낳을까 말까 하는 일본에서 나기초는 대체 어떤 동네이길래 아이 셋이 기본이라는 걸까?

나기초도 일본의 다른 시골 마을과 마찬가지로 예전에는 인구 감소와 마을 소멸의 위기를 맞았다. 1957년 9,000여 명이었던 인구가 2023년에는 5,742명으로 60여 년 만에 약 3분의 2로 줄었다. 이대로라면 20년 후 나기초의 인구는 다시 3분의 2로 줄어들고 30년 후면 반토막이 난다.

2002년 헤이세이 행정구역 대합병 당시, 나기초는 주민 투표로 이웃 쓰야마시와 합병하는 대신 마을을 독자적으로 유지하기로 결정했다. 하지만 계속 인구가 줄어드는 나기초가 독자 생존할 수 있는 방법은 많지 않았다. 특히 주고쿠 지방의 교통이 불편한 산간 지역이라는 불리한 조건을 안고 싸워야 했다.

결국 나기초가 선택한 독자 생존의 길은 '육아 환경이 뛰어난 마을'이었다. 마을을 존속시키려면 젊은 세대가 매력을 느끼는 동네여야 하고, 특출난 특산물이나 자연환경이 없는 나기초가 젊은 세대를 끌어들이는 방법은 '아이 키우기 좋은 동네'밖에 없다고 판단한 것이다. 최소한의 목표는 3,000명인 인구 유지였다.

나기초 인구가 3,000명 아래로 줄어들면 고령자만의 마을이 되고, 마을을 유지하는 기본적인 인프라가 붕괴된다. 병원과 슈퍼가 사라지고, 200엔만 내면 마을 어디든 갈 수 있는 복지 택시 제도도 유지할 수 없다.

인구 쟁탈전이 벌어지는 일본에서 육아 환경을 경쟁력으로 내세우는 지방자치단체는 무수히 많다. 특히 재정이 뛰어난 도시 지역은 '빵빵한' 경제적 지원을 내세우며 젊은 이주자들을 이른바 '모셔 온다'. 오카야마의 산골 마을 나기초가 물량 공세로 경쟁 지역들을 이길 가능성은 없었다. 그런 나기초가 현재 일본 평균의 2배가 넘는 출산율을 기록하는 비결은 무엇일까?

나기초도 이주자 유치를 위해 경제적 지원을 펼치고 있다. 나기초는 출산 전부터 육아까지 생애 모든 단계를 경제적으로 지원하는 제도를 갖췄다. 정부가 주는 출산축하금 42만 엔과 별개로 아이가 태어나면 1인당 10만 엔을 지급한다.

아이를 어린이집에 보내지 않는 가정에는 아이 1인당 매월 1만

5,000엔의 자택보육지원금을 준다. 이 또한 정부가 연령에 따라 매월 1만~1만 5,000엔씩 지급하는 육아수당과 별개다. 고등학생에게는 매월 버스비 2만 엔을 지원한다. 나기초에는 고등학교가 없어서 버스로 이웃 쓰야마시까지 통학해야 하기 때문이다.

대학생에게는 독특한 방식으로 학자금을 대출해 준다. 대학을 졸업하고 마을로 되돌아오면 갚지 않아도 되는 조건이다. 1년에 10%씩 면제하는 방식이어서 10년 동안 거주하면 대출 금액이 전액 면제된다.

하지만 이 정도는 다른 지역에서도 시행 가능한 지원이다. 기본적인 경제 지원 외에 나기초가 주목한 것은 정서적 지원이었다. 돈을 많이 줘서 아이를 키우기 좋은 마을이 아니라 온 동네가 육아에 참여함으로써 아이 키우기에 힘들고 지치지 않는 마을을 만드는 것이다.

나기초의 오쿠 마사치카 초장은 "경제적인 지원과 함께 정신적인 지원까지 해주는 것이 나기초 육아 환경의 특징이다. 부모가 육아 고민을 상담하고 분담하면서 다른 사람과 교류할 수 있는 시설(나기차일드홈)을 만든 이유"라고 말했다.

그의 말대로 나기초는 남녀노소를 불문하고 모든 주민이 육아에 참여한다. 마을 전체가 어린이집인 나기초의 육아 환경을 단적으로 보여주는 제도가 '일자리 편의점(나기시고토엔)'과 '나기차일드홈'이라는 제도다.

육아하며 돈 벌 수 있는 나기초 마을의 비결

오카야마현 나기초의 2019년 출산율은 2.95명으로 일본 평균의 2배를 넘었다. 마을 전체가 육아에 참여하는 공동 육아가 출산율의 기적을 만들어낸 비결로 꼽힌다. 마을 전체가 어린이집인 나기초의 육아 환경을 단적으로 보여주는 제도가 '일자리 편의점'과 '나기차일드홈'이다.

2017년부터 시작한 일자리 편의점은 말 그대로 편의점에서 물건을 사듯 간단하게 단기 아르바이트를 구할 수 있는 제도다. 일자리 편의점이 관공서와 기업, 농가로부터 의뢰받은 일자리를 가벼운 마음으로 일하려는 주민과 연결해주는 매칭 방식이다.

원칙적으로는 위험하지 않으면서 작업 장소가 마을 행정구역 안

〈사진 10-6〉 나기초의 공동 육아 현장

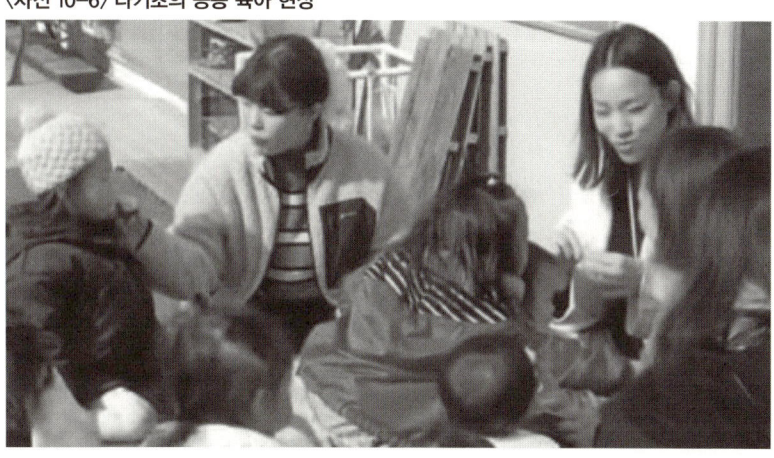

출처: 〈한국경제신문〉

이라면 뭐든지 맡는다. 보통은 2~3시간, 길어야 반나절이면 끝나는 일이 대부분이다. 업무용 우편물에 주소지 라벨을 붙이는 등의 간단한 사무 업무나 농사를 돕는 일이 가장 많다. 나기초에는 농사를 짓기 어려운 고령 농가가 늘고 있기 때문이다.

최근에는 고령자와 장애인의 과제를 해결하는 일에도 주력하고 있다. 일자리 편의점의 구와무라 요시카즈 대표는 "나이를 먹어서 도시의 자녀 집에 몸을 의탁하거나 장애가 있는 아이를 복지 시설에 보낸다는 이유로 나기초를 떠나는 일이 없도록 하기 위해서"라고 그 이유를 설명했다.

현재 300명 정도가 일자리 편의점에 등록되어 있다. 아이를 중학교에 보내고 복직이나 구직을 위한 훈련에 활용하는 사람도 있고, 90대 노인도 있다. 하지만 가장 많은 연령대는 아이를 키우면서 용돈벌이를 하려는 젊은 주부들이다.

오카야마의 2024년 최저임금은 932엔이다. 30분만 일하고 500~600엔 정도를 받는 회원이 있는가 하면 월 20만 엔 가까이 벌어가는 사람도 있다. 2022년 한 해 동안 일자리 편의점은 972건, 2,200만 엔어치의 일감을 수주해 수수료를 뺀 1,800만 엔을 아르바이트비로 지급했다. 대체로 일감이 많은 반면에 인력은 부족한 편이다.

'일자리 편의점이 육아와 무슨 관계가 있느냐?'는 반문이 있을 수 있다. 관계가 없는 것이 아니다. 일자리 편의점에서 일하는 보호자는 아이들을 돌보면서 일할 수 있다. 주유소를 개조한 일자리 편의점은 아이와 함께 있어도 일에 방해받지 않도록 구성되어 있다. 칸막이의 높이를 조절하거나 문을 달아서 아이와 공간을 분리할 수 있다.

'아이 숲'이란 뜻의 '코모린'은 일자리 편의점에서 이웃 엄마가 아이를 대신 봐주는 제도다. 아이를 맡기는 엄마는 돈 대신 포인트를 지출한다. 이번에는 다른 아이를 봐주고 쌓은 포인트로 다음에 내 아이를 봐주도록 하는 방식이다.

갑작스러운 새벽 발열 등 육아에는 언제나 돌발 상황이 따른다. 그런 부분까지 고려해 당일 일자리를 취소하거나 연기할 수도 있다. 홋카이도와 나라, 돗토리, 미야자키 등 5~6곳의 지자체에서 일자리 편의점 제도를 도입했다.

남편의 전근으로 3년 전 미야자키현에서 이주해온 하라다 가즈미(34세)는 4살 리츠 군과 2살 시즈쿠 양을 키우는 전업주부다. 하라다는 "아이를 어린이집에 맡기지 않고도 가볍게 '일을 조금만 해볼까?' 하는 기분으로 일할 수 있다"라고 말했다.

출산율 증가로 이어지는 마을의 '품앗이 육아'

오카야마현 나기초의 2019년 출산율은 2.95명으로 일본 평균 출산율의 2배를 넘었다. 온 마을이 육아에 참여하는 공동 육아가 출산율 기적의 비결이다.

'일자리 편의점'과 함께 마을 전체가 어린이집인 나기초의 육아 환경을 단적으로 보여주는 또 다른 시설이 '나기차일드홈'이다. 나기차일드홈은 일종의 육아 품앗이 센터다. 엄마들이 모여서 아이들을 함께 돌본다. 마을 어른들이 아이를 돌봐주는 '스마이루'라는 제도도 있다.

현재 12명의 할아버지, 할머니들이 스마이루 회원으로서 아이들을 돌보고 있다. 나기차일드홈에서 주 1~2회 아이들을 돌보는 간넨 사키코(78세) 할머니는 "남편이 죽고 나서 집에서는 혼자다. 여기서 도움이 된다는 사실이 행복해서 아이 돌봄을 하고 있다"라고 말했다.

나기차일드홈은 쓰는 사람만 쓰는 한정된 시설과 제도가 아니다. 나기초의 엄마들은 임신과 출산을 하면 건강검진과 아기 마사지 등을 위해 무조건 나기차일드홈을 들르게 된다. 일본에는 '공원 데뷔'라는 말이 있을 정도로 놀이 그룹에 끼는 것을 힘들어하는 보호자와 아이가 있다. 나기차일드홈의 육아 어드바이저인 가이하라 히로코는 "이 시설 덕분에 낯가림을 극복하는 과정 없이 자연스럽게 품앗이 육아에 익숙해진다"라고 말했다.

'애들을 같이 봐주는 것이 뭐 그리 대수인가?'라며 의아해할 수도 있다. 하지만 아이를 키워본 사람이라면 독박 육아와 고립 육아의 스트레스와 육체적인 피로가 얼마나 큰지 절감할 것이다.

육아 분담 외에 나기차일드홈의 보이지 않는 영향력이 또 있다.

마을의 다른 엄마들과 어울리면서 자연스럽게 셋째, 넷째를 갖게 되는 것이다. 21개월인 고하루 군을 키우는 하타 아야노는 2023년 7월 히로시마에서 이웃 쓰야마시로 전근 온 남편을 따라 이주했다. 출산 후 소음 등의 문제로 아파트를 찾았는데 쓰야마시는 임대료가 만만치 않았다. 반면 나기초는 젊은 육아 세대에게 월 임대료 5만 엔에 집을 빌려주는 '와카모노(젊은이) 주택' 제도가 있어서 나기초를 선택했다. 둘째를 임신 중인 하타는 "이전 세입자 가정도 아이가 넷이었다. 나기초에 살다 보니 셋째도 낳을까 생각 중이다"라고 말했다.

앞서 설명한 대로, 나기초는 아이를 어린이집에 보내지 않는 가정에 1인당 월 1만 5,000엔을 지원한다. 여기에 일자리 편의점과 나기차일드홈을 적절하게 조합해서 활용하면 육아와 용돈벌이가 모두 가능하다.

우리나라에는 나기초처럼 작은 마을의 사례를 그대로 대입할 수 있는 규모의 지자체보다 그럴 수 없는 지자체가 훨씬 더 많다. 다만 나기초가 '기적의 출산율'을 통해 한국에 건네는 조언은 사회 전체가 육아를 지지하고 참가한다면 절망적인 출산율을 희망으로 바꿀 수 있다는 사실이다. 그렇게 해서 인프라를 유지할 수 있는 인구를 보유한다면 마을 전체에 이익이 돌아간다는 점을 나기초는 20년 앞서서 깨달았다.

기업이 이끄는 일본의 저출산 극복

출산율 2.5명 달성한 기업의 변화

일본 종합건설 기업 '빅5' 가운데 하나인 다이세이건설의 합계 출산율은 일본 전체 평균(2021년 1.33명)의 2배에 가까운 2.5명 수준이다. 이 기업에서 둘째와 셋째 아이를 가진 여직원 비율은 2013년부터 2021년 사이에 각각 2배로 뛰었다. 또한 일본 3대 종합상사인 이토추상사의 2021년 출산율은 1.97명으로 10년 동안 3배로 뛰었다.

곤두박질치듯 떨어지는 한국의 출산율과는 달리 일본의 출산율은 완만하게 하락하고 있다. 다이세이건설과 이토추상사처럼 '출산율의 기적'을 이끄는 주요 기업들이 국가 출산율의 추락을 방어한다고 볼 수 있다.

다이세이건설과 이토추상사는 일찌감치 '일하는 방식'을 개혁했다. 다이세이건설은 2006년, 이토추상사는 2010년에 일하는 방식을 개혁하는 전담 부서를 신설했다. 두 기업 모두 여성의 근무 환경을 개선하고자 전 직원을 대상으로 근무 여건을 바꿨다. 다이세이건설은 육아휴직을 활성화하기 위해 남자 직원도 육아휴직 100% 사용을 의무화했다. 이토추상사는 전체 직원을 대상으로 아침형 근무 제도를 도입했다. 오후 8시 이후 야근을 금지하는 대신 오전 5~8시에 일하면 심야 근무 시와 동일한 추가 근무 수당을 지급한다.

두 기업이 일하는 방식을 혁신하고자 나선 이유는 인구 감소로 인한 인력난 때문이다. 출산율의 기적은 일하는 방식을 바꾸는 과정에서 얻은 의외의 성과였다. 애초 계획했던 우수 여성 인재도 확보했다. 2005년에는 거의 없던 여성 기술자가 2023년 말에는 전체 인원의 약 11%(873명)로 늘었다. 여성 임원 비율도 2023년 말 기준 약 11.1%까지 올라갔다.

다이세이건설의 시오이리 데쓰야 인사부장은 "우수한 여성 인재를 확보하기 위해 일하는 방식을 바꾸기 시작했다. 근무하기 편한 환경을 조성하자 생산성과 출산율이 함께 올라갔다"라고 설명했다.

일본 저출산 극복 주체는 기업

대형 보험사인 미쓰이스미토모해상화재보험은 2023년 4월부터 육아휴직을 쓰는 직원의 팀 동료들에게 최대 10만 엔의 '육아휴직 직장 응원 수당'을 지급한다. 동료들의 업무 부담이 늘어날까봐 육아휴직 사용을 꺼리는 직장의 분위기를 바꾸기 위해서다. 최근 들어 이런 육아휴직 응원 수당 문화가 일본의 기업과 지방자치단체로 확산되고 있다. 우리나라도 대통령 직속 저출산고령사회위원회가 2024년 6월 〈저출산 추세 반등을 위한 종합대책〉에 육아휴직 직장 응원 수당을 본뜬 '육아 동료수당' 제도를 도입했다.

일본 최대 생활용품 업체 가오는 2023년부터 남녀 모두를 대상으로 '유급 육아휴가'를 신설했다. 어린 자녀가 있는 직원은 열흘간 육아휴직을 반드시 쓰도록 의무화했다. 메이지야스다생명보험은 2024년부터 남성 직원이 배우자의 출산 예정일 8주 전부터 사용이 가능한 '아빠 산전휴가' 제도를 도입했다.

컴퓨터 게임으로 유명한 일본 2위 게임 기업 고에이는 셋째를 낳은 직원에게 축하금으로 200만 엔을 지급한다. 첫째는 10만 엔, 둘째는 20만 엔이다. 남녀 모두 육아휴직 100% 사용은 기본이다. 임산부와 육아를 담당하는 직원은 단축 근무 등 업계 최고 수준의 출산 및 육아 지원 제도의 혜택을 받는다. 출산 축하금 규모는 점차 늘어나는 추세다. 규슈 지역의 철도 회사인 JR규슈는 기존 1만 엔이었던 출산 축하금을 첫째는 30만 엔, 둘째는 40만 엔, 셋째는 50만 엔으로 늘리기로 했다.

일본 기업들의 다양한 지원 제도는 일하는 여성이 출산과 육아로 직장을 그만두는 일이 없도록 하기 위해서라는 공통점이 있다. 만성 인력난에 시달리다 보니 남성뿐 아니라 여성 인력도 최대한 활용해야 기업을 원활하게 운영할 수 있음을 깨달았기 때문이다.

남성 육아휴직 '의무화'한 이유

일본 종합건설 기업 '빅5'인 다이세이건설은 2015년까지만 하더라도 육아휴직을 활용하는 남자 직원이 거의 없었다. 그런데 2016년 7월부터 남자 직원은 모두 육아휴직을 사용해야 한다는 특단의 조치가 내려왔고, 그해 6개월 동안 244명의 남자 직원이 육아휴직을 썼다. 이듬해인 2017년부터 2023년까지 다이세이건설의 남자 직원

〈사진 11-1〉 다이세이 건설의 남녀 직원들

출처: 다이세이건설

11장. 기업이 이끄는 일본의 저출산 극복

들은 육아휴직을 100% 사용했다. 2016년 5.8일이었던 평균 사용 일수가 2023년에는 24.5일로 늘었다.

다이세이건설의 데쓰야 인사부장은 '출산율 기적'의 비결을 묻자 주저하지 않고 '남성 육아휴직 의무화' 제도를 소개했다. 데쓰야 부장은 "여성 인재를 확보하려면 일하는 방식을 뜯어고쳐야 한다는 결론을 얻었다. 남성 육아휴직은 '일 못하는 사람이나 쓴다'라는 이미지를 없애기 위해 전 직원이 의무적으로 쓰도록 제도를 바꿨다"라고 설명했다.

다이세이건설에서 '일하는 방식'을 고민하기 시작한 이유는 저출산·고령화로 인한 건설업계의 만성적인 인력난 때문이다. 건설 기업은 벌이가 나쁘지 않지만, 휴일이 적고 예상치 못한 해외 파견도 잦다. 대학 졸업생들의 건설사 외면이 심해지자, 다이세이건설은 여성 직원을 늘려야 한다고 판단했다.

2006년에는 '여성활약추진실'을 설치하면서 일하는 방식과 제도를 대대적으로 바꿨다. 남성 육아휴직 의무화 외에 단축 근무와 근무시간 유연제, 육아 때문에 회사를 그만둔 여직원을 다시 받아들이는 '잡 리턴 제도' 등을 단계적으로 도입했다.

출산율은 이 과정에서 자연스럽게 올라갔다. 전체 여직원 중 둘째를 가진 비율(2.08%)과 셋째를 가진 비율(0.23%)이 2013~2021년 사이에 2배 이상 높아졌다. 세 살과 한 살배기 아이를 키우는 본사 관리본부 소속 여직원은 "첫째 출산 이후 8개월의 육아휴직, 하루 7시간의 단축 근무 같은 다양한 지원 제도를 활용한 결과, 출산 전과 같은 수준의 업무 성과를 낼 수 있었다. 그래서 둘째를 갖는 것이 두렵지 않았다"라고 말했다. 또한 애초에 목표로 삼았던 여성 직원의 비중도 크게 늘었다.

야근 없애고 새벽 출근 실시한 기업의 변화

일본 여대생들에게 가장 인기 있는 직장은 어디일까? 경제주간지 〈도요게이자이〉가 2023년 대학 졸업 예정자 2만 5,000명을 대상으로 실시한 조사에서 일본 3대 종합상사인 이토추상사가 2년 연속 여대생이 선호하는 직장 1위에 올랐다. 이토추상사는 남자 대학생들이 선호하는 직장에서도 1위에 오르며 종합 1위를 차지했다.

미쓰비시상사와 미쓰이물산 등 경쟁사들은 매출의 약 60%가 자원 사업에서 나온다. 반면 이토추상사는 매출의 80%가 생활·소비용품이다. 데상트 등 다수의 의류 브랜드를 운영하고 편의점 프랜차이즈인 패밀리마트를 자회사로 두고 있다. 여대생이 이토추상사를 선호하는 이유다.

그렇다고 해도 이토추상사가 종합상사라는 점에는 변함이 없다. 종합상사는 일본 고도성장기를 이끈 주역이다. 일본 최고의 엘리트들이 전 세계를 누비며 '메이드 인 재팬' 상품을 팔았다.

그만큼 최고 수준의 처우를 자랑했지만 24시간 내내 사무실 전등이 꺼지지 않는 노동 강도 또한 악명 높았다. 꼭두새벽에 출근해서 별을 보며 퇴근한 뒤에는 밤새도록 회식에서 술을 마시고, 다시 다음 날 새벽 출근을 미덕으로 여기는 슈퍼맨과 원더우먼들의 직장이 바로 종합상사였다.

이런 기업의 직원들이 아이를 많이 낳을 리 없다. 이토추상사의 2013년 사내 합계특수출산율(여성 1명이 평생 낳을 것으로 예상되는 자녀 수)은 0.6명으로 일본 평균(1.41명)을 한참 밑도는 수준이었다.

그런데 2022년 이토추상사의 출산율은 1.97명으로 10년 만에 3배로 뛰어오른 반전이 일어났다. 같은 해 일본 전체 평균은 1.3명이었다. 무슨 일이 있었던 걸까?

필자는 2023년 7월 '이토추상사의 기적'을 한국 언론 가운데서는 처음으로 〈한국경제신문〉 칼럼을 통해 소개했다. 이 인연으로 FPCJ의 지원을 받아 기적의 현장을 직접 취재할 수 있었다.

이토추상사는 취재를 위해 아침 7시에 방문해줄 것을 요청했다. 직원들이 가장 많이 출근하는 시간대여서다. 아침 6시 30분부터 8시 사이에 회사 입구를 들어선 직원들은 회사에서 아침 식사를 챙긴다. 자회사인 패밀리마트의 인기 메뉴들이며 매일 바뀌는 100여 종의 메뉴를 1인당 3개까지 무료로 고를 수 있다.

상당수 기업이 사내 식당에서 아침을 제공하는 한국에 비하면 크게 대단하진 않아 보인다. 하지만 이토추상사의 최고행정책임자

(Chief Administrative Officer, CAO)이자 부사장인 고바야시 후미히코는 "다른 종합상사를 비롯해 일본 기업 가운데 아침 식사를 제공하는 기업은 거의 없다"라고 말했다.

아침 식사를 무료로 제공하는 이유는 이른 출근을 장려하기 위해서다. 이토추상사는 왜 직원들을 아침 일찍 출근시키려 할까? '이토추상사의 기적'은 아침형 근무 제도와 '110 운동'에서 시작되었기 때문이다.

아침형 근무제란 오후 8시 이후의 잔업을 원칙적으로 금지하는 대신, 오전 5~8시 근무를 심야 근무로 취급해 야근 수당(할증 수당)을 지급하는 제도다. 일본 법에 따르면 기업은 밤 10시부터 다음 날 아침 6시까지의 근무에 대해 잔업 수당을 할증 지급해야 한다. 이토추상사는 2013년부터 아침 5~8시 근무에 대해 잔업 수당을 할증해서 지급한다. 한마디로 야근과 같은 수당을 줄 테니 야근을 하지 말고 새벽에 일하라는 뜻이다. 그렇다면 이토추상사는 왜 새벽 근무를 권장하는 걸까?

10년 만에 기적을 이룬 일본 기업 사례

일본 3대 종합상사인 이토추상사는 2013년부터 아침형 근무제를 실시해 0.6명이었던 출산율을 10년 만에 3배로 끌어올렸다. 내부 조사 결과, 이토추상사 직원들은 거의 매일 야근을 했지만 사실 생산성은 거의 없는 불필요한 일들을 수행하고 있었다. 즉, 어차피 매일 야근을 해야 하니 낮에 할 일을 밤으로 미뤄두거나 상사의 눈치를 보느라 남아서 시간을 끄는 경우가 대부분이었다.

이런 야근을 없애는 대신 새벽 근무에 할증 수당을 제공했더니 직원들은 목적이 분명한 잔업만 하게 되었다. 머리가 맑은 아침에 일하니 효율성도 더 높아졌다.

아침형 근무 제도 도입 3년 후인 2016년 자체 평가 결과 이토추상사의 월평균 잔업 시간은 15%가량 줄었다. 밤 8시 이후 퇴근자 비율은 약 30%에서 약 5%, 밤 10시 이후 퇴근자는 약 10%에서 거의 '제로(0)'로 감소했다. 반면 8시 이전에 출근하는 직원의 비율은 약 20%에서 약 45%로 2배 이상 늘었다.

회사에서 제공하는 아침 식사를 이용하는 직원은 1일 평균 1,100여 명인데, 무료 식사를 제공하고도 회사의 월간 운영 비용은 오히려 6%가량 줄었다. 잔업 수당이 약 10%, 야근 택시비가 약 30% 줄어든 덕분이다.

이와 더불어서 전력 사용률은 약 6%, 온실가스 배출량은 약 7% 감소했다. 뜻하지 않게 아침형 근무 제도가 'ESG(Environmental·Social·Governance, 환경·사회·기업 지배구조) 경영'으로까지 이어진 셈이다.

고바야시 부사장은 필자와의 인터뷰에서 아침형 근무 제도는 일의 양을 줄이려는 제도가 아니라 효율성이 높은 시간대에 일하는 것이라고 여러 차례 강조했다.

그는 "'잔업을 하지 말라'거나 '잔업을 없애라'는 말을 회사 측에서는 절대 하지 않는다"라고 말했다. 딱히 할 일도 없이 밤에 남아서 일을 하는 것도 아니고 마는 것도 아닌 상태로 있다가 다음 날 아침에 멍한 상태로 회사에 출근하지 말고, 일이 남았으면 다음 날 일찍 와서 근무하라는 취지라고 설명했다.

2013년 도입 첫해에 아침형 근무 제도를 선택한 직원은 약 20%에 그쳤지만, 2023년에는 약 54%로 늘었다. 입사 2년 차인 인사·총무부의 오니시 리나 사원은 "결혼하지 않은 여직원 가운데서도 아침형 근무를 선택하는 경우가 많다. 할증 수당 덕분에 임금이 약 25% 정도 오르는 데다 일찍 퇴근하고 남는 시간을 자격증 공부나 취미 활동에 쓸 수 있는 것도 매력"이라고 했다.

이토추상사의 전 직원들은 매일 아침형 근무를 선택할지, 일반 시간대로 근무할지 정할 수 있다. 이렇듯 팀원들의 출퇴근 시간이 제각각이면 팀을 어떻게 운영할까? 어떤 근무 형태를 선택하든 집중 근무시간인 오전 9시~오후 3시에는 모든 팀원이 일한다. 팀 전체가 움직여야 하는 업무는 이 시간대에 처리한다.

야근을 완전히 금지하는 것도 아니다. 유럽 지사들과의 협업 등 야간 근무가 필수인 팀은 특별 허가를 받아서 야근을 한다. 24시간 돌아가는 종합상사의 업무 성격을 유지하면서도 직원들이 집중해서 일할 수 있는 근무 제도를 만드는 것이 이토추상사의 목표다.

삼성 따라 했더니 연봉이 올랐다

앞서 살펴봤듯이 일본 3대 종합상사인 이토추상사는 2013년부터 아침형 근무제를 실시해 0.6명이었던 출산율을 10년 만에 3배로 끌어올렸다. 오후 8시 이후의 잔업을 원칙적으로 금지하는 대신 오전 5~8시 근무를 심야 근무로 취급해 야근 수당(할증 수당)을 지급하는 아침형 근무 제도와 함께 '110 운동'이 그 비결로 꼽힌다.

110 운동은 회식은 '회식은 1차만 하고 밤 10시에는 끝낸다'라는 캠페인이다. 아침형 근무 제도로 기껏 일찍 퇴근했는데 밤늦게까지 회식이 이어지면 제도가 무의미해진다는 상사맨들의 경험칙에서 병행하는 제도다.

110 운동은 삼성그룹이 2012년에 도입한 '119 캠페인(한 가지 술로, 술자리는 1차만 하고, 9시 전에 끝내는 회식 문화)'을 이토추상사가 일본식으로 변형해 2013년부터 실시하는 운동이다. 이토추상사의 이케하다 마사토 홍보실장은 "일본은 술을 섞어 마시는 폭탄주 문화가 없으므로 '한 가지 술로'를 뺀 대신 '9시는 너무 이르다'라는 불만을 반영해 '10시까지'로 늘려 110 운동으로 정착시켰다"라고 설명했다.

이토추상사가 일하는 방식 개혁을 시작한 2010년 이후로 12년간 노동 생산성은 5.2배가량 늘었다. 주가는 약 7.6배, 배당은 약 8.9배 늘었다. 기업만 좋았던 것이 아니다. 직원도 좋았다. 2010년에는 1,254만 엔이었던 평균 연봉이 2022년에는 1,830만 엔으로 크게 늘었다. 평균 근속연수는 약 15.8년에서 약 18.3년으로 훨씬 길어졌다. 더 많이 받으면서 더 오래 다니는 회사가 된 것이다.

주주들은 지속가능한 성장을 현실로 구현했다는 점을 높이 평가했다. 아침형 근무 제도를 실시한 이후 이토추상사는 건강검진을 강화했다. 새 제도가 생활 리듬을 깨뜨려 건강을 해칠 수 있다는 일부의 우려와는 반대로, 직원들의 건강은 오히려 크게 좋아졌다. 지방 수치나 혈압처럼 눈에 보이는 지표도 개선되었지만, 압도적으로 좋아진 것은 정신건강이었다. 덕분에 이토추상사는 직원의 건강과 생산성을 측정하는 데 쓰던 돈을 줄이는 대신 직원들의 인적 경쟁력을 높이는 데 더 많은 돈을 투자할 수 있게 되었다.

직원 건강 및 생산성 측정 비용은 2010년 7억 2,300만 달러가량에서 2023년 5억 7,000만 달러가량으로 줄었다. 반면 인적 자원 개발 투자비는 10억 5,000만 엔가량에서 16억 3,000만 엔가량으로 늘었다. 1인당 투자비 역시 24만 3,000엔가량에서 39만 6,000엔가량으로 늘었다. 중국어 자격증 보유자가 196명에서 1,293명으로 늘어난 데서 인적 자원 개발 투자의 성과를 확인할 수 있다. 직원이 좋으면 회사도 좋다는 사실이 증명된 것이다.

이토추상사는 왜 이렇게 생산성 향상에 집중할까? 생활·소비용품이 주력 사업인 이토추상사는 중후장대('무겁고, 두텁고, 길고, 큰 것'을 뜻하는 말로 철강, 화학, 자동차, 조선주 등의 제조업을 의미)형 사업이 주력인 경쟁사보다 직원 수가 30%가량 적다. 이들과 맞서려면 적은 인력으로 경쟁사와 대등한 성과를 내야 한다. 노동 생산성을 높이지 않고는 불가능한 일이다.

고바야시 부사장은 "일하는 방식 개혁은 경쟁사보다 적은 사원 수로 대결할 수 있도록 노동 생산성을 높이기 위한 시도"라고 말했다.

같은 제도, 다른 성과의 비밀

일본 3대 종합상사인 이토추상사는 2013년부터 '아침형 근무 제도'와 '110 운동' 등 일하는 방식 개혁을 실시해 0.6명이었던 출산율을 10년 만에 3배가량 끌어올렸다.

그러나 사실 출산율 상승은 이토추상사도 예상치 못한 변화였다. 아침형 근무 제도와 아침 식사 제공 모두 저출산 대책은 아니었지만, 일과 육아의 양립을 가능케 만드는 제도가 되었다. 이토추상사의 여사원들은 거의 매일 정시에 퇴근하는 대신 다음 날 오전 5시에 일어나 자녀가 일어나는 시간까지 전날 남은 일을 처리하고 당일 일정을 정리한다. 그리고 아이가 일어나면 먹이고 씻겨서 어린이집에 맡긴 뒤 9시까지 출근한다. 이토추상사의 여직원들은 아침형 근무 제도가 없었다면 일과 출산 및 육아의 병행은 어려웠을 거라며 입을 모아 말했다.

2010년부터 운영을 시작한 사내 탁아소도 저출산 극복 제도라기보다는 원래 여직원 복직 지원 제도였다. 일본은 0~3세까지의 어린이집 입원 경쟁률이 가장 치열하다. 그런 데다가 지원 시기(매년 12월과 이듬해 2월의 두 차례)와 등원 시기(매년 4월)가 정해져 있다. 출산 시기에 따라 복직 시점이 제각각인 여성의 입장에서는 이를 맞추기가 쉽지 않다. 이러한 등원 시기와 복직 시점의 불일치를 해소하고자 만든 것이 사내 탁아소다. 현재 육아휴직을 사용한 이토추상사 여직원의 복직률은 100%다.

3,300여 명에 달하는 이토추상사 종합직 직원 가운데 여성의 비율은 약 11.3%다. 최근 신입사원만으로 범위를 좁히면 약 33.3%가 여성이다. 소수정예로 경쟁사와 맞서야 하는 이토추상사로서는 여성 인력을 제대로 활용하지 못하면 미래가 없다고 판단한 것이다.

이토추상사도 처음에는 여성만을 위한 제도를 만들었다. 하지만 먹히지 않았다. 여사원을 위한 제도가 왜 정착되지 않는지는 아침형 근무 제도의 성공 원인에서 확인할 수 있다. 아침형 근무 제도는 전 사원을 대상으로 실시하는 제도다. 변화는 특정 성별, 특정 계층을 대상으로 실시한 제도로는 일으킬 수 없다. 회사 전체가 움직여야만 가능한 일이다.

앞서 살펴봤다시피 이토추의 기적은 한국의 기업이 무릎을 칠 만한 대단한 제도와 지원 덕분이 아니다. PC 기록 조회와 전원 차단을 동원한 야근 전면 금지, 일찍 출근하는 대신 일찍 퇴근하는 유연근무 제도 모두 우리나라 대기업들이 이미 실시 중인 제도다.

하지만 아무리 좋은 제도나 강력한 지원이라도 경영진에서부터 관리자와 사원까지 회사 전체가 움직이지 않으면 아무 소용이 없다. 이 사실을 한국의 직장인들은 이미 경험했다. 이토추상사의 고바야시 후미히코 최고행정책임자는 "기업 문화를 바꾸는 데는 최고경영자(Chief Executive Officer, CEO)의 관여가 매우 중요"하다고 지적했다.

이토추상사의 일하는 방식 개혁은 카리스마 경영자로 유명한 오카후지 마사히로 사장이 주도했다. 필자가 이토추상사를 방문한 날 아침에도 오카후지 사장은 현장을 몰래 찾아가 아침 식사 메뉴를 점검했다. 최고경영진들도 아침형 근무 제도와 110 운동을 지속해서 점검하고 강력하게 실시할 것을 주문한다. 입사 10년 차인 경영기획부의 이와사키 겐타 사원은 "처음엔 '설마' 하는 분위기가 있었지만 13년 동안 제도를 시행한 덕분에 이제는 문화로 정착되었다"라고 말했다.

부처가 사라지는 것이 목표인 이유

기시다 후미오 전 일본 총리는 2023년 1월 정기 국회의 시정방침 연설에서 저출산 대책을 일본의 가장 중요한 과제로 선정했다. 2023년 4월에 출범한 어린이가정청은 이러한 의지가 반영된 결과물이다.

필자는 2023년 11월 28일 FPCJ의 지원을 받아 한국 언론으로서는 처음으로 어린이가정청을 방문해 담당 관료를 인터뷰했다. 인터뷰에 응한 어린이가정청의 다카하시 고지 종합정책담당 심의관은 어린이가정청을 '일본 정부 기관 가운데 가장 최근에 생기고 가장 규모가 작은 부처'라고 소개했다. 여러 관계 부처에서 모인 350여 명의 공무원이 일본 연간 예산의 4% 정도인 4조 8,000억 엔가량을 사용한다.

지금까지 일본 정부의 저출산·고령화 대책은 고령화가 중심이었다. 하지만 '어린이가 가장 중심(子供真ん中)'이라는 구호에서 보듯 이제 일본 정부는 저출산·고령화 대책의 무게 중심을 저출산으로 옮기고 있다. 그 일환으로 여러 부처에 흩어져 있던 저출산과 육아 지원 정책을 어린이가정청으로 통합했다. 한국은 대통령 직속 저출산고령사회위원회가 저출산·고령화 대책을 담당한다. 하지만 고령화 대책을 함께 다루는 데다 담당 부처 역시 흩어져 있다.

다카하시 심의관은 "지금까지 저출산 대책에 막대한 예산을 투입하고도 아이의 수가 줄어드는 이유는 정책의 비일관성 때문이다. 어린이가정청이라는 사령탑이 생김으로써 관련 대책을 효과적으로 실시할 수 있게 되었다"라고 말했다.

그렇다면 어린이가정청 설립으로 일본의 저출산 정책 수립과 집행이 빨라졌을까? 다카하시 심의관은 오히려 그 반대라고 말했다. 그는 "정책을 수립하기 전에 먼저 보호자와 어린이의 의견을 듣는 과정을 거치도록 법률로 의무화했다. 시간이 걸리는 대신 확실한 대책을 세울 수 있다"라고 말했다.

다카하시 심의관은 한국의 사례를 참고하냐는 질문에 "입시 경쟁의 치열함 등이 한국의 출산율이 낮은 원인이라고 본다. 일본도 같은 상황이라 상당히 참고한다"라고 답했다. 또한 어린이가정청의 목표에 대해서는 "어린이가정청이 없어지는 것이 개인적인 목표"라고 말했다.

5부.

한국과 일본의
미래를 위한
제언

틀을 깨는 일본의 대책들
인구 감소 쓰나미의 방파제가 된 서점과 도서관

구름 위에도 도서관이 있을까? 시코쿠 고치현의 유스하라초에 있다. 실제로 도서관 이름이 '구름 위의 도서관(雲の上の図書館)'이다. 유스하라초는 해발 1,455m의 시코쿠 카르스트에 둘러싸인 고원 지대다. 워낙 고지대에 있다 보니 마을 스스로 '구름 위의 마을'이라고 소개한다. 유스하라초립 도서관의 이름이 '구름 위의 도서관'이 된 사연이다.

2018년 3,087.85㎡ 부지에 12억 엔가량을 들여 지상 2층, 지하 1층 규모로 문을 연 구름 위의 도서관은 세계적인 건축가 구마 겐고가 설계했다. 면적의 약 91%가 삼림인 유스하라초의 삼나무와 편백나무를 아낌없이 재료로 썼다. 구름 위의 도서관의 콘셉트는 '숲속에

〈사진 12-1〉 구름 위의 도서관 내부 전경

출처: 구름 위의 도서관 웹사이트

있는 것 같은 도서관'이다.

겐고는 "계단식 논처럼 여러 층으로 이뤄진 공간을 통해 대지와 건축물을 이어주고 여러 개의 작은 공간을 배치해 거실처럼 아늑한 독서 공간을 마련했다. 아침에는 마치 숲속에 있는 것처럼 햇빛이 도서관 내부를 한가득 비춘다"라고 설명했다.

개점과 동시에 마을의 명소로 떠오르면서 고치시에서 자동차로 두 시간 떨어진 이 외딴곳까지 외국인 관광객까지 몰려든다. 유스하라초 유일의 호텔에는 2022년 숙박객 수가 도서관 개장 전보다 40% 가량 늘었다. 구름 위의 도서관 덕분에 젊은 이주자들이 늘면서 소멸 위기를 맞은 유스하라초가 한숨 돌렸다는 뉴스까지 등장해 화제가 되었다.

1957년 1만 1,217명이었던 유스하라초 인구는 2020년에는 3,307명까지 줄었다. 일본국립사회보장·인구문제연구소는 유스하라초의 인구가 2045년에는 2,000명까지 줄어들 것으로 전망했는데, 2024년 2월을 기준으로 인구는 3,058명으로 감소 속도가 완만해졌다.

필자는 도서관 하나가 인구 감소를 막았다는 것이 믿기지 않아 2023년 마지막 영업일이었던 12월 31일 직접 구름 위의 도서관을 찾아갔다. 사서인 겐모쿠 가즈코는 "도서관 하나 덕분에 인구가 늘었다면 과장이겠지만, 도서관이 인구 감소 속도를 늦춘 요인인 것은 틀림없다"라고 말했다. 자원봉사자들도 도서관 개장 이후에 주변 지역에서 이주해온 사람들이었다.

유스하라초는 구마 겐고 건축 박람회장이라고 말할 수 있을 정도로 그가 설계한 작품들로 가득했다. 마을 외곽의 국도 휴게소와 구마 겐고 박물관부터 초행정사무소, 마을 회관, 문화센터 등이 모두 겐고가 설계한 건축물들이었다. 시코쿠에서 가장 외딴 시골 마을을 건축과 도서관이 살렸다고 해도 과언이 아닐 정도다.

오늘날 일본에서는 도서관이 단순히 문화 발신지의 역할을 넘어서 소멸 위기에 처한 지역 경제를 활성화하는 데 기여하고 있다. 책이라는 동일한 지식의 결정체를 가지고 필자가 직접 다녀온 일본의 도서관을 소개하면서, 도서관의 나라와 서점의 나라라는 다른 길을 걸어온 일본과 한국 두 나라를 비교해보기로 했다.

일본에는 2021년 말을 기준으로 3,394곳의 도서관이 있다. 버블 경제가 붕괴한 1995년에는 2,297곳이었던 도서관 수가 30년 동안의 장기 침체를 겪는 와중에도 1,000곳 이상 늘었다. 상당수 지자체가 재정난으로부터 공공서비스 시설을 통·폐합했지만, 도서관만큼은 오히려 늘었다.

인구가 감소하고 지방 도시들은 소멸 위기를 맞는 일본에서 도서관은 왜 늘어날까? 도서관이 도서관만이 아닌 복합 문화 시설로 변신하는 데 성공했기 때문이다. 책 대출이 중심이었던 도서관의 역할이 주민들의 커뮤니티 거점과 지역 활성화를 담당하는 시설로 자리매김하면서 전국적으로 그 수가 늘고 있다.

146억 엔을 들여서 2018년경에 문을 연 고치현립·시립도서관 '오테피아'가 대표적인 사례다. 필자는 2022년 말 연휴를 맞아 고치현에 갔을 때 시간상 구름 위의 도서관이나 오테피아 둘 중 하나만 선택해서 분석해야 했다. 결국 구름 위의 도서관을 방문하기로 해 오테피아는 외관만 둘러볼 수 있었다.

오테피아는 장애인용 도서관과 플라네타리움(Planetarium, 천체 투영기)이 있는 과학관이 합쳐진 시설이다. 2019년에는 방문자 수가 100만 명을 돌파했다. 플라네타리움이라는 흥미거리를 내세운 반짝 오픈 효과 때문이 아니다. 오테피아의 장서는 약 160만 권으로 서일본 최대 규모다. 여기에 사서가 정기적으로 학교와 기업을 방문해 장서와 데이터베이스 이용 방법을 설명함으로써 이용자를 개척하고 있다. 전자 서적을 늘리고 고치현 내 기초 지자체 도서관에 책을 정기적으로 분배하는 등 주민들이 가장 많이 찾는 시설로 만들고자 꾸

준히 노력했다. 그 결과 1인당 대출 권수가 10년 새 84%가량 증가했다. 2위인 돗토리현의 약 4배에 달한다. 2019년 대출 권수는 106만 권가량으로 2014년의 2배로 늘었다.

2024년 설 연휴를 맞아 찾은 도야마시립도서관은 유리 공예 미술관과 도서관을 결합한 곳이었다. 도야마는 옛날부터 유리 공예가 번성한 지역이다. 이곳의 도서관은 지역 주민들에게는 문화센터, 도야마를 방문한 사람들에게는 관광 안내소와 지역의 매력을 발산하는 거점 역할을 동시에 수행한다. 또한 돗토리현립도서관은 현지 기업의 지원 거점, 니가타현 산조시 도서관은 지역 기업의 제품 홍보관 역할을 겸하고 있다.

커뮤니티 센터의 역할을 다하기 위해 도서관 특유의 엄숙함도 벗어던졌다. 이시카와현립도서관은 '사일런트 룸(silent room)'을 제외한 모든 공간에서 대화를 나누거나 커피를 마실 수 있다. 이곳에서는 도시락을 싸 와서 먹으며 책을 읽거나 공부하는 시민들을 흔하게 볼 수 있다. 접근성이 가장 좋은 1층 공간은 어린이 도서관으로 꾸몄다. 놀이터와 도서관이 절묘하게 어우러진 설계로 아이들이 놀면서 책을 읽을 수 있다. 부모는 육아를 하면서 일할 수 있다.

도서관을 체류형 공간이자 육아 시설로도 병행하려는 이시카와현립도서관의 시도는 일본 도서관의 최근 트렌드다. 구름 위의 도서관도 대화를 나눌 수 있는 라운지와 식사할 수 있는 카페 등을 갖추고 '허가한 것 외엔 하면 안 된다'라가 아니라 '특별히 금지한 것

외에는 다 할 수 있다'라는 콘셉트의 공간으로 설계되었다. 일본도서관협회에 따르면 도서관 이름에 '아동'이나 '어린이'를 넣은 도서관은 2020년을 기준으로 2000년보다 3배가량 늘었다.

모름지기 도서관의 입지는 도서관다워야 한다는 인식도 점차 바뀌고 있다. 2023년 4월 문을 연 지바현 훗쓰시 시립도서관은 쇼핑센터 3층에 들어섰다. 누구나 찾아가기 쉬운 입지 덕분에 개관 1개월 만에 2만 6,000여 명이 이곳을 찾았다. 건립비는 2억 5,000만 엔가량으로 도서관을 따로 짓는 것보다 10억 엔가량 줄었다. 이바라키현 쓰지우라시 도서관은 2017년 외곽에서 중심부의 재개발 빌딩으로 이전했다. 그 덕에 시가지의 보행자 수가 도서관 이전보다 평일과 휴일 모두 1일 1,000명 이상 늘었다.

이처럼 도서관이 흥하는 일본이지만, 고민이 전혀 없는 것은 아니다. 서점이 줄고 있기 때문이다. 일본출판인프라센터에 따르면 2004년 1만 9,920여 곳, 2013년에는 1만 5,602곳이었던 서점이 2021년에는 1만 1,952곳, 2022년에는 1만 1,495곳, 2023년 2월에는 1만 960곳으로 감소했다. 20여 년 사이에 거의 반토막이 난 것이다. 출판문화산업진흥재단(Japan Publishing Industry Foundation for Culture, JPIC)에 따르면 2022년 9월 기준 1,741개 기초 지방자치단체 가운데 서점이 없는 '무서점 지자체'는 456곳으로 전체의 약 26.2%에 달했다.

지자체 4곳 중 한 곳은 서점이 없을 정도로 서점 수가 줄어들자, 일본 경제산업성은 2024년 3월 5일 '서점진흥프로젝트팀'을 신설해 정부 차원에서 첫 서점 지원에 나섰다. 서점 살리기에 나선 일본이 배우는 나라가 바로 한국이다. JPIC는 2023년 4월 한국출판문화산업진흥원과 국제업무교류에 관한 협정을 체결하고 한국의 서점과 도서관 등을 시찰했다.

한국의 서점 살리기는 온라인 서점의 등장 이후 동네 서점이 줄어드는 것만 봐온 필자도 의외라고 생각했지만, 엄연한 사실이다. 한국서점조합연합회가 발행하는 《한국서점연감》에 따르면 2003년 3,589곳에서 2015년 2,165곳으로 줄었던 서점이 2021년에는 2,528곳으로 다소 회복되었다.

미디어들은 한국의 서점이 활기를 되찾기 시작한 배경으로 정부와 지자체의 다양한 지원책에 힘입어 독립 서점으로 불리는 중소 서점이 늘어났기 때문이라고 분석한다. 대표적인 지원 제도가 도서정가제다. 온라인 서점에서는 원칙적으로 할인을 하지 않는 일본과 달리 한국은 과거 온라인 서점의 할인 경쟁으로 동네 서점이 격감했다. 이에 2014년부터 도서정가제를 강화해 할인율을 최대 15%로 제한하면서 작은 서점이 살아남을 여지를 남겼다는 설명이다.

서울시가 2016년 도입한 이래 전국으로 확대된 〈지역 서점 활성화에 관한 조례〉도 일본이 참고하려는 지원책이다. 2021년 한국 정부는 관련 법을 개정해 도서관이 서적을 구매할 때 지역 서점을 우선 이용하도록 각 지자체에 요구했다.

문화체육관광부 산하에 한국출판문화산업진흥원이라는 사령탑이 존재하고 이 기관이 출판 산업 지원을 주도하는 점도 일본이 부러워하는 부분이다. 〈요미우리신문〉은 파주 출판도시를 영화와 드라마의 배경에 자주 활용되도록 정비한 것도 이러한 사령탑이 있는 덕분이라고 분석했다.

2021년 엔화로 환산한 한국의 출판 시장 규모는 약 7,060억 엔으로 일본의 약 40% 수준이다. 교과서와 학습 참고서 비율이 워낙 높다 보니 신서와 문고, 잡지 시장은 상대적으로 발달하지 않는 등의 한계도 뚜렷하다. 하지만 출판문화 산업을 담당하는 사령탑이 다양하고 현실적인 지원책을 내놓으면서 한국은 점오(.5)서점(운영자와 지역 주민이 함께 채워가는 공동체형 동네 서점)과 같이 개성 강한 지역 밀착형 독립 서점이 늘어나고 있다고 일본은 부러워했다.

그런데 도서관이 많아지면 서점이 망할까? 이 부분은 일본에서도 논란이 있다. 도서관이 같은 책을 여러 권 갖추는 데 대해 이전부터 작가와 출판사는 "도서관이 무료 도서 대출소처럼 바뀌고 있다"라고 지적해왔다. 2023년 8월에는 자민당 의원 연맹이 도서관이 베스트셀러를 과잉으로 구매하지 않도록 규정을 만들어야 한다며 논의를 시작했다. "장서가 인기 도서에 편중되어 도서관 이용자들이 다양한 세계를 접할 기회를 잃고 있다"라는 주장이다.

공립 도서관의 동일 서적 과잉 소장을 금지하고, 신간이 발매되면 도서관이 구매할 때까지 일정 기간을 두며, 책을 구매할 때는 지역 서점을 우선 이용하는 등의 규정이 거론된다. 문부과학성이 공립 도서관의 설치와 운영에 관한 기준을 정하고 있지만, 같은 책을 몇 권까지 소장할 수 있느냐에 대한 규정은 없다. 도서관이 각자의 선정 기준과 예약자 수에 맞춰 결정한다.

도쿄도에서 가장 많은 16곳의 도서관이 있는 세타가야구의 상황을 살펴보자. 인구 92만여 명의 세타가야구는 16개 도서관에 200만여 권의 도서 자료를 소장하고 있다. 도서관에서 책을 빌리는 기간은 최대 3주다. 대출자가 3주씩 꽉 채워서 책을 빌린다면 1년 동안 18명이 같은 책을 빌려 볼 수 있다. 세타가야구는 이 기준을 토대로 예약이 360건인 책은 20권이 필요하다는 식의 도서 구매 기준을 세웠다.

그런데도 2023년 베스트셀러 작품의 경우 16개 도서관이 55권을 소장 중인데 예약 대기가 1,884명에 달한다. 이 책을 빌리려면 2년 정도를 기다려야 한다는 뜻이다. 세타가야의 사이토 미노루 구립중앙도서관장은 〈아사히신문〉에 "책을 사달라는 출판계의 목소리도 이해할 수 있지만, 알 권리를 보장해야 하는 도서관이 대출자들을 기다리게 만드는 데 대한 비판의 목소리도 커서 중간에 낀 샌드위치 신세"라고 토로했다.

대부분의 도서관은 '과잉'이라고 지적할 정도로 책을 많이 소장하고 있지도 않다. 일본의 도서관은 20년 동안 600여 곳 늘었지만, 한 곳당 도서 구입비 예산은 약 840만 엔으로 30%가량 감소했기 때문이다. 일본도서관협회가 도쿄 23구와 인구 30만 명 이상의 도시에 있는 중앙도서관 95곳을 대상으로 실시한 조사에서 80%가 히가시노 게이고의 인기 소설 《매스커레이드 나이트》를 3권 미만으로 소장하고 있었다.

   도서관이 늘어나서 책을 많이 소장하면 신간 서적의 매출에 얼마나 영향을 주는지에 대한 연구 결과도 있다. 니혼대학교의 오바 히로유키 교수가 2019년 신간 서적 600작품을 대상으로 분석한 결과, 한 서적이 전국의 도서관에 100권 소장되어 있으면 일본 전체에서 그 책의 판매량이 6권 줄어드는 것으로 나타났다. 이를 바탕으로 오바 교수는 "영향이 있기는 하지만 크다고는 할 수 없다"라는 결론을 내렸다. 특히 베스트셀러일수록 도서관의 소장 서적 수와 신간 판매량의 관계가 옅었다. 아무래도 베스트셀러는 빌려 읽기보다 사서 소장하려는 독자가 많아서일 것이다.

   도서관의 나라 일본, 서점의 나라 한국. 인구 감소와 지역 쇠퇴로 고민하는 한국은 일본 도서관의 역할 변화를 참고하고, 서점이 줄어 어려움을 겪는 일본은 독립 서점이 늘어나는 한국을 배울 때다.

일본에서 땅값이 제일 비싼 동네의 선택

살바도르 달리의 걸작 〈기억의 지속〉이 현실 세계의 건축물로 구현되었다. 2023년 11월 24일에 문을 연 아자부다이힐스 이야기다.

〈사진 12-2〉 아자부다이힐스 타워 플라자

출처: 〈한국경제신문〉

일본 도쿄 도심에 들어선 이 공간은 지상과 지하, 층의 구분이 모호한 한 폭의 초현실주의 작품이다. 평지를 거닌다고 생각했는데 실은 오르막을 오르는 중이고, 지하 3층으로 들어섰는데 반대쪽으로 나서니 지상이다. 명품 가게와 유명 레스토랑이 들어선 파빌리온은 그 형태가 보행자의 눈높이에 맞춰 물결처럼 오르내린다. 마치 〈기억의 지속〉에 등장하는 늘어진 시계 같다.

중심 건물인 모리JP타워의 높이는 약 330m다. 오사카의 아베노 하루카스를 30m 차이로 제치고 일본 최고층 빌딩이 되었다. 일본에서 가장 높은 빌딩을 품은 초현실주의 작품 같은 공간이지만, 아자부다이힐스는 이웃 건물들을 기죽이거나 주변의 풍경과 겉돌며 이질감을 주지 않는다. 언덕을 깎은 평지 위에 욱여넣은 거대 빌딩군이 아니어서다.

아자부다이힐스는 원래부터 존재했던 것 같은 공간을 목표로 했다. 언덕이었던 지형을 최대한 살려 기존의 풍경을 가능한 해치지 않으려 했다. 초고층 건물은 도자기 같은 곡선으로 처리해 위압감을 최소화했고, 저층부 상업 시설은 해 질 녘에 가벼운 느낌으로 산책하는 동네 뒷산을 떠올리게 만들었다. 아자부다이힐스가 높이 못지않게 공간으로서도 주목받는 이유다.

아자부다이힐스는 초고층 빌딩군이 아니라 도심 속의 작은 도시다. 3개의 초고층 건물과 1,400세대의 아파트 단지, 여의도 파크원타워보다 큰 오피스, 하남 스타필드와 맞먹는 상업 시설, 병원, 학교로 구성되었다.

'기존에 없던 시도로 기존에 있던 것 같은 공간을 창조한다'라는 모순된 목표를 영국의 건축가 겸 디자이너 토머스 헤더윅이 달성했다. 그는 한강 노들섬을 한국의 산을 형상화한 '사운드스케이프'로 꾸미자고 제안해 한국에도 친숙한 인물이다. '우리 시대의 레오나르도 다 빈치'라는 평가답게 그의 활동 영역은 런던 2층 버스, 구글 신사옥 '베이뷰', 뉴욕의 인공섬 '리틀 아일랜드' 등 도시의 소품에서부터 건축물, 인프라까지 경계를 따지지 않는다. 아자부다이힐스의 저층부와 흘러내리는 듯한 파빌리온, 지하 상업 시설에서도 허를 찌르는 헤더윅의 발상을 즐길 수 있다.

이는 애당초 건축물을 설계한다는 관념에서 벗어났으므로 가능한 일이다. 헤더윅은 자신이 아자부다이라는 언덕 위에 초고층 건물과

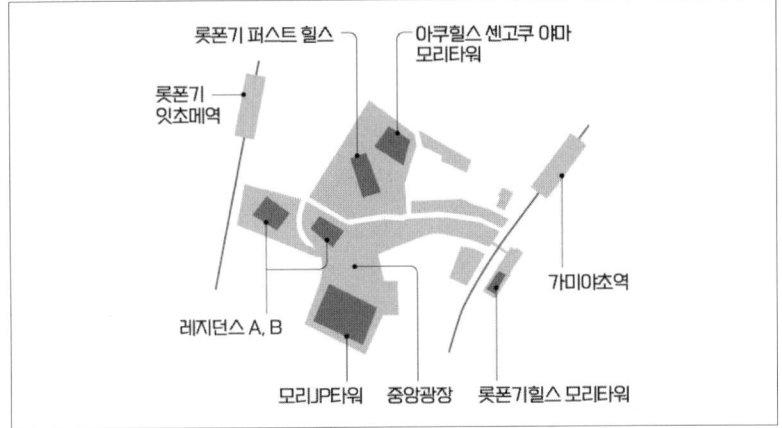

〈그림 12-1〉 아자부다이힐스 일대 위치도

출처: 〈한국경제신문〉

파빌리온, 지하 쇼핑몰이 어우러지는 유기체를 창조했다고 여긴다. 헤더윅스튜디오도 자사의 포트폴리오를 소개하면서 아자부다이힐스를 '공간' 부문에 올려놓았다.

원래 도쿄 아자부와 롯폰기, 도라노몬은 일본 최고의 금싸라기 땅을 다투는 지역이지만 서로의 흐름은 단절되어 있었다. 세 지역 사이의 연결 고리인 아자부다이가 엉겨 붙은 핏덩이마냥 혈액순환을 막고 있어서였다.

부촌과 판자촌이 공존했던 옛 성북동처럼 아자부다이 한편에는 러시아대사관, 일본 외무성 이쿠라공관, 도쿄아메리칸클럽 등 외교와 사교의 공간이 몰려 있었지만, 반대편은 낡은 목조 주택촌이었다. 소방차도 들어가기 힘든 좁은 골목이 가파른 언덕 구석구석으로 이어져 있어 일본에서 땅값이 가장 비싼 미나토구의 순환을 틀어막

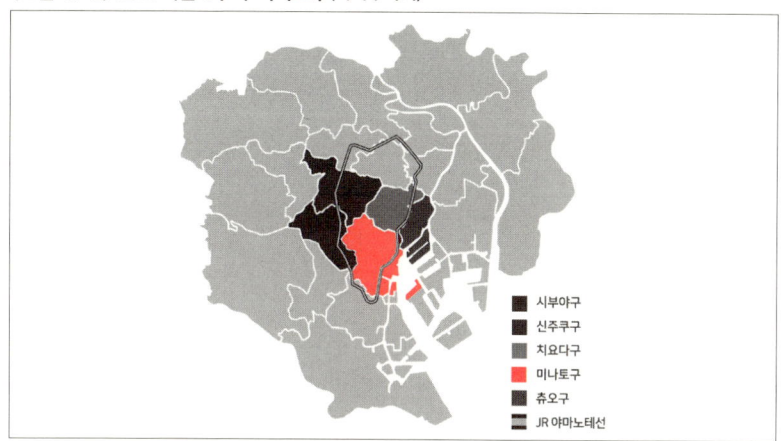

〈그림 12-2〉 도쿄 핵심 5구와 미나토구(아자부다이)

출처: 〈한국경제신문〉

고 있었다. 이 응어리를 어떻게 풀어야 할까? 수명이 다한 도시의 원래 모습을 최대한 보존하면서 활력을 주입하는 도시 재생이냐, 허물고 새로운 도시를 탄생시키는 재개발이냐는 일본에서도 오랫동안 논란거리였다.

이런 상황에서 11월 24일 문을 연 아자부다이힐스는 도심의 동맥 경화를 유발하던 아자부다이의 핏덩이를 덜어내는 재개발을 선택했다. 도시를 재생할지, 재개발할지를 결정할 때 따져야 할 수많은 요소 가운데 일본은 인구 변화를 무엇보다도 중요하게 고려하지 않을 수 없다. 세계에서 가장 먼저 그리고 가장 빠른 저출산·고령화를 경험한 나라이기 때문이다.

2024년을 기준으로 1억 2,500만여 명인 일본인 중 절반은 50세를 넘었다. 2027년에는 일본인 3명 중 1명이 65세 이상 고령자가 된다.

2040년이면 일본인 7명 가운데 1명은 80세 이상 노인이 된다. 일본에서 가장 젊은 도시 도쿄도 급격히 늙는다. 2050년이면 도쿄도민 3명 가운데 1명이 65세 이상의 고령자로 채워진다.

성숙기인 일본 경제와 고령자가 소비자의 중심이 되는 생활 스타일 변화를 고려해 아자부다이힐스가 제안한 모델이 '콤팩트 시티'다. 다양한 도시 기능을 한데 모은 도심 속의 작은 도시를 말한다. 일하고 즐기고, 배우고 쉬며, 나아가 거주하는 것까지 인간 생활의 모든 기능을 도보권 내에 집약시키면 다양한 사람들이 모이고, 이들이 만들어내는 에너지가 또 다른 집약을 부르는 자력이 된다는 개념이다.

집 한 채, 건물 한 동을 다시 짓는 것으로는 어림없다. 주택가나 빌딩군을 건설하는 것으로도 부족하다. 도시 기능의 장점을 모두 누릴 수 있으므로 가고 싶고, 살고 싶어 하는 입체 녹원(綠園) 도시(Vertical Garden City, 버티컬 가든 시티)를 만들어야 한다. 그러려면 수백 명의 소유자들로부터 규모 있는 부지를 확보한 후 그곳에 초고층 빌딩을 올릴 필요가 있다. 34년이 걸린 아자부다이힐스 개발 프로젝트 기간의 대부분을 300여 명에 달하는 소유자의 동의를 받는 데 소요한 이유다.

왜 초고층 빌딩일까? 2층짜리 주택 300채를 지으면 건폐율(건물면적/대지면적) 50%의 평범한 주택가가 된다. 그러나 똑같은 입지에 50층짜리 초고층 건물을 올리면 연면적(하나의 건축물 각 층의 바닥

〈표 12-1〉 34년이 걸린 아자부다이힐스 프로젝트

시일		내용
1989년	3~12월	주변 일대 3개 지역의 재개발 협의회 설립
1993년	2월	'도라노몬·아자부다이지구 시가지 재개발준비조합' 설립
2014년	7월	사업구역 확대
	10월	도쿄권 국가전략특구 구역회의
2016년	12월	도시계획 제안
2017년	9월	〈국가전략특별구역법〉에 기초해 구역계획을 인정, 도시계획 결정
2018년	3월	도라노몬·아자부다이지구 시가지 재개발준비조합 설립 인가
2019년	2월	권리변환계획 인가
	8월 5일	착공
2023년	11월 24일	개장

면적의 합계)은 비슷하면서 건폐율을 3%로 줄일 수 있다. 그만큼 나머지 공간을 전부 녹지로 채울 수 있는 것이다.

아자부다이힐스의 부지는 약 8만 1,000m^2로 약 11만 6,000m^2인 롯본기힐스의 70% 수준이다. 하지만 54~64층짜리 초고층 빌딩 3동을 올림으로써 연면적 약 86만 1,700m^2의 규모 있는 도시가 되었다. 롯본기힐스의 연면적(약 75만 9,100m^2)을 앞선다. 상대적으로 좁은 공간에 연면적을 극대화하기 위해 높이 330m 일본 최고층 빌딩 JP타워가 추가되었다.

이 공간에 약 21만 4,500m^2의 오피스, 약 2만 3,000m^2의 쇼핑몰, 에르메스, 까르띠에, 불가리 등 명품 업체 10곳과 150개의 점포가 들어섰다. 여기서 끝이 아니다. 웬만한 아파트 단지 규모인 1,400가구의 주택과 122실 규모의 최고급 호텔, 도쿄 도심 최대 규모의 국제학교, 종합병원이 이 작은 도시 안에 자리 잡았다. 미나토구는 세계에서

대사관이 두 번째로 많고, 일본에서 기업 본사가 가장 많은 지역이어서 외국인 주민이 많지만 규모 있는 국제학교가 없다는 점을 참작했다.

도심 기능을 꽉꽉 채웠다고 해서 콘크리트로 둘러친 빌딩을 떠올리면 곤란하다. 약 6,000㎡의 중앙광장을 포함해 전체 부지 면적의 약 37%인 약 2만 4,000㎡가 녹지다. 부지 면적이 30% 더 큰 롯폰기힐스(역 1만 9,000㎡)보다 녹지가 더 넓다. 이곳에 심어진 나무의 종류만 320여 종류다.

아자부다이힐스는 낮에는 2만여 명이 근무하고 밤에도 3,500여 명이 거주하는 명실상부한 도시다. 서울광장 6개분의 땅과 여의도 파크원타워(연면적 약 62만 7,411㎡)보다 37% 정도 넓은 연면적에 동대문역 부근 신당10구역만 한 아파트 단지를 품고, 청담동(2023년 12월 기준 2만 4,629명) 규모의 주민이 거주한다. 도쿄 안의 '미래 도쿄'를 짓는 데 6,400억 엔가량이 들었다.

아자부다이힐스를 개발한 모리빌딩은 롯폰기힐스, 도라노몬힐스 등 도쿄의 도심 스카이라인을 바꿔놓은 명소를 잇달아 탄생시킨 부동산 개발 회사다. 모리빌딩은 연간 3,000만 명이 아자부다이힐스를 찾을 것으로 기대하고 있다.

아자부다이힐스 개장으로 아자부와 롯폰기, 도라노몬의 혈맥이 시원하게 뚫렸다. 사통팔달 아자부다이를 누구보다 반기는 이들은 원래 이곳에 살던 주민들이다. 〈일본시가지재개발법〉은 기존 주민들이 예전에 살던 주택과 새로 개발한 주택을 1대 1로 교환할 수 있도록 제도(등가교환 제도)화하고 있다. 모리빌딩 관계자는 "아자부다이에 살던 기존 주민 대부분이 등가교환 제도에 따라 아자부다이힐스의 레지던스(한국의 아파트)에 거주하고 있다"라고 말했다.

일본 최초의 초고층 빌딩은 1968년 도쿄 지요다구에 들어선 가스미가세키빌딩이다. 높이 약 147m인 이 건물이 들어설 때까지 일본에는 100m가 넘는 건물이 없었다. 147m는 이집트의 쿠푸왕 피라미드와 같은 높이다. 고대 이집트인들이 기원전 2500년 전에 높이 147m의 구조물을 지을 때 일본인들은 4500여 년 뒤에야 같은 높이의 건물을 올린 셈이다.

1958년 당시 세계 최고 높이의 구조물이었던 도쿄타워(약 333m)를 세운 일본의 기술력을 보면, 기술이 부족해서는 아니다. 매년 2,000여 건씩 발생하는 지진이 발생하는 일본에서 마천루는 언감생심이라는 것이 건설업계의 통설이었다. 세계 3대 경제 대국의 수도 도쿄에는 네모반듯한 빌딩들만 올망졸망 모여 있었다.

그러나 이후 기술 개발과 규제 완화로 사정이 변했다. 1989년 도쿄에서 약 50채였던 100m를 넘는 초고층 빌딩은 2018년에는 500채를 넘었다. 2002년 고이즈미 준이치로 당시 총리가 도심 주요 지역의 고도 제한을 없애고 용적률을 2배로 올리는 규제 개혁에 나섰기 때문이다.

모리빌딩은 도쿄의 스카이라인을 가꾸는 기업이다. 롯폰기힐스

(2003년), 도라노몬힐스(2023년) 등 200~300m의 초고층 빌딩을 속속 개발하고 있다. 아자부다이힐스의 중심 건물인 모리JP타워는 높이가 약 330m로 새롭게 일본의 최고층 빌딩에 올랐다.

아자부다이(麻布台·台는 고지대라는 뜻)라는 지명에서 보듯 이 지역은 경사가 꽤 가파른 언덕이었다. 언덕을 재개발하는 가장 쉬운 방법은 깎아서 평지로 만든 뒤 건물을 올리는 것이다. 하지만 아자부다이힐스는 아자부다이의 고저차를 살리기로 했다. 모리빌딩그룹의 다구치 요시후미 설계부장은 "평면적인 건물을 만들면 이 지역에 어느 날 갑자기 '쿵!' 하고 새로운 건물군이 들이닥치는 느낌이어서 기존의 마을과 단절감을 준다"라고 설명했다.

3개의 초고층 타워 설계는 미국의 펠리클라크앤드파트너스(Pelli Clarke & Partners, PC&P)가 맡았다. 모리빌딩의 초고층 빌딩들은 둥글둥글한 모서리 디자인이 특징이다. 주변에 주는 압박감을 최소화하고, 고층 빌딩 사이에서 곧잘 부는 강풍을 줄이는 효과를 노렸다.

아자부다이힐스는 모리빌딩이 올린 다른 초고층 빌딩들과도 차이가 있다. 아랫부분이 잘록하고 위로 갈수록 가름한 도자기를 닮았다. 다구치 설계부장은 "도시 전체에서 보이는 랜드마크라는 점을 의식해 후지산이나 일본 전통 건축의 지붕에서 볼 수 있는 섬세한 곡선을 살렸다"라고 설명했다.

초고층 빌딩이 들어선 고지대와 상업 시설이 모인 저지대의 고저차를 살리기 위해 채택된 건축이 물결이 흐르는 듯한 곡선의 파빌리온(특징적인 디자인을 가진 건축물 또는 전시, 문화 공간을 겸한 건물)이다. 고지대에서 저지대로 이어지는 도로를 따라 좌우로 파빌리온이 물결처럼 오르락내리락하며 눈높이를 맞춘다. 파빌리온을 같은 높이가 아니라 1~3층 높이로 변화를 줬기 때문이다. 다구치 설계부장은 "내방객이 건물 크기로 인해 압박감을 받지 않고 즐겁게 걸을 수 있는 설계"라고 말했다.

물결 같은 곡선은 퍼걸러(pergola)라는 아치형 구조물에서 힌트를 얻었다. 퍼걸러는 정원의 덩굴 식물이 타고 올라갈 수 있도록 아치형으로 쌓아 올린 서양식 정자나 차양을 말한다. 아자부다이힐스의 파빌리온은 퍼걸러를 작은 구조물이 아니라 건축물 크기로 확장했다. 자연스럽게 언덕이 있는 녹지 공간이면서 상업 시설을 겸하는 작품이 되었다. 주변 환경과 조화를 이루면서도 고유의 정체성을 가질 수 있도록 고심한 결과물이다.

파빌리온을 따라서 나무도 한 종류가 아니라 상록수와 낙엽수 등 10종류를 섞어 심어 사계절의 변화를 감지하면서 나지막한 야산을 산책하는 느낌이 들도록 꾸몄다.

고저차를 살린다는 콘셉트는 훌륭하지만 실현은 쉽지 않았다. 고저차를 살리면 사람들의 이동이 어려워지기 때문이다. 높낮이를 살리면서 이동도 어렵지 않도록 마련된 아이디어가 지상과 지하의 분리다. 지상은 경사를 완만하게 살려서 걷기 편한 산책로로 만들고 지하는 세 단계의 완전한 평면으로 만든 뒤 각 구역을 에스컬레이터로 연결했다. 결과적으로 지하 쇼핑몰은 저지대에서 고지대로 이동하는 과정에서 세 개의 층이 저마다 다른 무대를 펼치는 형태로 연출했다. 세 개 층인 지하를 한 층씩 오를 때마다 유럽의 전통시장, 현대적인 도쿄의 거리, 미술관과 전시관 등 전혀 다른 풍경이 펼쳐진다.

미슐랭에 빛나는 레스토랑과 서민적인 식당, 최고급 명품 가게와 서점이 공존한다. 야마모토 과장은 "저층부와 쇼핑몰을 설계한 토머스 헤더윅이 생선 가게와 선술집이 섞여 활기를 잃지 않는 유럽의 전통시장을 염두에 두고 설계했다"라고 말했다.

나가노 패러독스

2024년 2월 5일 일본 나가노시 중심가 오모테산도 센트럴스퀘어의 놀이터 조성 현장. 조경 전문 건설회사인 린교가사하라의 나가하라 히데키 과장보좌는 능숙하게 굴착기를 조작했다. 그의 나이 70세, 2024년에 이미 정년을 맞았지만 회사의 요청으로 일을 계속하고 있다.

경비 전문 회사인 젠닛케이서비스나가노에서 일하는 유자와 지아키는 2024년 기준 81세다. 온종일 서서 공사 현장의 교통 유도를 담당하는 일이지만 젊은 직원과 똑같이 풀타임으로 근무한다. 전체 직원이 230명인 이 회사는 60세 이상 고령자 18명을 고용하고 있다. 70세 이상도 6명이다. 린교가사하라와 젠닛케이서비스나가노의 정년은 70세로 일본의 법적 정년인 65세보다 5년 길다. 하지만 두 회사 모두 건강에 문제가 없는 한 사실상 정년이 없다.

나가노현은 일본에서 고령자 취업률이 가장 높은 지역이다. 2018년 나가노의 65세 이상 고령자 취업률은 약 30.4%였다. 젠닛케이서비스나가노의 70세 이상 근로자 6명을 대상으로 한 조사에서도 전원이 "대부분 건강 유지 차원에서 일하고 있다"라고 답했다.

일본 정중앙의 내륙지방인 나가노현은 기묘한 동네다. 소금과 설탕 섭취량이 일본의 47개 광역 지방자치단체 가운데 1위다. 눈이 많이 내리는 겨울 동안 보존 식품으로 버티기 때문이다. 된장 생산량과 소비량이 가장 많은 지역이라는 점도 소금 섭취량이 많은 이유다. 대중교통이 발달하지 않은 나가노는 미국 못지않은 자동차 문화권이어서 운동량도 부족한 편이다.

이처럼 단명할 요소를 고루 갖췄지만, 역설적으로 나가노는 일본에서 평균 수명과 건강 수명이 가장 긴 '건강·장수현'이다. 소금 섭취량이 많은 아오모리, 아키타, 이와테 같은 북부 지방의 평균 수명이 꼴찌를 다투는 상황과는 대조적이다.

나가노도 1970년대 초반까지는 장수 지역이 아니었다. 1965년 나가노 여성의 평균 수명은 26위였다. 그러나 1975년부터 남녀 모두 일본 평균을 웃돌기 시작하더니 1990년 이후 1위를 놓치지 않고 있다. 2020년 말 나가노의 남성과 여성 평균 수명은 82.68세와 88.23세로 일본 평균보다 각각 0.83세, 1.28세 더 길다.

단명하기 쉬운 생활 습관에도 불구하고 장수하는 '나가노 패러독스'는 일본에서도 연구 대상이다. 2014년 나가노현이 의사 등 전문가팀에 의뢰한 연구에 따르면 '건강·장수현 나가노'는 나가노 사람 특유의 기질에 나가노만의 관리, 정보기술이 더해진 결과다.

일본인들 사이에서 나가노 사람의 이미지는 '근면과 성실'이다. 고령자 취업률 1위로 대표되는 각종 통계에서도 이런 면면이 확인된다. 비만 비율과 흡연율 등이 낮아 81개 건강 지표 가운데 31개가 최상위권이었다. 이혼율이 낮아 홀몸노인 비율도 최저 수준이다. 높은 주택 소유 비율 덕분에 재택의료 환경도 잘 갖춰졌다.

특히 전문가들이 가장 주목하는 통계는 고령자 취업률이다. 건강 수명이 높은 이유도 은퇴 후 집에만 붙어 있지 않고 몸을 계속 움직이는 고령자가 많기 때문이다. 여성 평균 수명은 나가노와 1~2위를 다투는 오키나와가 남성 평균 수명은 유독 짧은 이유도 남성 고령자의 취업률이 낮기 때문으로 분석된다.

일을 계속함으로써 얻는 연대감이 주는 효과는 생각보다 크다. 노인학 권위자인 오사카대학교의 곤도 야스유키 교수는 "연대감은 고령자가 급격히 쇠약해지는 주원인인 고독감을 없앤다"라고 말했다. 근면 성실한 기질에 체계적인 관리가 더해지면서 나가노의 수명은 비약적으로 늘었다.

나가노는 일본 재택의료의 발상지다. 80여 년 전부터 왕진 의료의 전통이 자리 잡았다. 의사, 치의사, 약사, 보건사, 영양사들이 협력한

〈사진 12-3〉 고마쓰 히로카즈 부장 인터뷰

"5,000~1만 5,000엔이면 집에서 월 2회 재택의료를 받을 수 있다."

출처: 〈한국경제신문〉

지역 보건 의료 활동도 활발하다. 왕진과 간병을 함께 받을 수 있는 재택의료 환경이 전 지역에 갖춰져 있다. 산이 험하고 눈이 많이 내리는 지형적 한계도 IT로 극복하고 있다. 2023년 1월 23일 나가노현 이나시는 일본 최초로 원격의료를 시행했다. 병원과 약국을 오가기 힘든 산간 지역 주민들에게 드론으로 의약품을 배송하는 서비스도 가장 먼저 시작했다.

나가노현이 일본 최고의 건강·장수 지역으로 거듭난 비결로 왕진(방문 진료) 전통을 빼놓을 수 없다. 사쿠종합병원의 고마쓰 히로카즈 지역케어과 부장(전문의·외과과장, 〈사진 12-3〉)은 "나가노현은 지역밀착형 의료 서비스의 역사가 깊은 지역"이라고 설명했다.

사쿠종합병원은 일본 왕진 의료의 발상지다. 와카쓰키 도시카즈(1910~2006년)라는 선구자 덕분이다. 도쿄대학교 의과대학을 졸업하고 1945년 3월 이 병원의 외과의장으로 부임한 와카쓰키는 의사가 없는 농촌 지역에서 출장 진료를 시작했다. 1946년 10월 원장에 취임한 그는 "치료는 예방을 못 이긴다"라는 슬로건을 내걸고 잠재 질병의 개념을 확립했다. 고마쓰 부장은 "최근 보험업계의 화두인 '프라이머리 헬스케어(환자와 초기 접촉을 통한 예방과 치료 통합형 포괄 보건 의료)'를 일찍부터 실천한 것"이라고 말했다. 사쿠종합병원은 1947년에는 병원 환자 급식, 1959년에는 지역 주민 전체를 대상으로 현대식 건강검진을 일본에서 처음으로 시행했다.

1980년대 나가노현의 병원들은 왕진과 간병을 묶은 방문 진료를 시작했다. 오늘날에는 방문 진료에 원격의료까지 합쳐진 재택의료로 진화했다. 일본은 2022년 4월 초진을 포함한 원격의료를 완전 자율화했다. 나가노현에서 원격의료가 가능한 병원의 비율은 약 38.9%로 야마가타현(약 42.4%)과 함께 일본에서 가장 높다. 왕진과 방문 진료의 회당 의료비는 7,500~9,000엔이다. 각종 가산금을 포함하면 월 5만 엔가량이 든다. 하지만 의료보험 덕분에 고령자들은 약 10~30%만 부담하면 재택의료를 받을 수 있다. 고마쓰 부장은 "지역 격차와 도농 격차를 동시에 해소할 수 있는 재택의료 수요는 반드시 증가할 것이다. 디지털과 AI를 활용하면 한국은 부담이 덜한 재택의료를 실현할 수 있을 것"이라고 말했다.

일본 노인학의 권위자인 오사카대학교의 곤도 야스유키 교수(〈사진 12-4〉)는 필자와의 인터뷰에서 "'120세 시대'를 맞아 고령화 접근 방식을 완전히 바꿔야 한다"라고 조언했다. "일반적인 인식과 달리 노화와 행복감은 반비례 관계가 아니며 고령화는 지방보다 도시가 더 심각한 문제"라고 지적했다.

일본은 세계 최초의 '노인 대국'이다. 65세 이상 인구가 전체 인구

〈사진 12-4〉 곤도 야스유키 교수 인터뷰

"일본의 100세 노인은 행복지수가 높은데 한국의 100세 노인은 불행하다. '자녀 볼 면목이 없다'라는 죄의식에 사로잡혀서 나이를 먹을수록 불행하다는 인식이 뿌리 깊다."

출처: 〈한국경제신문〉

에서 차지하는 비중에 따라 분류하는 고령사회(14% 이상), 초고령사회(20% 이상)에 각각 1995년, 2010년경에 진입했다. 자연스레 노인학도 발달했다. 일본의 노인학 연구자는 300~400명에 달한다.

곤도 교수는 수십 년에 걸친 고령자 심층 면접을 토대로 "고령으로 신체 기능이 쇠퇴해도 행복감이 떨어지는 것은 아니다"라는 결론에 도달해 주목받았다. 그의 연구에 따르면 노화가 본격화하는 60대에 접어들면 인간의 행복감은 크게 떨어진다. 하지만 80세를 넘어서면 행복감이 다시 높아졌다. 건강 여부는 관계가 없었다. 종일 침대에서 생활하는 105세 할머니의 행복감이 팔팔하던 80세 때보다 훨씬 높은 사례도 있었다. 곤도 교수는 "노화를 인정하는 대신 행복의 기준을 바꾼 결과"라고 그 이유를 분석했다.

행복의 기준을 좌우하는 중요한 요인은 가족 및 이웃과의 연대감이다. 일본에는 마쓰리가 활발한 마을일수록 건강하고 장수한다는 연구 결과도 있다. 그렇기 때문에 주변인과 연대감이 약한 도시의 고령화 문제는 더욱 심각하다. 도시로 몰려든 사람들의 고령화가 진행된 10여 년 전부터 일본에서는 고독사가 사회 문제로 대두했다.

곤도 교수는 한국의 도시 고령화 문제는 더 심각할 것으로 우려했다. 그는 "서울 집중화를 완화하고 은퇴 후에도 계속 일하는 환경을 만드는 것이 중요"하다고 말했다.

고령화 대비 도시 프로젝트, 현실이 되다

2024년 2월 말, 일본 가고시마시 남부 우스키 상점가의 라멘 가게 긴보시라멘 앞에는 평일에도 긴 줄이 늘어섰다. 우스키 상점가는 시내 중심가나 관광지가 아니라 평범한 주택가의 흔한 상점가다. 코로나19 팬데믹 이후로 비싼 임차료 때문에 가고시마 중심부를 떠난 라멘 가게들이 이곳에 모여들면서 '라멘 격전지'가 되었는데, 긴보시라멘도 그중 하나다. 긴보시라멘의 아리무라 미유키 사장은 "처음 이전한 5년 전보다 손님과 매출이 3배가량 늘었다"라고 말했다.

가고시마의 라멘 가게들이 우스키에 모여든 것은 우연이 아니다. 평균 수명 연장과 인구 감소로 상권 인구가 고령자 중심으로 변할 것을 내다본 우스키상점가진흥회가 30여 년에 걸쳐 상점가를 개조한 결과다.

매일 조금씩 장을 보는 일본인들은 집 근처 상점가 의존도가 높다. 2022년 기준 도쿄에만 2,374곳의 상점가가 있다. 이런 상황에서 일본의 상점가도 인구 감소 여파로 위기를 맞고 있다.

'매뉴얼의 나라' 일본에서 정부가 쇠락하는 상점가를 되살리기 위해 매뉴얼까지 내놓은 이유다. 일본 중소기업청은 2017년부터 〈상점가의 미래상을 생각한다〉라는 매뉴얼을 매년 발간한다. 이 매뉴얼의 기준 모델이 바로 우스키 상점가다. 1992년 3개로 흩어져 있던 상점가를 우스키상점가진흥회로 통합하면서 상권 개조가 본격적으로 시작되었다. 통합을 주도한 우스키상점가진흥회의 가와이 다쓰시 이사장은 1980년대 후반 신도시 개발로 이 지역에 유입된 인구가 고령화하면서 위기가 찾아올 것으로 내다봤다.

2021년 조사에 따르면 2010년 2만 615명이었던 상점가 반경 $1km$ 이내 인구는 2050년에는 1만 7,197명으로 17%가량 감소할 전망이다. 반면 65세 이상 고령자 인구는 3,715명에서 6,951명으로 87%가량 증가할 것으로 예상된다. 상권 인구가 줄어드는 가운데 고령자 비율은 약 18%에서 약 40%로 높아지는 변화에 맞춰 가게 구성과 서비스 방향을 바꾸지 않으면 살아남지 못한다는 결론을 내린 이유다.

우스키 상점가는 교통의 요지에다 가고시마대학교 의과대학이 자리 잡은 지역이라는 강점을 활용하기로 했다. 아이 키우기 좋고, 고령자가 안심하고 살 수 있는 마을로 특성화한다는 전략을 세웠다.

중소기업청 상점가 부활 매뉴얼의 핵심은 'PDCA 사이클'이다. 사업을 '계획(Plan)-실행(Do)-평가(Check)-개선(Action)'의 4단계로 나눠서 개선하는 방식이다. 원래 아이디어를 개량하는 연상법이지만, 가와이 이사장은 이를 상점가 개조에 응용해 평가 항목 81개를 모두 직접 만들었다.

계획(Plan) 단계는 현황과 장래 예측을 토대로 목표를 설정하고 계획을 세운다. 우스키 상점가의 목표는 '빈 가게를 줄여 상점가 전체 매출을 늘린다'로 잡았다. 실행(Do) 단계는 계획에 따라 사업을 진행하고, 평가(Check)를 거쳐 계획대로 되지 않은 부분을 개선(Action)한다.

우스키 상점가는 2006년 이후 매년 PDCA 사이클의 결과를 보고서로 펴낸다. 보고서를 보면 작지만 탄탄한 내실을 갖춰 가는 우스키 상점가의 모습을 수치로 확인할 수 있다. 2004년 우스키 상점가는 약 1만 4,000㎡의 점포 면적에 46곳의 가게가 있는 상권이었다. 209명의 종업원이 21억 6,100만 엔가량의 매출을 올렸다. 2014년 우스키 상점가의 종업원 수와 매출은 111명과 8억 5,000만 엔 수준까지 급감했다. 점포도 약 7,000㎡, 34곳으로 쪼그라들었다. 2022년 우스키 상점가의 종업원과 매출은 각각 151명과 22억 3,500만 엔가량으로 회복되었다. 상점가 규모도 약 7,700㎡의 점포 면적에 36곳의 가게로 안정되었다.

이와 더불어서 우스키는 아이 키우기 좋은 마을이라는 목표도 달성했다. 초등학교 3곳, 어린이집 6곳, 방과후 교실 4곳이 모였다. 슈퍼마켓이 7곳이어서 장을 보기에도 편하다. 지역 주민인 도이 신이치는 "집 근처에 공원만 4개인 데다 철도, 노면전차, 버스까지 공공교통이 편리해 딸이 중·고등학교에 진학해도 통학 걱정이 없다"라고 말했다.

　14곳의 병원과 13곳의 약국, 17곳의 노인요양원이 있는 우스키는 노인이 안심하고 살 수 있는 마을이기도 하다. 2004년 2만 1,426명이었던 인구는 2022년 2만 3,212명으로 늘었다. 2020년에는 약 24.6%였던 고령화율이 2023년에는 약 24%로 처음으로 낮아지는 기적도 이뤄냈다.

원격의료로 지방 소멸 막는다

원격의료를 반대하던 의사들이 돌아선 이유

노나카 후미아키(나가사키의과대학교 조교수): "쓰와타리 씨, 안녕하세요. 오늘 첫 이동식 원격진료인데 잘 들리세요?"

쓰와타리 도시카즈(환자): "네, 잘 들립니다."

노나카 후미아키: "혈압과 맥박은 어떤가요?"

이와다 쇼고(이동식 원격진료 전담 간호사): "맥박은 80회, 혈압은 97~148입니다."

일본 나가사키현 고토시의 이동식 원격진료의 실제 모습이다. 일본 서쪽 국경의 섬 고토 열도의 주민들은 2024년 1월 23일부터 병원에 가지 않고도 원격으로 진료를 받을 수 있다. 고토시 외에 나가노현

〈사진 13-1〉 고토시 이동식 원격의료 현장

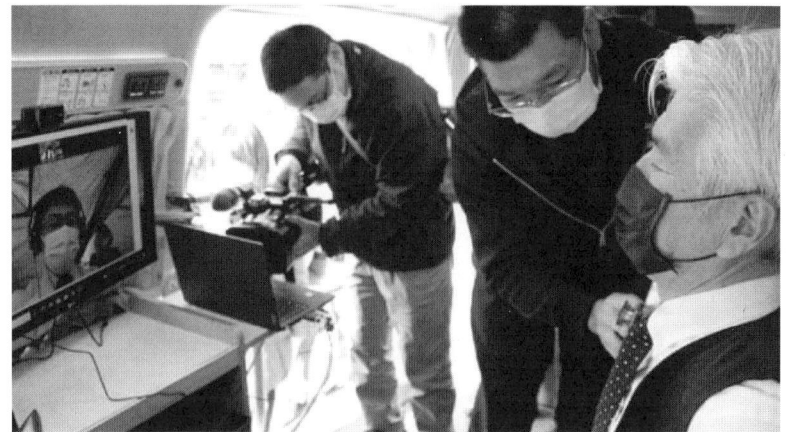

출처: 〈한국경제신문〉

이나시 등 7개 지역이 2024년부터 이동식 원격의료 서비스를 시작했다.

일본은 2022년 4월부터 원격의료를 전면 허용했다. 우리나라는 코로나19 팬데믹 이후로 환자 안전과 접근성 향상을 위해 비대면진료(원격의료)를 한시적으로 허용했고, 이후 5년째 시범 사업으로 운영 중이다. 원격의료의 쟁점 중 하나는 초진(初診), 즉 첫 진료부터 원격의료를 허용할 것이냐다. 한국은 초진을 제외하는 방향으로 법을 제정하려는 반면에 일본은 초진부터 원격의료를 허용한다. 2022년 9월 30일부터는 약국도 원격의료가 가능해졌다. 약사가 자택에서 온라인으로 처방전을 발급할 수 있고, 복약 지시도 가능하다.

일본은 2011년 동일본 대지진을 계기로 일부 지역에서 제한적으로 원격의료를 허용했다. 의료진과 병원이 사라진 지역 주민들에

〈표 13-1〉 일본의 원격의료 법안 변화

시일		내용
2018년		원격의료 법안 마련
2019년	9월	온라인 처방전도 가능
2020년	4월	코로나19 팬데믹 확산으로 한시적으로 초진부터 원격의료 허용
2021년	6월	한시적인 초진 원격의료 연장
2022년	3월 31일	초진 원격의료 영구화·원격의료 완전 허용
	9월 30일	약국의 원격의료 완전 허용

게 의료 서비스를 제공하기 위해서였다. 10년 넘게 원격의료를 운영한 결과 오진 등의 문제는 없었다. 초진에 대한 원격의료 수요가 높다는 점도 반영되었다. 한국도 원격의료 애플리케이션 이용자의 약 99%가 감기 등 경증으로 찾는 초진 환자다. '재진 환자 중심'의 원격의료 제도화가 현실과 동떨어진다는 지적이 나오는 이유다.

한국의 일부 의사 단체는 우리나라의 의료 접근성이 세계 최고 수준이고 오진 가능성이 높다는 이유를 들어서 원격의료에 반대한다. 하지만 의료 접근성을 평가하는 이도, 원격의료를 선택하는 이도 소비자다. 동네에 아무리 병원이 많아도 맞벌이 부부들이 아이를 병원에 데려가는 것은 그 자체로 일이다. 큰 병이 의심되는데 초진부터 원격의료를 받겠다는 소비자는 없다는 것이 10년째 원격의료를 운영해 온 일본 의료계의 진단이다. 2020년 4월부터 원격의료를 한시적으로 허용한 이후 약 2년간 총 352만여 건, 매일 5,166건꼴로 원격의료가 이뤄졌지만, 오진 문제는 미미한 수준으로 확인되었다.

일본 의사들도 처음에는 원격의료에 강력히 반대했다. 소득이 줄기 때문이다. 나가사키의과대학교의 마에다 다카히로 낙도의료연구소장은 "일본에서도 의사 단체들은 무제한 원격의료에 반대했다. 하지만 코로나19 팬데믹 확산과 생활의 편리성, 낙도의 의료지원 등의 측면에서 원격의료의 장점을 받아들이자는 방향으로 바뀌었다"라고 말했다.

류머티즘 전문의이기도 한 마에다 교수에 따르면 일본의사협회는 원격의료를 먼저 허용한 나라들의 사례를 연구했다. 그 결과 의사들의 소득이 줄어드는 것은 피할 수 없다는 사실을 확인했다. 특히 원격의료를 일찍 받아들인 의사와 그러지 못한 의사의 양극화가 벌어졌다. 일본의사협회가 시대의 흐름인 원격의료를 거부하기보다 오히려 빨리 받아들이기로 한 이유다.

2020년 7월 OECD 회원국 중에서 원격의료를 받은 경험이 있는 성인은 약 30%였다. 코로나19 팬데믹이 세계적으로 확산된 지 1년 뒤인 2021년 3월, 이 비율은 약 45%까지 높아졌다. 2025년 7월 기준 대부분의 OECD 국가들은 형태와 범위는 다르지만 원격의료를 허용하고 있으며, 한국 역시 제한적으로 시행 중이다.

일본도 2022년 12월 28일 기준 원격의료가 가능한 의료기관의 비율이 16.1%까지 늘어났다. 코로나19 팬데믹 초기인 2020년 4월 27일의 약 9.7%보다 2배 가까이 상승했다.

원격의료를 실시하고 보니 장점도 있었다. 마에다 교수는 "원격의료는 의사와 환자가 이동하지 않아도 되므로 경제적·육체적 수고를 크게 덜 수 있다. 또한 의료진이 도시 지역에 편중되어 있어도 대응할 수 있다. 환자가 의사와 온라인으로 직접 연결되어 있다는 안도감도 중요한 점이다. 의사 입장에서도 환자의 일상생활을 관찰해 진료에 활용함으로써 의료의 질을 높일 수 있다"라고 말했다.

일본에서 원격의료가 가능한 의료기관이 가장 많은 지역은 야마가타현(약 41.8%), 나가노현(약 38.8%), 고치현(약 37.9%) 순이다. 모두 산이 많고 인구 밀도가 낮은 지역이다. 원격의료의 장점을 실감하기 좋은 지역일수록 보급률도 높아졌다고 해석할 수 있다.

원격의료의 예상 밖 효과들

고토 열도는 나가사키시에서 100km 정도 떨어진 섬이다. 고속선으로 약 1시간 반, 비행기로는 약 35분이 걸린다. 고속선 편도 요금이 9,000엔, 비행기는 1만 1,500엔이니 본토를 오가는 일은 비용 면에서 상당한 부담이다. 면적은 약 420km²로 강화도만 하다. 낙도지만 인구 3만 7,000여 명의 규모 있는 섬이다.

한국의 지역 공공의료원이 연봉을 3억~4억 원씩 내걸고도 의사를 구하지 못해 애를 먹는 것과 달리 고토 열도에는 의사도 많다. 2025년 상반기 기준 28개 의료기관에 66명의 의사가 근무하고 있

〈사진 13-2〉 디지털 기술이 결합된 원격의료

다. 고토시에는 인구 238.4명당 1명의 의사가 있다. 일본 전체 평균인 267명당 1명에 비해 의사가 많은 지역이다. 다만 문제는 병원과 의사가 고토시에 몰려 있는 바람에 다른 지역 주민들은 의료 서비스를 제대로 받지 못한다는 점이다. 섬 반대편 마을 다마노우라초에서 고토시를 가려면 하루 세 편뿐인 노선버스로 80분 정도 걸린다.

65세 이상 고령자 비율은 약 58.6%에 달하고, 그만큼 병원 가기를 포기한 사람이 많다. 낙도일수록 고령화율은 더 높다. 일본 전체와 나가사키현의 고령화율이 각각 약 29.1%, 약 33.7%인데 고토시는 약 42.1%다. 고령화율이 50%를 넘는 지역도 적지 않다. 전문가들은 고령자들이 정기적으로 병원을 방문하지 못하면 만성질환이 중증화되는 악순환이 벌어질 것이라고 우려한다.

나가사키현 고토 열도의 고토시 등 7개 지방자치단체에서 실시하는 이동식 원격의료는 원격의료가 지역 사정에 맞게 진화한 형태다. 안방에서 컴퓨터나 스마트폰으로 받는 원격의료가 아닌 이동식 원격의료는 '의료 난민'을 줄이는 데 큰 역할을 할 진화 형태의 의료로 기대를 모은다.

이동식 원격의료가 일반 원격의료와 다른 점은 원격의료 시설을 갖춘 차량이 간호사를 태우고 환자의 자택 근처로 찾아간다는 점이다. 간호사가 환자의 혈압과 맥박을 재고 의사가 쓰는 전문용어를 알아듣기 쉽게 설명해준다. 인터넷이 깔려 있지 않고 IT 기기 사용이 서툰 데다 의사들의 전문용어를 어려워하는 고령자에게 맞춘 서비스다. 의료보험증 번호를 입력하는 일 등 고령자들이 낯설어하는 절차도 동승한 간호사가 도와준다.

일본에는 255개의 유인도가 있고, 일본인 61만 4,453명(2018년 기준)이 낙도에 거주한다. 나가사키의 섬 지역에 거주하는 주민은 12만 3,048명으로 가고시마, 오키나와에 이어 세 번째로 많다. 원격의료는 고령화와 지역 쇠퇴로 의료 체계가 붕괴할 위기를 맞은 산간·도서 지역의 구세주 역할을 하고 있다는 평가를 받는다.

그렇다면 왜 나가사키에서 이동식 원격의료가 가장 먼저 시작되었을까? 나가사키는 가파른 언덕이 많은 항구 도시다. 그래서 이전부터 의사가 환자를 찾아가는 방문의료가 번성한 지역이다. 400명 이상의 환자를 (방문 진료로) 돌보는 의료 기관도 여럿이다.

일찍이 일본 최고 수준의 의료정보 시스템을 갖췄다는 점도 원격의료의 진화를 가능하게 했다. 나가사키대학교 대학원의 가와카미 아츠시 의사약학종합연구소 주임교수는 "나가사키현 환자의 40% 이상이 적어도 1회 이상 의료정보 공유 시스템을 사용할 정도로 사물인터넷(Internet of Things, IoT) 환경이 확립되어 있다"라고 설명했다.

원격의료는 일본과 한국이 동시에 안고 있는 문제인 지방 소멸을 막는 데도 이바지한다. 고토 열도는 꽤 외진 섬이지만 지난 5년간 1,000명이 넘는 이주자가 유입되었다. 대부분 온화한 기후와 아이를 키우기 좋은 환경을 찾아온 30~40대 육아 세대였다.

고토시가 2021년 3월 실시한 조사에서 "고토시는 살기 좋은 곳이다"라는 응답이 72%에 달했다. 반면 약 53%가 "의료 서비스가 충실하지 않다"라고 답했다. 고토시가 이동식 원격의료 사업을 시작한 이유다.

많은 돈이 들지도 않았다. 이동식 원격의료 차량을 도입하는 데 4,818만 엔이 들었지만, 모두 중앙정부의 '디지털 도시 구상 사업' 예산과 '지역 의료 체계 강화' 지원금을 타내서 해결했다.

일본 원격의료의 완결판, 드론 의약품 배송

"쓰리, 투, 원, 발사!"

⟨사진 13-3⟩ 소라이이나 드론 배송 모습

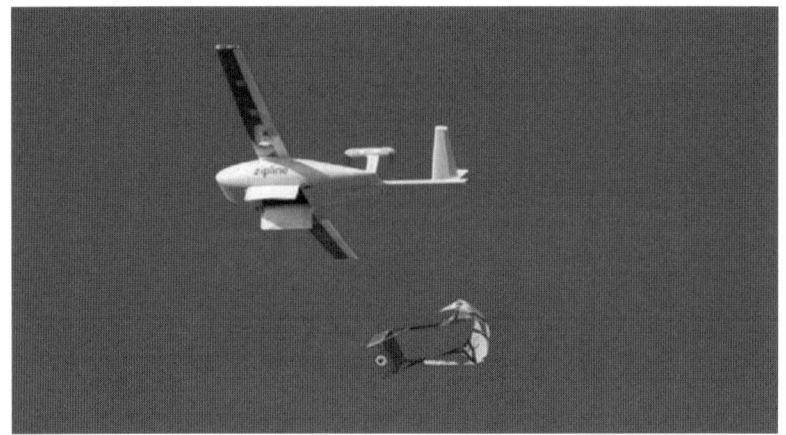

출처: 소라이이나

일본 서쪽 국경 지역 고토 열도에서 가장 큰 섬인 후쿠에섬에는 드론 배송 전문 기업인 소라이이나(Soraiina)가 있다. 소라이이나가 운영하는 드론은 미국 유니콘 기업 집라인(Zipline)이 개발한 제품이다. 집라인은 마이크로소프트 창업자 빌 게이츠 부부의 자선 기부 단체인 빌앤멀린다게이츠재단이 투자한 회사로 유명하다. 일본어로 '하늘이 참 좋구나'라는 뜻인 소라이이나는 집라인의 첫 번째 전략적 파트너다.

집라인의 드론은 바퀴가 없어서 배송 지점에 이착륙이 불가능하다. 해발 약 30m 상공에서 배송품을 투하하고 돌아오는 방식이다. 이착륙을 반복하지 않는 덕분에 시속 약 100km로 반경 80km가량을 운항할 수 있다. 고토 열도 전역을 배송할 수 있는 거리다.

비행기나 배가 못 뜨는 악천후에도 운항할 수 있다. 시간당 강우량 50㎜, 초속 14m의 강풍까지 견딜 수 있다. 태풍이 고토 열도를 직격하는 일주일 정도를 제외하면 1년 내내 배송이 가능하다.

드론은 미리 설정된 비행 항로를 자동으로 오간다. 바람 방향과 강도에 따라 투하 시점을 자동으로 계산해 원하는 지점 반경 10m 안에 배송품을 떨어뜨릴 수 있다. 지금까지 투하 성공률은 98%에 달한다.

배송품을 감싸는 것은 충격흡수제가 들어간 가로세로 약 50㎝, 높이 약 20㎝의 종이상자다. 이 상자에는 작은 낙하산이 달려 있고 최대 1.5㎏ 무게의 물건을 넣을 수 있다. 30m 높이에서 떨어뜨린 종이상자가 멀쩡할까 의아하겠지만, 유리병과 달걀도 깨지지 않는다. 그래서 의약품 배송이 가능하다. 동시에 4기를 띄워 총 4㎏ 정도의 물품까지 배송할 수 있다.

드론 배송은 2023년부터 검증 실험을 거쳐 2024년부터 정식 서비스를 시작했다. 고토 열도 주변의 작은 섬들에 흩어져 있는 진료소에 약품을 공급하는 'B2B(Business-to-Business)' 서비스를 하고 있다. 상자 한 개당 배송 비용은 1,000엔이다. 실험을 넘어서 이익을 내는 비즈니스 모델을 갖추는 데 주력하고 있다.

소라이이나의 마쓰야마 미셸 미카 대표는 "비바람에 강한 드론은 기존 물류 수단인 비행기와 배에 비하면 운반량은 적지만, 기상의 영향을 덜 받는다. 기존 물류 수단의 손길이 미치지 못하는 지역을 커버하는 수단이 될 것"이라고 말했다.

앞서 우리는 2022년부터 초진을 포함해 완전한 자율화를 달성한 일본의 원격의료 현장을 살펴봤다. 10년 넘게 제한적인 원격의료를 실시한 노하우가 쌓인 결과로 이동식 원격의료가 등장했다. IT 기기에 서툰 산간 지역과 낙도의 고령자에 맞춰 원격의료가 진화한 형태다.

이러한 이동식 원격의료를 완결 짓는 수단이 드론을 활용한 의약품 배송이다. 드론 의약품 배송이 현실화되면 일본의 시골이나 도서 산간 주민들은 병원에 가지 않고도 진료를 받는 것은 물론이고 집 앞마당에서 처방약을 받을 수 있다. 섬이 많은 일본의 지형적인 한계도 극복할 수 있다. 고토 열도는 가장 큰 후쿠에섬과 인구 수십~수천 명이 거주하는 작은 섬들로 이뤄져 있다. 후쿠에섬은 항구와 공항이 있고 면적도 넓어서 교통 여건이 괜찮지만, 다른 지역은 낚싯배 수준의 작은 배에 통행을 의존한다. 여객선 운항을 늘리거나 다리를 놓기는 현실적으로 어렵다.

남은 선택지가 드론이다. 고토 열도에서 가장 북쪽의 섬 신카미고토의 마을인 아리카와까지 가려면 배와 차를 갈아타고 2시간 30분가량 걸리지만, 드론을 활용하면 50분 만에 의약품을 나를 수 있다.

원격의료 해결사로 등장한 일본 대기업들

앞서 살펴본 것처럼 일본은 IT에 의료 서비스를 접목한 원격의료로 저출산·고령화에 대응하고 있다. 아직 남아 있는 과제도 많다. '디지털 후진국'이란 오명을 들을 정도로 부실한 디지털 인프라는 일본 원격의료의 최대 장애물이다.

  2021년 4월 기준 원격의료가 가능한 의료기관은 약 17%, 온라인으로 처방전까지 발급이 가능한 의료기관은 약 0.6%에 그쳤다. IT에 대한 진입 장벽 때문에 원격의료 이용자 가운데 70세 이상 고령자의 비율은 4% 수준에 불과하다. 특히 고령자의 온라인 결제는 도저히 무리라는 결론이 나왔다. 시골에 사는 일본의 고령자 대부분은 현금만 사용하기 때문이다. 나가사키현 고토시를 비롯한 일본 7개 기초지자체가 2024년 1월부터 간호사가 동승하는 형태의 이동식 원격의료를 시작한 이유다.

  원격의료를 완전히 자율화했는데도 보급이 더딘 데는 경제적인 이유도 있다. 일본에서 원격의료를 받으려면 애플리케이션 사용 수수료 330엔을 포함해 880엔의 추가 비용이 드니 부담이 아닐 수 없다.

  변화에 소극적인 일본인들의 의식도 한몫한다. 코로나19 팬데믹이 수습될수록 원격의료가 가능한 의료기관의 증가율은 둔화하고 있다. 통원이 자유로워지면서 조금 더 기다리더라도 병원을 직접 찾는 환자가 늘었기 때문이다.

  규제도 원격의료 보급을 지체시키는 대표적인 요인이다. 드론으로 처방약을 배송하는 방식은 원격의료의 완결판으로 평가받는다. 환자가 진료를 받고 약을 직접 처방받느라 집을 나설 필요가 없어지기 때문이다.

다만 드론 처방약 배송을 실현하려면 두 가지 장벽을 넘어야 한다. 2022년까지 일본 법률상 드론은 인간의 거주지 위를 비행하지 못하고 개인 소비자에게 처방약을 배송할 수 없었다. 그래서 드론 배송 전문 기업 소라이이나는 운송 경로를 해상과 항구로만 짰고, 약품을 병원과 약국에만 배송했다. 이로 인해 내륙에 거주하는 주민은 드론 배송 서비스를 이용할 수 없었다. 안전을 위해 필요한 법이지만, 원격의료를 완성하기 위해서는 뛰어넘어야 하는 규제이기도 했다.

이러한 원격의료의 벽을 일본에서는 대기업들이 나서서 허물고 있다. 나가사키현 고토시와 나가노현 이나시 등 7개 지역에서 이동식 원격의료 서비스를 운영하는 회사는 모네테크놀로지라는 모빌리티 전문 스타트업이다. 도요타자동차와 소프트뱅크그룹이 2018년 공동으로 설립한 회사다. 소라이이나 역시 도요타자동차 계열 종합상사인 도요타통상이 100% 출자한 회사다.

스카이링크라는 회사도 드론을 이용한 의약품 배송 서비스를 준비하고 있다. 스카이링크는 일본 최대 항공사인 ANA의 사내 벤처기업이다. 일본 최대 이동통신사인 NTT도코모와 대형 제약사인 다케다제약 등이 함께 참여하고 있다.

대기업 계열사나 벤처기업이 원격의료를 주도하면서 인프라 개선 속도는 더욱 빨라질 것으로 기대된다. 대기업 덕분에 규제 완화도 한결 수월해졌다는 평가가 나온다. 실제로 일본 정부는 2022년 〈항공법〉을 개정해 거주지 상공 비행을 허용했고, 이후 일부 지역에서는 처방약 드론 배송이 이뤄지고 있다.

반면교사가 필요한 한국

일본은 2022년 4월부터 초진을 포함한 원격의료를 전면 허용했다. 9월 30일부터는 약국도 원격의료가 가능해졌다. 일본이 원격의료를 도입한 과정은 우리나라도 참고할 필요가 있다.

원격의료는 세계적인 흐름이다. 하지만 새로운 기술과 제도의 도입으로 수입이 줄어드는 것을 환영할 사람은 없다. 일본은 2011년 동일본 대지진을 계기로 일부 지역에서 제한적으로 원격의료를 허용했다. 의료진과 병원이 사라진 지역의 주민들에게 의료 서비스를 제공하기 위해서였다. 10년 이상의 검증 과정을 거치면서 의사들의 반대를 줄여나갔다. 일본 모빌리티 서비스 기업 모네테크놀로지의 가토 타쿠미 실장에 따르면 일본의사회의 가장 큰 걱정은 아마존케어(2022년말 철수)나 텔라닥(Teladoc) 같은 미국식 원격의료의 도입이었다. 도쿄 대형 병원 의사가 고토 열도의 환자들을 빼앗아 갈 것이라는 우려였다.

하지만 일본은 날 선 대립을 피하는 특유의 융합 문화를 원격의료 도입에도 발휘했다. 일단 지역 의료기관이 지역 환자를 돌보는 네트

워크를 정착시켜 공급 측면(의료진)의 양극화를 최소화했다.

법적으로는 초진부터 가능하지만, 원격의료 서비스 회사들도 "시작은 의료진과의 신뢰 관계를 구축하라"라고 유도한다. 3회당 1회는 대면 진료를 받는 식이다. 광역 지자체마다 다른 의료 차트 및 진료 기록 공유 시스템이 미국과 같이 전국망을 갖춘 거대 원격의료 서비스 회사의 출현을 막은 점도 있다.

좀 느리더라도 부작용을 줄이는 일본의 이런 '차근차근 접근법'은 붕괴 위기에 처한 우리나라의 지역 의료 서비스 문제에서도 참고할 만하다. 나가사키의과대학교의 마에다 다카히로 낙도의료연구소장은 한국의 지역 공공의료원이 연봉 3억~4억 원을 제시해도 의사를 구하지 못해 난리라는 이야기를 듣고 "왜 지자체가 의사를 고용하려 애를 쓰는가?"라며 의아해했다.

마에다 교수가 소장을 맡은 나가사키의과대학교 낙도의료연구소는 나가사키현과 고토시가 비용을 부담해 2004년 나가사키의과대학교에 낙도의료연구 강좌를 개설한 것에서 출발했다. 현재는 나가사키의과대학교 의료진 4명이 고토 열도에 상주하고 있다. 나가사키의과대학생은 재학 기간 중 최소 2개월 이상 낙도의료연구소에서 수업을 받아야 한다. 마에다 교수는 낙도를 경험한 의대생이 늘어나면서 지금은 낙도의료연구소를 자원하는 학생이 적지 않다고 설명했다.

의료연구의 측면에서 낙도는 중요한 의미가 있다. 섬사람들은 육지에 사는 사람들보다 이동이 많지 않아 역학조사에 유리하다. 또 전염병이 돌았을 때 어떤 약을 쓰는 것이 효과적인지 즉각 확인도 가능하다. 나가사키의과대학교와 고토시의 협업이 효과를 발휘하면서 일본 정부는 가고시마 등 섬이 많은 다른 광역 지자체에도 같은 모델을 도입하기로 했다. 마에다 교수는 "연구는 대학의 존재 이유인 만큼, 지자체가 거액을 들여서 의사를 고용하지 말고 대학교를 끌어들이라"라고 조언했다.

나가는 글

　수박 깨기(スイカ割り)는 일본의 대표적인 여름철 놀이다. 야외에서 눈을 가리고 막대기를 든 술래가 다른 사람들의 "한 걸음만 앞으로!", "왼쪽으로!"라는 안내에 맞춰 바닥에 놓인 수박을 내리치는 놀이다. '불꽃놀이', '마쓰리'와 함께 일본인들이 여름을 떠올릴 때 자연스럽게 연상하는 전통 행사다.

　필자의 가족 중 막내 규연이가 다니는 어린이집 하루미코도모엔에서도 해마다 여름철이면 어김없이 "이번 주 금요일에는 수박 깨기를 하니 지저분해져도 괜찮은 옷을 입혀서 등원시켜 주세요"라는 안내장이 왔다.

　그런데 올해는 어린이집에서 수박 깨기 대신 '수박 해체 쇼'를 한다는 안내장을 받았다. 일본 식도락 문화의 명물인 참치 해체 쇼에서 이름을 따온 것이지만, 실상 해체 쇼라고 해도 그저 영양사 선생님이 아이들 앞에서 수박을 쪼개서 나눠주는 밋밋한 행사다.

수박 깨기 없는 여름이 낯설어 다른 일본인 학부모들에게 이유를 물으니 일본 정부의 시책과 관련이 있다고 했다. 수박 깨기의 '깨기'가 아무래도 ESG 추세에 역행하는 문화여서 정부 시책에 따라 ESG 흐름에 맞추기 위해 수박 '해체' 쇼로 바뀌었다는 것이다. 지금 일본은 ESG의 시대다. 정치·경제·사회·문화 등 모든 영역에 ESG의 바람이 불고 있다. 그 바람이 아동 교육의 현장에까지 불어 든 것이다.

일본인 학부모들은 "하다 하다 애들 놀이에까지 ESG라니…"라며 실소를 금치 못했지만, 필자는 한편으로 정부가 방향을 정하면 나라 전체가 일사불란하게 목표 지점을 향해 나아가는 이런 모습이야말로 역시 일본답다 싶었다.

수박 깨기 이야기가 길어진 것은 '인구 감소의 역습' 인력난에 대응하는 방식에서도 일본의 이런 일사불란함이 힘을 발휘하고 있기 때문이다. 좋든 싫든, 일본은 방향을 정하면 사회 전체가 일사불란하게 움직인다.

원래 이 책의 원고는 필자가 5년간의 일본 연수와 도쿄 특파원 생활을 마치고 귀국할 즈음인 2024년 2월에 집필을 끝마쳤다. 그만큼 한시라도 빨리 우리나라에도 인구 감소의 위급함을 전하고 싶었다. 책에서 여러 차례 강조했듯이 아직은 오지 않은 가까운 미래, 또는 내 생활 반경과는 거리가 있는 일이라 생각했던 인력난이 어느 날 갑자기 우리의 일상을 파괴했던 충격이 그만큼 강력하고 생생했기 때문이다.

여러 가지 사정으로 인해 원래 계획보다 출간이 1년 이상 늦어지면서 조바심도 났다. 과거에는 20년, 최근에는 2~3년이라던 '한일 시차'가 지금은 불과 몇 달, 나아가 며칠로 줄어든 탓이다. 일본의 사회 현상이나 유행 아이템이 2~3년의 시차를 두고 한국에 전해진다는 건 이제 옛말이 되었다.

실제로 인력난의 충격이 이미 한국을 덮친 사례도 늘어나고 있다. 버스 운전기사 부족만 하더라도 더 이상 지방 인구 소멸 지역만의 문제가 아니다. 서울역에서 〈한국경제신문〉 본사 앞을 지나가는 마을버스에도 언젠가부터 "버스 운전기사 부족으로 운행 간격을 확대합니다"라는 안내문이 붙었다.

이제 곧 들이닥칠 인력난의 충격을 앞두고, 우리나라가 참고할 만한 나라로 일본만 한 나라가 없다는 점은 두말할 필요가 없다. ESG의 흐름에 맞추고자 수박 깨기 같은 전통놀이도 바꿔 나가는 나라답게 일본은 진작부터 인력난에 차근차근 대비했고, 사회 구석구석에서 그 변화가 나타나고 있다.

일본은 이 문제를 사회 규칙을 고치는 방식으로 풀어 왔다. 무료 배송이라는 표현을 없애고, 배송료를 따로 받는 것은 비용의 현실화를 인정하겠다는 결정이다. 일본 정부가 '무료 배송'이라는 표현을 없애겠다는 방침을 정한 뒤로 아마존과 라쿠텐 같은 온라인 쇼핑몰의 상품 가격에는 배송료가 따로 표기된다. 필자의 단골 사케를 무료로 배송해주던 입주 업체도 이제 꼬박꼬박 896엔의 배송료를 요청해서 입맛이 쓰다.

택시 업계의 반발로 우버 택시의 영업을 허용하지 않던 일본 운수업계도 변했다. 일반인이 자가용을 사용해 택시 영업을 하는 '라이드 셰어(ride share, 승차 공유)'가 이제 지방뿐 아니라 대도시의 심야 시간대에도 허용된다.

또한 일본은 이런 라이드 셰어 서비스를 택시 회사가 관리하도록 해 택시업계의 반발을 누그러뜨리는 동시에 운전기사 부족난을 해결하는 실로 일본다운 타협점을 찾았다. 타다(TADA) 같은 승차 공유, 공유 택시 서비스가 택시업계의 반발로 금지된 이후로 자율주행 택시 산업에서 뒤처져버린 우리나라와는 사뭇 대조적이다.

한편으로 인력난은 부동산 시장에서 신축 아파트를 무조건 선호하는 현상을 의미하는 신조어인 '얼죽신(얼어 죽어도 신축)'이 사치가 되는 의외의 현상으로도 이어지고 있다. 인력난과는 전혀 관계가 없어 보이는 현상이지만, 이런 흐름 역시 결국 일손이 부족해서 벌어지는 일이다.

시바우라공업대학교 가니사와 히로타카 교수의 연구팀에 따르면 건축 현장을 이끄는 대목수의 숫자가 2050년이면 1980년대의 10% 수준으로 줄어든다. 그보다 앞선 2040년대 중반에는 대목수 숫자가

10만 명을 밑돌면서 신축 주택 착공 수가 큰 폭으로 감소한다.

건설 현장 인력이 귀해져 건설 비용은 치솟는데, 인구 감소와 고령화로 지금까지 지은 단독주택과 아파트는 남아돈다. 자연스럽게 신축은 사치품이 되고, 대부분의 사람은 중고 주택을 매입 후 리모델링해서 살 것이란 전망이다.

기업의 태도도 달라졌다. 실제로 2024년부터 시행된 시간 외 근로 상한 제도에 따라 시미즈건설 등 대형 건설사들은 '주5일 근무'가 보장되는 공사만 수주하고 있다. 일본건설업연합회도 회원 건설사에 공문을 보내 〈노동기준법〉이 정한 주5일·40시간 근무를 전제로 공기(工期)를 설정해달라고 요청했다. 공사 현장이 주5일제로 돌아가면서 공기는 늘어나고, 건축 비용은 나날이 치솟고 있다.

뭐니 뭐니 해도 인력난이 일본을 가장 크게 변화시킨 부분은 일손, 즉 근로자에 대한 사용자의 태도가 변했다는 점이다. 지금 일본에서는 "당신 아니라도 일할 사람 많아"와 같은 과거의 으름장은 더 이상 통하지 않는다.

이 외에도 맞벌이 세대가 늘면서 전근에 저항감을 가지는 직원이 증가하자 전근 수당을 신설하거나 전근 제도 자체를 없애는 기업도 늘고 있다. 미쓰비시UFJ신탁은행은 2023년 10월부터 국내에서 이사를 동반한 전근을 하는 종업원에게 50만 엔을 지급하는 제도를 신설했다. AIG손해보험은 2021년부터 희망 지역으로만 전근이 가능한 전근 선택제를 도입했고, 메이지야스다생명보험과 NTT 그룹은 동의 없는 전근과 단신 부임을 없앤다는 방침을 발표했다. 또한 45세 이상 여성 사원이 10년 새 40%가량 늘어난 노무라부동산은 생리 휴가에 더해 갱년기 증상을 이유로 월 1회 쉴 수 있는 갱년기 휴가를 도입했다.

이처럼 일본 기업들이 갱년기 휴가까지 도입해가며 근로자 복지에 신경 쓰는 이유는 직원 이탈을 막기 위해서다. 애써 기른 인력이 한 명이라도 그만두면 이미 근로자 우위인 구직 시장에서 새로운 인재를 찾기 힘들기 때문이다.

그런 이유로 지금 일본 기업들은 사람도 '아껴 쓰고, 다시 쓰고, 고쳐 쓰고' 있다. 기존 인력의 이탈을 최소화하고, 은퇴나 이직한 OB들을 재고용하며, 재교육(리스쿨링)으로 인재 풀을 업그레이드한다.

일본 내각부는 2023년 10월 30일 "현재 일본에는 잠자는 인력이 530만 명가량 있다"라는 내용을 발표했다. 일하고 싶지만, 풀타임으로는 일할 수 없는 단시간 근로자와 디지털 시대에 뒤처진 비숙련 근로자를 재교육하면 고용시장에 530만 명가량의 인력을 추가 투입하는 효과를 올릴 수 있다는 것이다.

지금까지 말한 이런 변화들은 화려하지 않다. 배송료 몇백 엔을 따로 내고, 심야에만 제한적으로 라이드 셰어를 허용하며, 공기를 늘려 비용을 올리는 일들이다. 그러나 이런 방식으로 일본은 사회 인프라의 모세혈관을 수선하고 있다. 한국이 지금까지 위기 때마다 '닥치면 어떻게든 해낸다'라는 식이었다면, 일본은 미리 규칙을 바꾸며 대비해왔다. 어느 쪽이 옳고 그른 문제라기보다 다가올 인력난 앞에서 우리의 일상을 어디서부터 고쳐야 하는지를 먼저 짚어두는 차이일 것이다.

한국도 할 수 있다. 하지만 이번만큼은 '어떻게든'이 아니라 '어떻게'를 먼저 준비해야 한다. 비용을 인정하고, 불편을 감수하며, 제도를 손보는 인내가 필요하다. 일본이 먼저 겪은 시행착오와 시도를 정리해두면 우리는 훨씬 적은 비용으로 같은 파도를 넘어설 수 있다. 이 책이 일본의 시행착오를 기록한 오답 노트이자, 한국의 미래를 대비하는 예습서가 되기를 바란다.

일본이 차곡차곡 해 나가는 것을 우리가 못할 리 없다. 이 책이 '소멸하는 일본이 이웃 한국에 전하는 최후 그리고 최고의 해법'이 되기를 기대한다.

저출산·초고령화 국가 일본에서 찾는 한국의 생존 전략
소멸하는 일본 최후의 해법

제1판 1쇄 인쇄 | 2025년 9월 19일
제1판 1쇄 발행 | 2025년 9월 26일

지은이 | 정영효
펴낸이 | 하영춘
펴낸곳 | 한국경제신문 한경BP
출판본부장 | 이선정
편집주간 | 김동욱
책임편집 | 최승헌
교정교열 | 최혜영
저작권 | 백상아
홍보마케팅 | 김규형·서은실·이여진·박도현
디자인 | 이승욱·권석중

주　소 | 서울특별시 중구 청파로 463
기획편집부 | 02-360-4556, 4584
홍보마케팅부 | 02-360-4595, 4562　FAX | 02-360-4837
H | http://bp.hankyung.com　E | bp@hankyung.com
F | www.facebook.com/hankyungbp
등　록 | 제 2-315(1967. 5. 15)

ISBN 978-89-475-0196-5　03320

책값은 뒤표지에 있습니다.
잘못 만들어진 책은 구입처에서 바꿔드립니다.